MARKETING E COMUNICAZIONE

I NUOVI MARKETING

Jean-Paul Tréguer e Jean-Marc Segati

I NUOVI MARKETING

Marketing generazionale
Marketing gay
Marketing etnico

Prefazione di Giampaolo Fabris

Il Sole 24 ORE

ISBN 88-8363-624-4

Titolo originale: *Les nouveaux marketings*

Economia & Management
Sede legale: Via Monte Rosa 91, 20149 Milano
Redazione: Via Monte Rosa 91, 20149 Milano
Servizio Clienti tel. 3022.5680 (prefisso 02 oppure 06);
fax 3022.5400 (prefisso 02 oppure 06);
e-mail: servizioclienti.libri@ilsole24ore.com

Traduzione di Alfonso Gioberti
Realizzazione editoriale: EdiText, servizi redazionali per l'editoria - Torino

Prima edizione: novembre 2004

Sommario

VII Prefazione
di Giampaolo Fabris

XXI Ringraziamenti

1 Introduzione
La morte del marketing di massa
1 Dove va il marketing?
2 Anche le "Quattro P" non sono più quelle di prima
6 Senza clienti non c'è scampo

13 1. Il marketing generazionale
15 L'età: il criterio base di segmentazione
22 La generazione, un criterio più corretto e preciso

47 2. Il marketing junior
47 L'ascesa del consumatore junior
54 Lo junior: acquirente, prescrittore, pioniere
62 Sedurre e fidelizzare gli junior
71 La segmentazione dei mercati junior
87 Il marketing virale: interattività e "voci"
91 In che epoca viviamo?

93 3. Il marketing major
95 I major, nel cuore della società
109 Le grandi sfide del marketing major

129 4. Il marketing senior
135 Il marketing senior è una realtà
149 Capire i senior

167 5. Il marketing gay
169 Un po' di storia
172 Gli omosessuali: un target che giustifica un marketing specifico?
178 Campagne pubblicitarie redditizie
185 Comunicare con gli omosessuali

197 6. Il marketing etnico
200 Gli Stati Uniti, pionieri del marketing etnico
219 Il caso francese

251 Conclusione
Sette decisioni da prendere subito
251 Acquistate un biglietto aereo per gli Stati Uniti
254 Avviate la vostra rivoluzione culturale nel marketing
255 Mettetevi nei panni dei vostri potenziali clienti
256 Preventivate questa voce nel budget del marketing… senza esagerare
257 Se i concorrenti sono in vantaggio, non state a guardare
258 Se vi prendono per matti, buon segno!
259 Diventate i guru dei target dimenticati

261 Indice dei nomi

Prefazione

Sia per chi studia sul versante accademico i consumi, sia per chi deve confrontarsi quotidianamente con il mercato perché produce, distribuisce le merci, le vende, le comunica, la lettura di questo volume sarà illuminante. È un libro per cui, una volta tanto, la parola *nuovo*, che compare nella sua titolazione, non rappresenta un'iperbole, un artificio retorico. Nuovo perché ripropone con spessori e trasparenze inedite la centralità del consumatore: una sorta di mantra ripetuto ovunque sempre più spesso, ma più per una sorta di doveroso e conformistico ossequio al nuovo totem che per trarne le necessarie ispirazioni e per tradurlo in prassi. Non solo gli Autori riaffermano la crucialità di un soggetto del mercato osannato a parole e vilipeso nei fatti, ma forniscono anche la strumentazione intellettuale per comprenderlo. Ci mettono cioè a disposizione, per parafrasare De Saussure, un'attuale cassetta degli attrezzi – in larghissima misura mutuata dalle scienze sociali – per comprendere le scelte del consumatore, per sintonizzarsi con i suoi orientamenti all'azione, per saturare al meglio quei bisogni e desideri che possono trovare soddisfazione nel mercato.

Appare patetica, e anacronistica insieme, la vocazione e la pervicacia del (vecchio?) marketing nel cercare nicchie sempre più piccole, sempre più asfittiche – c'è una sorta di *joke* che gli anglosassoni ricordano spesso e che recita più o meno così: «There's always a niche in the market but not ever a market in the niche» – mentre esistono segmenti di impressiva ampiezza che gli operatori si ostinano a ignorare. Aree di business simili, per dimensioni, ai grandi mercati di massa e che pure non ricevono alcuna attenzione. Sono anni che cerco con ben pochi risultati – mi auguro che il forte messaggio dei nostri Autori abbia diversa fortuna – di richiamare l'attenzione degli operatori su alcuni grandi mercati emergenti (molti, per la verità, emersi da tempo) come i gay, i nuovi immigrati, quelli che era consuetudine chiamare anziani e che invece, per almeno una significativa componente, sono solo un segmento maturo ed evoluto – anche se con esigenze del tutto specifiche – della popolazione adulta.

Un volume che, finalmente, restituisce al consumo, alle scelte di mercato il loro significato intrinsecamente umano e sociale. Parrà singolare dover segnalare la correttezza, anzi la doverosità, di questo approccio allo studio del mercato non soltanto per i cultori delle scienze umane e sociali, ma soprattutto per chi si occupa di marketing e di comunicazione. Per chi produce e chi vende. Non si tratta quindi di disquisizioni accademiche o di considerare il consumo per finalità magari di grande rilievo – per esempio per utilizzarlo come una cartina di tornasole eccezionalmente sensibile per rilevare i trend sociali sottostanti, come potrebbe fare la sociologia, o per ricostruire la cultura delle società industriali avanzate a cui è interessata l'antropologia – ma, più prosaicamente o più realisticamente, per agire con maggiore efficacia sui mercati. Per accentuare la propria competitività. Per realizzare, finalmente, quell'operazione di *fine tuning* con i consumatori che rappresenta senza ombra di dubbio il più importante vantaggio competitivo per un'impresa.

Forse non si è mai valutato a fondo quanto, a livello macro, la stagnazione nei consumi – che appare ormai più come una costante che come fenomeno erratico o congiunturale – sia anche il risultato delle difficoltà di rapportarsi realmente ed efficacemente con quell'individuo descritto nel volume che ha ben poco da spartire con la stereotipica figura di consumatore. Certamente non si è mai sufficientemente considerato quanto la perdita di quote di mercato, l'appannamento del valore competitivo di una marca siano sovente la risultante di una scorretta, o approssimativa, conoscenza del pubblico a cui ci si rivolge. Per troppo tempo la figura rattrappita e caricaturale del consumatore tramandata dalle scienze economiche, tutta razionalità e riconducibile meramente a categorie quantitative – sostanzialmente livello di reddito, denaro erogato e quantità di merci –, ha finito per oscurare la realtà dei mercati. Dove agivano protagonisti che non avevano niente, o ben poco, in comune con quella sorta di surrettizio ideologico che l'economia classica ci aveva lasciato in eredità: attenuato soltanto dall'ambigua e polisemica categoria della "preferenza". E adottato poi, con ben poche varianti, dalle scienze aziendalistiche: i modelli di *consumer behaviour* – che queste hanno elaborato negli anni di stampo ingegneristico – non si discostano troppo dagli schematismi e dalle formalizzazioni eleganti ma sterili mutuate dalla macroeconomia. Gli Autori ci mostrano sin dalle primissime pagine – in trasparenza a ogni scelta di mercato, quasi una sorta di filigrana – un individuo che acquista e consuma che è sempre figlio del suo tempo, che è ispirato dallo *Zeitgeist*, che conserva valori, atteggiamenti, ricordi che ha elaborato nel tempo condividendoli con coloro che partecipano a una medesima coorte generazionale. Un individuo, quindi, che detiene propri valori, che condivide, con altri soggetti a lui simili, una medesima cultura e che valuta prodotti, marche, pubblicità alla luce di questi.

Già da tempo, del resto, molti autori e molte persone che operano nel settore commerciale e del marketing impiegano con continui distinguo il termine "consumatore", che è il figlio di quella concezione del pubblico destinatario del mondo della produzione di cui abbiamo appena detto e che sarebbe un "altro da sé" rispetto a tutte le altre sfere dell'attività umana. Sforzandosi, conseguentemente, di proporre altre denominazioni come cliente, individuo, persona, cittadino e simili. Il termine *partner* che forse sarebbe concettualmente corretto mi sembra, stante l'assoluta asimmetria di forze e di potere contrattuale, *whisful thinking* nel migliore dei casi, ipocrita se vogliamo essere realisti. Forse è meglio continuare a impiegare il termine consumatore per evitare inutili confusioni metodologiche e per sottolineare semmai la specificità del nostro campo di studi: non certo la sua diversità.

Il volume di Tréguer e Segati oltre a indicare segmenti di mercato ignorati o molto mal serviti dal mondo delle imprese –

per esempio quello che un tempo si considerava mercato geriatrico e che adesso è un aggregato di popolazione tendenzialmente maggioritario e fortemente segmentato al suo interno (oltre a essere la risultante di diverse coorti di età che generano la terza e quarta età) – si inscrive in quella *nouvelle vague* di studiosi di marketing di matrice europea che va fondando un approccio al marketing molto diverso da quello di impronta anglosassone (e segnatamente statunitense) su cui si sono sino a ora formate intere generazioni di manager. Un marketing che è stato culturalmente egemone nell'epoca della modernità, ma che si trova in crescente disagio a decrittare le scelte di consumo in una nuova fase storica in cui stiamo entrando e che solitamente si definisce come postmodernità.

Anche se il messaggio che gli Autori ci propongono – un messaggio forte e chiaro – è di prendere subito un biglietto aereo e di partire per gli Stati Uniti (suggerimento che condivido pienamente: dai miei frequenti viaggi in quel Paese, dove tutto sembra assumere una marcia in più e avere una maggiore trasparenza, ritorno ogni volta con nuove suggestioni), pure a me pare che il contributo di Tréguer e Segati possa inscriversi in quella *new wave* del marketing che si chiama Scuola Europea o Mediterranea. Che propone sistemi concettuali, apparati metodologici e strategie di intervento eterodossi rispetto a quello che si riteneva essere il solo sapere possibile. L'attenzione all'individuo consumatore come soggetto sociale e storico, la sua trasformazione da target a partner, le nuove aggregazioni sociali che si formano nella società postmoderna (le tribù di Maffesoli), l'enfasi sulla relazione che fa aggio sulla transazione sono solo alcune delle coordinate che scandiscono il pensiero di questa nuova Scuola. A cui, anche in Italia, stiamo dando alcuni non marginali contributi. Chissà se questa nuova Scuola non è inscrivibile in quel macrofenomeno che è l'oggetto dell'ultimo volume di Jeremy Rifkin (*Il sogno europeo*, Mondadori, Milano 2004), la cui tesi di fondo è l'osservazione dello spostarsi dell'asse di quel progetto di civilizzazione che ha caratterizzato l'era della modernità dagli Stati Uniti all'Europa, dalla centralità dell'*American dream* all'emergere – con ambizioni egemoniche – di un nuovo sogno europeo. Idealmente la lunga rotta di generazioni di emigranti che lasciavano il Vecchio Continente dove regnava la povertà, con ancora incrostazioni feudali, dove si era sudditi e non cittadini per approdare a un Paese libero, dove ai meriti corrispondevano i compensi, dove ognuno portava nel suo zaino il bastone da maresciallo, per aderire a un'*American way of life* che include nella sua Costituzione il diritto alla felicità, potrebbe invertire a 180 gradi il suo percorso. Alla ricerca anche di una migliore qualità della vita. Già adesso, se cessiamo di comparare i singoli Paesi dell'Unione Europea agli Stati Uniti nel loro complesso (la comparazione più corretta semmai è tra Ue e Usa) ma ci riferiamo ai singoli Stati dell'Unione – per cui l'Italia si dovrebbe confrontare con Stati come la California o la Florida –, il quadro che emerge è del tutto diverso da quello, di tradizionale soggezione, a cui eravamo abituati.

In disaccordo con la tesi del libro, voglio segnalare che una segmentazione basata sull'età – il ciclo di vita quindi come più discriminante dimensione per comprendere i comportamenti di consumo – è tutto fuorché nuova: è da annoverare infatti nel più classico e datato tra i metodi di classificazione del mercato. Gli appartenenti a una stessa generazione – ci dicono gli Autori – si somigliano non soltanto perché si trovano nella stessa fascia della vita, ma soprattutto perché la loro socializzazione si svolge nella stessa epoca. È certamente vero che generazione è qualcosa di più di una mera sommatoria di individui con età simili. Generazione è un costrutto socioantropologico ben diverso dal semplice dato demografico e ogni generazione si porta con sé – legata da vissuti comuni – dei veri *marcatori generazionali*, un bagaglio di esperienze, fatti memorabili, riti e miti – la condivisione di eventi simbolici che hanno segnato in profondità la memoria collettiva – che cementano e plasmano, creando dei legami orizzontali, l'anonimo aggregato di chi ha una stessa età. Ed è vero anche che gli Autori pongono in rilievo l'attenzione all'età psicologica e sociale oltre che a quella biologica: ma non convince pienamente il non riconoscimento della cultura – nell'accezione antropologica del termine – come il vero collante di individui che pure non sono in relazione tra loro, come più autentica e autorevole – anche se latente – matrice di affinità elettive. La cultura non è il semplice riflesso a valle della generazione che sta a monte. Non convince inoltre che, in una società complessa, si possa fondare l'adozione dell'età come criterio determinante di segmentazione con – cito dal libro – questa motivazione: «Non foss'altro perché ha le virtù della semplicità e del buon senso». Il solo buon senso, come è noto, starebbe a dirci che la Terra è piatta. La semplicità, a sua volta, si pone all'antitesi dei postulati della complessità sociale – un dato di fatto e non certo un'opzione, una realtà imprescindibile con cui l'impresa è costretta a confrontarsi – e dei mercati. Al pari un po' *naïf*, e un tantino anacronistico, appare il continuo monito a non riferirsi più come protagonista dei mercati alla "casalinga di Voghera" quando ormai, da decenni, anche il "vecchio" marketing ha appreso la lezione del crescente frammentarsi e segmentarsi dei mercati in luogo della preconizzata omologazione. Compito degli studiosi e dei ricercatori è quello di cercare di dipanare il bandolo della complessità, non certo di negarla o banalizzarla. Ma, ripeto, merito del libro è quello di aiutare a comprendere l'individuo che sta dietro al consumatore lungo tutto l'arco della sua vita – *rara avis* nella letteratura sui consumi – richiamando con forza l'attenzione su alcune delle coorti generazionali più neglette.

Certamente gli *over sixties* sono fra le generazioni più importanti e più disattese dal mercato. Non soltanto perché di fatto rappresentano, già oggi, una delle fasce di età più popolari, ma soprattutto perché stiamo assistendo a un vero e proprio mutamento nella condizione antropologica dell'anziano. Sempre meno riconducibile ai tradizionali paradigmi. A cominciare dal vocabolario. Nel mondo anglosassone il termine "anziano" – connotato da uno statuto ormai superato – è stato sostituito da quello, più attuale, di *senior citizen*. Non si tratta di un patetico eufemismo, ma del riconoscimento di un nuovo ruolo sociale che rivendica una dignità sociale non dissimile da quella espressa dall'equivalenza tra saggezza ed età inoltrata nelle società tradizionali.

Il confine dell'età anziana tende inoltre a essere costantemente posposto. È ormai comune riferirsi a una *terza età* che coincide con una fase evoluta della maturità e a una *quarta età* – dopo gli 80 anni – che rappresenterebbe invece l'effettivo ingresso nella condizione anziana. Non si tratta solo del lessico che muta, ma di una nuova realtà sociale che emerge. Anche se lo stereotipo tradizionale è ancora profondamente radicato. Quello che considera appunto il mondo degli anziani – ormai fuori dal mondo della produzione, marginale in quello del consumo, non più depositario di un sapere adatto a confrontarsi con il presente – come classe residuale, tendenzialmente emarginata.

Le ricerche mostrano invece la compresenza, in questa fascia di età, di soggetti non dissimili – in termini di comportamenti, atteggiamenti e valori – dagli altri strati della popolazione. Soggetti forse più attenti alla salute, ma non in termini ipocondriaci: solo per conservarla a lungo. Attenti anche, e si tratta di una novità importante, al proprio aspetto fisico. Hanno introiettato i valori della modernità e non si riconoscono affatto nella accorata nostalgia dei *laudatores temporis acti*. Soffrono sovente per l'espulsione del mondo del lavoro, ma intendono compensarla: sfruttando a fondo ambiti inediti di libertà che la nuova condizione consente.

Il tempo – la risorsa costantemente scarsa con cui ci si era dovuti costantemente confrontare – si dilata infatti a dismisura fra gli anziani. Il reddito – adesso che i figli sono grandi, che la trasmissione e l'accrescimento dell'asse ereditario non riveste la cogenza etica di un tempo, che le grandi spese familiari si sono ridotte – consentirebbe di alimentare, fra gli anziani più abbienti, un'elevata propensione al consumo. Il condizionale è d'obbligo perché il mondo della produzione, condizionato da vecchi pregiudizi, non si è ancora accorto delle straordinarie opportunità che può offrire il mercato geriatrico.

Se questo rappresenta ancora un fenomeno in gran parte sommerso è soltanto perché i produttori di beni e servizi stentano a comprendere le problematiche dei nuovi anziani. Sovente relativamente benestanti, con un buon livello di scolarizzazione, partecipi di molti degli stili di vita della modernità a cui non intendono certo rinunciare entrando in una nuova fase del ciclo di vita. Hanno molti interessi, un'elevata mobilità e, a parte qualche acciacco fisico, carica vitale ed energia. Non condividono, come gli anziani di un tempo, il culto del risparmio e ritengono invece un diritto/dovere godere adesso di una sorta di indennizzo – per il lavoro, i sacrifici, le rinunce effettuate – in termini di qualità della vita.

L'inquietante percezione che il tempo da vivere si stia inesorabilmente contraendo, e non rimanga ormai troppo tempo per concedersi ciò che si desidera, accentua questa aspettativa. Non negandosi quelle esperienze a cui si è dovuto rinunciare, o centellinare, durante la vita da adulti. Anche la trasmissione del maggior patrimonio possibile, per via ereditaria, a figli e nipoti – un *must* sino a un recente passato – non costituisce più, come abbiamo detto, un dogma sociale. Un ulteriore fattore che incentiva l'inedita propensione al consumo da parte della terza e forse quarta età. I suggerimenti che Tréguer e Segati ci danno – in termini di *do* e *don't* nel rivolgersi alla popolazione anziana – sono davvero illuminanti.

Ma accanto agli anziani ci sono altri fenomeni di grande spessore e consistenza quantitativa al pari negletti. Il *multiculturalismo* rappresenta una di queste nuove dimensioni. È certamente una realtà che in Francia – in cui i nostri Autori vivono e operano – è conosciuta da ben più tempo rispetto a noi e con ben altra intensità: e, a loro volta, gli stessi Autori indicano come paradigma gli Stati Uniti, dove il fenomeno è ancora più antico e diffuso. Ma la transizione a una società multietnica sta avvenendo anche nel nostro Paese con ritmi e tempi difficilmente prevedibili solo pochi anni fa. Nel senso che il fenomeno ha fatto registrare, recentemente, un'improvvisa accelerazione. È difficile disporre di statistiche precise, stante l'ampio numero di clandestini, ma è ragionevole ritenere che il 5% circa della popolazione italiana sia ormai formato da individui che provengono da altri Paesi. Le conseguenze iniziano a essere significative in molte aree del sociale.

Anche il mercato del lavoro, e i consumi, cominciano a essere sensibilmente contagiati dall'avvento di una società multietnica. Ma, mentre le conseguenze sull'occupazione sono oggetto di attenta considerazione, latitano le analisi condotte sul fronte del consumo. Eppure le incidenze su questo versante appaiono molte e importanti.

Il *mercato multietnico* – in parte alimentato da canali specialistici a cui potrà anche avere accesso la popolazione autoctona, in parte rivolto a canali e produzione preesistenti – è destinato a esercitare un peso crescente sull'economia del nostro Paese. Che ha, tradizionalmente, rappresentato una vistosa eccezione rispetto alle altre società industriali avanzate dove, da tempo, rappresenta una realtà importante.

I nuovi canali etnici della distribuzione – differenziati per le principali nazionalità e per tipologie merceologiche – esauriranno una parte delle esigenze di consumo dei nuovi immigrati. Una parte sostantiva sarà invece indirizzata verso le consuete strutture distributive. Il grande favore che ha arriso in questi anni a tutta la gamma dei primi prezzi o del discount è stato alimentato anche dalla domanda espressa dai gruppi etnici che hanno avuto recentemente ingresso nel nostro Paese. Un fattore importante, nel determinare il successo delle nuove strutture di fast food, è dato dall'afflusso dei nuovi immigrati che costituiscono un'aliquota importante della loro clientela. È auspicabile che anche la pubblicità si accorga presto – così come accade in molti altri Paesi – dei nuovi venuti, dedicando loro attenzione.

C'è un esercito, ormai imponente, di nuovi consumatori che va premendo sui mercati. Costantemente ignorato anche dalle ricerche di mercato o dalle grandi indagini sui media con la speciosa motivazione di difficoltà campionarie. L'Italia, dopo che la sanatoria in atto sarà completata, affiancherà la Gran Bretagna per numero di immigrati, preceduta soltanto in Europa da Francia e Germania: Paesi dove però l'afflusso di immigrati ha consolidate tradizioni e si è svolto nell'arco di molti decenni.

Oggetto di dibattito politico, evento di cronaca per le modalità drammatiche con cui troppo spesso prende l'avvio, oggetto di attenta riflessione per il mondo del lavoro l'emigrazione sembra non avere, invece, diritto di cittadinanza o di attenzione nel pur variegato arcipelago del consumo. Eppure è una moltitudine di nuovi soggetti che anima e traversa ormai quasi tutti i comparti del consumo. Una massa estremamente eterogenea – tante sono le diverse componenti etniche che la compongono – ma con alcuni significativi comun denominatori.

L'orientamento al prezzo, come era prevedibile, è una delle costanti e risulta particolarmente evidente nella scelta dei punti vendita: dagli spacci all'ambulantato, dai negozi etnici ai mercatini rionali all'hard discount. Ma è una sindrome, del resto, non dissimile da quella che attanaglia, sia pure in forma attenuata, anche la popolazione autoctona. Se il risparmio rappresenta un'area privilegiata nell'allocazione del reddito – per le rimesse alle famiglie di origine, per il progetto di acquisto di una casa o l'avvio di un'attività produttiva nei Paesi di origine –, è comunque sovente finalizzato, per la scarsa disponibilità del credito al consumo, a finanziare gli acquisti. E si compera davvero di tutto: una parte consistente prenderà la strada dei Paesi da cui si proviene. Influisce un diffuso sentimento di obbligo e di riconoscenza verso chi è rimasto, il senso di colpa per l'abbandono insieme al narcisistico desiderio di "avercela fatta" a far lievitare i bagagli nei ritorni a casa e a riempire di merci i tanti vettori che fanno la spola con quei Paesi. Ma è sovente un flusso a due strade: quando si torna in Italia si è ugualmente stracarichi di merci perlopiù alimentari. Una sorta di cordone ombelicale con i luoghi natali.

I bisogni prevalenti da saturare tramite il consumo sono quelli basici della Scala di Maslow: fisiologici, sicurezza, stima, affetto. Ma compaiono, specie fra i più giovani, anche quelli espressivi e di status: le marche delle *sneakers*, per esempio, sono divenute una sorta di *must*. I modelli di consumo oscillano tra la forte aspirazione all'integrazione e il desiderio di mantenere la propria diversità/identità. Il sincretismo è divenuto la modalità prevalente e si colloca in una posizione intermedia tra la completa assimilazione ai nuovi modelli di consumo del Paese che li ospita e la mitizzazione e l'ancoraggio invece alle proprie origini. Gli spaghetti convivono quindi con il cous cous, il kebab con McDonald's. La televisione satellitare, il cellulare hanno una priorità nello *standard package* degli immigrati. Rispetto all'individualismo, ormai prevalente nella nostra cultura, mantengono un forte senso di comunità che si manifesta anche nel consumo. È il segmento di popolazione che sembra aver riscoperto il senso di spazio pubblico – caduto in disuso da noi – di parchi, portici, piazze divenuti abituali luoghi di ritrovo. Il possesso dell'auto è frequente, ma viene usata con estrema parsimonia e l'uso dei mezzi pubblici, quindi, è elevato.

L'altro segmento su cui Tréguer e Segati soffermano la loro analisi e ci propongono anche in termini di promettente mercato è quello della *popolazione omosessuale*. È singolare come il mondo della produzione non abbia dimostrato finora alcun interesse per la popolazione gay. In altri Paesi, da tempo – senza clamore ma anche senza ipocrisie o falsi pudori – i gay sono considerati un significativo segmento di mercato. Una importante subcultura: attribuendo a questo termine il significato antropologico di non coincidenza con la cultura dominante, non certo di subalternità. E, in quanto tale, oggetto di studi e ricerche, di strategie di marketing e di comunicazione. Che partono dal presupposto che esista, anche per quanto concerne i consumi, uno specifico della popolazione gay. Uno *standard package* di consumi parzialmente diverso rispetto alla popolazione eterosessuale. Tale da giustificare proposte mirate di mercato. La diversità omosessuale non è cioè soltanto, come comunemente si crede, circoscritta alle scelte sessuali.

Non è solo, quindi, un ritardo nella civile consapevolezza dell'esistenza di un settore importante della popolazione. È, soprattutto, un'opportunità importante di mercato che viene sprecata. Ormai, in gran parte del pubblico, i vecchi tabù sono caduti o si sono fortemente ridimensionati.

Quanti siano i gay in Italia è difficile dirlo: forse non raggiungono il 5% della popolazione come negli Stati Uniti e soprattutto non hanno, come si stima in quel Paese, 400 miliardi di euro da spendere. Ma certamente costituiscono *un segmento importante della popolazione con un proprio sistema di valori, di comportamenti, di stili di vita, di sensibilità*. Di cui non ci si può soltanto accorgere se un'azienda vende profilattici, o decidere di impiegarli come modelli nella pubblicità delle grandi griffe e, più in generale, dell'abbigliamento, che utilizza l'omosessualità e il lesbismo più come provocazione culturale che in termini di opportunità/servizio. O con una troppo timida, anche se da apprezzare, presenza di inserzioni (Sony, Telecom ecc.) nei portali dei gay italiani.

I gay – single o all'interno di un rapporto di coppia – costituiscono una subcultura del consumo di grande interesse che sarebbe davvero riduttivo omologare alla cultura dominante. I gay non hanno soltanto i propri locali di ritrovo. La casa, il tempo libero, le vacanze, l'abbigliamento, la cura del corpo, una lunga serie di servizi rivestono un proprio specifico nella popolazione gay. Esistono – in questo segmento – marche e prodotti di culto o semplicemente best-seller che non coincidono con quelli più diffusi.

Per molti beni, tra l'altro, più che una specificità produttiva rivolta ai gay, è da considerare un diverso trattamento in termini di comunicazione rispettoso dei loro codici, convenzioni, sensibilità. Non è certo facile rivolgersi a questo mercato. Come non è facile (Burrows e Adams suggeriscono l'osservazione partecipante: un metodo consacrato dall'antropologia culturale) effettuare ricerche su questo segmento. Ma è un'opportunità che sarebbe ormai miope e anacronistico – oltre che incivile – non cogliere.

In una ricerca che ho recentemente condotto, accanto a tre tipologie di omosessuali ("checca", "macho", "militante") si è rilevato un quarto tipo che rappresenta oggi la declinazione emergente, e di più rapida diffusione delle popolazioni gay. Che abbiamo denominato come "identità da vivere".

L'essere gay – affermato come diritto – sembra poter essere adesso, finalmente, vissuto come condizione "naturale" e, in quanto tale, indiscutibile se non addirittura ovvia. Non si tratta più di affermare la legittimità all'esistenza di un desiderio altro, quanto di affermare – nei fatti e nei comportamenti, più che nei discorsi – l'esistenza di un'identità altra, un altro modo d'essere che va ad affiancarsi agli altri due sessi: maschio, femmina e gay. La sessualità e il desiderio d'oggetto non veicolano l'identità.

Ciò determina una serie di ricadute molteplici. L'essere gay è vissuto quasi come una forma di determinismo biologico (essenzialismo, e non più costruttivismo come negli altri tipi), non come "diritto" ma come "dato di fatto". Ma anche come risultante della caduta dell'impegno politico e dell'associativismo e, pure, rifiuto degli eccessi edonistici e narcisistici. Quindi una *normalizzazione* dell'essere gay. Amare persone dello stesso sesso non implica nessuna forma specifica e particolare di personalità.

Questa nuova possibilità è favorita anche da un complessivo spostamento di ruoli sessuali nel sociale: fluidificazione delle identità e dei ruoli e quindi destrutturazione dei modelli di comportamento legati ai ruoli di genere fissi; fenomeni di generale femminilizzazione del maschio (apertura alla cosmesi, alla cura del corpo, al narcisismo); ancora una volta, ruolo di avanguardia culturale occupato dai gay, tra i primi ad aprire trend e dettare i nuovi standard di gusto e di scelta.

Un volume, questo di Tréguer e Segati, che non ha certo la pretesa di esaurire tutte le possibili declinazioni di "nuovo" riferite al marketing. Vi sono aree che prescindono da una corretta individuazione e lettura dei target e dai criteri di segmentazione (vedi il marketing estetico, one to one, etico, esperienziale ecc.), che vanno rifondando al pari lo statuto epistemologico del marketing, che non sono trattate. Ma si tratta comunque di un'eccellente opera di demolizione di cliché ormai anacronistici e l'avvio alla rifondazione di nuovi saperi.

Giampaolo Fabris
Ordinario di Sociologia dei Consumi,
Presidente del Settore Accademico
in Consumi, Pubblicità e Comunicazione d'Impresa

Ringraziamenti

È un compito molto difficile, che impone di non dimenticare nessuna delle persone grazie alle quali siamo riusciti a raccogliere le informazioni e i consigli necessari per realizzare questo libro (che ha richiesto non meno di quattro anni di lavoro). Ognuna delle persone qui citate ci ha permesso, con il suo contributo e le sue competenze, di ampliare il campo delle nostre conoscenze, fino a quel momento riservate soprattutto al segmento dei "senior". Grazie a tutti loro, siamo riusciti ad avventurarci su molte isole sconosciute del marketing, sentendoci sostenuti e ben guidati. Ci sia qui consentito ringraziarli.

Allora, un grazie di cuore a: Christian Alexandre, Patrice Angot, Katy Brulant, Marie-Laure Cahier, Thierry Casseville, Hans Christensen, Pascal Cirotteau, Yann Daquay, Giedo Deldime, Claude Delon, Marc Derome, Toby Detter, Yves Dupuis, Anne-Grete Ellingsen, Jean-Luc Excousseau, Barbara Faerber, Mélanie Foucher, Thalia Gysbrechts, Pascale Hebel, Ulf Heuer, Joël-Yves Le Bigot, Isabelle Le Du, Didier Leduc, Babette Leforestier, Carola Jacobs, Robert Knieriem, Stéphane Martin, Gérard Mermet, Dominique Mine, Andrew Mitchell, Chris Mitchell, Isabelle Monanimo, Rodolphe Muller, Hal Norvell, Karine Orcin, Bernard Préel, Carole Prieur, Mihanta Rabefitseheno, Juliette Raynaud, Stéphanie Renard, Robert Rochefort, Rodolphe Roux, Peter Schilling, Christian Schroeder, Elke Stegen, Michael Stuber, Bertrand Tiburce, Benjamin Tollet, Patrick Tonnard, Floor Unger, Christophe Urvoy, Hakan Vitestan, Yuko Wada, Ole Werring.

Introduzione
La morte del marketing di massa

Dove va il marketing?

Il marketing si è evoluto, d'accordo, ma ha compiuto davvero il giro di boa del secolo? Per molti aspetti, sembrerebbe di no. Si è dotato di nuovi strumenti e si è appiccicato un prefisso "e-" per darsi un tono moderno. Eppure, sembra inchiodato più ai miti della fantascienza che alla realtà quotidiana, dalla quale, paradossalmente, si suppone che tragga la sua stessa ragion d'essere.

Si vorrebbe farci credere che ha realizzato la sua rivoluzione passando, per esempio, al Crm, laddove, a ben vedere, non si tratta d'altro che dell'uso delle risorse di rete nella gestione dei database clienti: la montagna, quindi, ha partorito un topolino. La rivoluzione del marketing per il nuovo secolo, perciò, sarebbe puramente semantica... Ormai si preferisce "marketing relazionale" a "marketing diretto", "marketing operativo" a "promozione delle vendite"; si parla di *street* invece di "normalità" o "quotidianità"; e così via.

Quanto ai veri cambiamenti, quelli sostanziali, li si tratta alla stregua di fattori trascurabili. La globalizzazione? È la nostra prima preoccupazione... Eccone la prova: produciamo la stessa pubblicità per cento Paesi diversi. Ah sì? Tutto qui? Globalizzazione, allora, significherebbe soltanto uniformazione culturale? Ma non si predica che dovrebbe essere accompagnata da una ripresa dei valori locali? E le peculiarità dove sono finite? Come si deve tener conto dell'invecchiamento della popolazione e delle differenze etniche, sessuali, religiose? Vedremo, vedremo... Non ci interessa! Il consumatore non deve far altro che adeguarsi al modello che noi uomini del marketing riteniamo, a nostro insindacabile giudizio, dominante.

Non c'è dubbio: un malessere turba la nostra professione. Se non stiamo attenti, saremo i prossimi a doversi cercare un altro lavoro. Siamo pronti a scommettere che la maggior parte delle élite della nostra professione non ha mai messo piede nel mondo che pretende di conoscere, e invece è più che mai l'ora di cominciare a sporcarsi le mani. Perché quel mondo, così variegato e così reale, ha sempre meno bisogno di noi.

Questo libro non detta regole per delineare piani d'azione, né a livello strategico né a livello operativo. Niente affatto. Vuole semplicemente far conoscere un'idea semplice: la nostra professione ha una ragion d'essere soltanto nella misura in cui apporta valore alle imprese clienti; se non riusciamo a capire l'universo spietato nel quale si dibattono i loro dirigenti e se non li aiutiamo a svelare i misteri dei consumatori per espandere il loro volume d'affari, esse faranno a meno di noi. Il mondo cambia. Non come alla televisione, ma proprio come nella via dove abitiamo. Il mondo non è *Star Trek*. Le cose sono più banali, così ci si dimentica di vederle. E allora apriamo gli occhi. Ripartiamo dai veri clienti dell'impresa. Sarà un piccolo passo per chi si occupa di marketing, ma un balzo da gigante per i manager delle imprese.

Anche le "Quattro P" non sono più quelle di prima

Che cosa ha cambiato il Macintosh

Vi ricordate del Tandy e del Commodore 64? I Pc Xt e At? Quegli orribili schermi verdi e quei programmi incomprensibili? C'era sempre un cugino che giocherellava con il Basic, il Cobol e il Fortran. Sotto sotto capivate che eravate fregati. L'informatica stava per imporsi dappertutto e voi non sareste stati capaci di usarla. Le macchine erano fenomenali. Pac-Man era incredibilmente meglio del vecchio Pong in bianco e nero. Ma per il resto... D'altronde, tutti dicevano che ben presto si sarebbero presi tutto gli informatici, i superuomini del lontano XXI secolo.

I primi anni Ottanta sono stati gli anni delle macchine. A cominciare dai sintetizzatori. La musica diventava elettronica e la plastica aveva un buon odore. Le videocassette: si era ancora incerti fra Vhs, V2000 e Betamax. E i Cd: carissimi! Tutti strumenti per i quali occorrevano poderosi manuali di istruzioni (perfino la lavastoviglie). Ma ci sembrava normale. La generazione dei pulsanti. Il futuro somigliava alla cabina di pilotaggio di un 747.

Poi vennero l'Ms-Dos, il PS/2, il mouse e il Macintosh. Sony inventava il walkman e Renault l'Espace. Tutto doveva diventare più semplice. La semplicità era la chiave del successo. I consumatori, a poco a poco, venivano educati alla pigrizia. Ci vollero ancora dieci anni per vincere la resistenza dei loro neuroni. Se ne assunsero il compito gli anni Novanta, con preoccupante efficacia.

Oggi, più dell'80% dei giovani frequenta l'università. È finito il tempo dell'intelligenza applicata e della filiera tecnica. Tutti hanno il diploma o la laurea, ma tutti si sprofondano in poltrona davanti a *Saranno famosi* o al *Grande fratello... Dallas*, ormai, è un documento d'archivio per intellettuali *liberal*.

Che cosa ha cambiato il telefono cellulare

Perché la mia banca apre alle 11? Perché non posso fare la spesa la domenica pomeriggio?

La consegna a domicilio: formidabile. Telefonare, ordinare, ricevere, consumare. Tutto deve andare alla velocità della luce e a modo mio. Aspettare alla cassa? Tante grazie e arrivederci. Il prodotto che sognavo da anni. Come? Bisogna ordinarlo? Ah, allora no. Preferisco cambiar sogno. Il "peggio del peggio": chiamare per telefono qualcuno che non risponde. Dovunque si sia, a qualunque ora del giorno o della notte, anche alla domenica, si deve sempre poter raggiungere la persona che si cerca. Se il telefono non risponde, dovremmo avere la sua e-mail e il suo fax. Tutto istantaneo, ci mancherebbe altro. È ancora un po' utopistico. Certo, possiamo capire che un call center possa avere momenti di sovraccarico, ma chi chiama si sente in diritto di pretendere la perfezione. Ci sono aziende meno avanzate che possono accampare delle scusanti, è vero, ma se c'è un'alternativa, tanto peggio per loro.

Guai ai vinti! Per cui alla domanda: «Che cosa potrebbe farvi cambiare banca?» la vecchia generazione risponde: «Un servizio migliore». Ah sì? non sono più i tassi? No, perché, alla fin fine, il prodotto è simile dappertutto. Se la pensano così gli anziani, che cosa faranno i giovani? Non avranno di certo la stessa pazienza. È ovvio che siano più impazienti, visto che sono stati allevati nell'era multimediale.

Li avete già visti picchiettare sul cellulare? L'evoluzione generazionale si riconosce dal modo di usare il telefonino. I più anziani lo reggono con una mano; i più giovani con due e usano il pollice (non a caso si comincia a chiamare questa generazione la *thumb generation*).

Oggigiorno, il 90% della popolazione possiede un cellulare. E il 70% di quelli che lo usano si scambia dei testi. Fra chi ha meno di 30 anni, i tre quarti "messaggiano" almeno una volta al giorno, e adesso possono usare anche gli Mms, trasmettendo immagini e suoni. Perché? Più divertente? Sì, ma non solo: più economico e, soprattutto, più veloce.

Che cosa ha cambiato Internet

Da dieci anni, con l'internazionalizzazione dei mercati e l'arrivo di Internet, non esiste più la classica "struttura dei prezzi", sostituita da una massa caotica di informazioni: ognuno può proporvi le sue pagine, tutti possono vedere qualunque cosa in qualunque posto... Fare confronti è diventato un gioco da ragazzi e si è pericolosamente imposta la cultura del gratuito. La qualità non è un plus, ma un fatto che il consumatore dà per scontato. Sicché, se un'impresa mi offre la stessa cosa a metà prezzo, perché rinunciare? I prezzi restano un privilegio delle marche, del "fattore emozione" allo stato puro. Ma perfino nel settore dei beni di ultralusso si finisce sempre per fare confronti. Conseguenza immediata: le strategie prezzi sono state riviste un po' ovunque...

Il mantra del nuovo secolo è il giusto prezzo: il buon affare permanente, il minimo del minimo. Impossibile per qualcuno? La parola *impossibile* non esiste nella lingua degli azionisti. Il 30% delle persone si connette in rete, ma soltanto l'8% la usa per fare confronti commerciali e acquistare. E fra un anno, fra due anni? Le curve di progressione sono vertiginose. Il mondo ormai non è altro che un piccolo villaggio. Noi riceviamo ogni giorno al nostro indirizzo di posta elettronica due o tre offerte di prodotti finanziari americani o inglesi. E voi?

Internet ha cambiato anche qualcos'altro

Non è solo una questione di prezzi: in questa nuova mentalità postmoderna sono prepotentemente ricomparse le tribù, come forma di difesa contro il frullatore della convergenza e dell'omogeneizzazione. E queste tribù vogliono esistere, salvaguardare la propria identità e non finire emarginate in qualche ghetto.

Diamo però la giusta misura del loro impatto. Non sono qualche centinaio di "ragazzacci", e ancor meno qualche decina di "techno pop" a fare i mercati e la società di domani. Sono soprattutto le radici, i valori, le preferenze, al di là di ogni fenomeno di moda e di ogni ribellione adolescenziale. Radici, sempre radici. Ma anche ali. La globalizzazione ha avuto almeno il merito di farci capire che c'è vita dall'altro lato delle frontiere. Internet permette di viaggiare in un istante dappertutto, restando a casa propria. I forum e le chat si estendono a macchia d'olio. È sempre possibile "e-trovare" qualcuno simile a noi all'altro capo del mondo.

E così ci si avvicina e, nel tempo, si ha voglia di condividere i gusti degli altri. Si plasmano nuovi comportamenti. E cambiano i consumi.

Villaggio globale, garanzia di anonimato. Posso essere me stesso, senza fare concessioni. Se faccio parte di una qualunque minoranza, la rete mi aiuterà ad affermarmi. Mi procurerò ciò che voglio e, tra simili, ci daremo una mano. Così, gusti e costumi non possono fare a meno di evolvere e trasformarsi. La gente è incoraggiata a parlarsi e a capirsi. Un modello? Le comunità gay. Fra i principali utenti di Internet e modello di approccio alla rete, in questi ultimi anni gli omosessuali hanno fatto passi da gigante nella società, non necessariamente nel numero, ma piuttosto nel riconoscimento e nell'affermazione di sé. Questa tribù conta: annovera almeno l'8-10% della popolazione e ha una funzione di traino per mode e marche.

Origini etniche, orientamenti sessuali... Nell'era dello *small planet*, ecco dunque aspetti con un impatto ben più rilevante delle "tribù", nonostante la visibilità che queste sanno conquistarsi. I veri valori vanno al di là delle preferenze musicali, cinematografiche o di abbigliamento. Se a livello politico questi fenomeni possono comportare rischi e derive, il marketing dovrebbe scorgervi anzitutto opportunità e nuovi orizzonti. Abbasso i pregiudizi!

Senza clienti non c'è scampo

Capire i propri clienti

Il maremoto degli "anziani"

Secondo uno studio condotto dalla Ford del Regno Unito e presentato nel 2001, in Europa l'età media dell'acquirente privato di un veicolo nuovo, senza distinzione di marca e di fascia di prezzo, è di 49 anni. Per i veicoli con prezzo intorno ai 30.000 euro, l'età sale a 61 anni, facendo così individuare nel momento del pensionamento la principale occasione d'acquisto. Nello stesso tempo, le vendite di veicoli usati fra i giovani (con meno di 50 anni!) si sono stabilizzate intorno al 50% delle vendite totali del settore automobilistico.

Queste cifre possono sorprendere, ma attestano chiaramente l'invecchiamento della nostra popolazione. Nel 1965, un terzo degli europei aveva meno di 20 anni e soltanto un quinto più di 50. Oggi, la proporzione si è invertita... Fra vent'anni, quando tutti i figli della passata esplosione demografica, il baby-boom, saranno invecchiati, metà della popolazione avrà i capelli grigi. L'Europa, allora, meriterà più che mai l'appellativo di "vecchio continente".

È inutile precisare che questo fenomeno demografico senza precedenti avrà ripercussioni dirette sulle attività di tutte le imprese. Perché è evidente che il comportamento dei nuovi "anziani", anche se appartengono a una generazione più dinamica di quelle precedenti,[1] non sarà molto diverso da quello dei pensionati attuali. Avranno lo stesso tempo libero per viaggiare e divertirsi, ma anche la stessa saggezza e le stesse esigenze. Inoltre, avranno più soldi (progresso sociale, lavoro femminile, risparmio investito in Borsa...) e potranno permettersi di approfittare pienamente della società dei consumi. Tant'è vero che, secondo le nostre indagini, oggi la loro automobile preferita è... l'Audi TT!

Questi nuovi "anziani" avranno in mano i due terzi del potere d'acquisto, sicché diventa urgente imparare a sedurli. Dopo aver fatto Kathmandu in 2 Cavalli, i nostri eroi non si accontenteranno più di un marketing "giovanilistico" che tende a snobbarli. A 60 anni, si sentiranno in piena forma e desidereranno vivere intensamente i 25 anni di pensione che hanno previsto.[2] Uno scenario vago e ipotetico? Mica tanto: il "boom dei nonni" è cominciato il 1° gennaio 1996 e l'inizio del secolo ha visto i primi pensionamenti dei figli del dopoguerra. Ogni anno segna un'accelerazione del fenomeno. Così, in Europa "nasce" un nuovo pensionato ogni 30 secondi. Non si possono più chiudere gli occhi di fronte a questo fenomeno. Anzi, occorre guardare in faccia la realtà per individuare tutte le opportunità commerciali che offre una popolazione più esperta, più ricca, libera dal peso del lavoro e dei figli. E capire che, per assicurare un rapido rendimento del capitale investito, il "ringiovanimento", il rinnovamento, devono passare innanzi tutto attraverso di loro.

I nuovi canguri

Nel 1968, la gioventù sognava la libertà, un mondo d'amore e di pace. Il lavoro era un'idea così familiare che non rientrava nel-

[1] Si ricordi, per esempio, che Mick Jagger, Johnny Hallyday e Paul McCartney hanno 60 anni.

[2] In Francia l'età media del pensionamento è di 57 anni e 6 mesi.

le grandi ambizioni. Era soltanto qualcosa di dovuto, un dato di fatto, specialmente per quelli che avevano la fortuna di superare l'esame di maturità e di andare all'università. Il primo sogno personale era la libertà. Ci si sposava presto per lasciare i genitori. Anche il primo figlio arrivava presto (23 anni per le donne), così come l'acquisto della prima casa. È vero che si guadagnava poco, ma il costo della vita era ancora più basso.

Una trentina d'anni dopo, non resta molto degli ideali e delle lotte dei giovani del maggio 1968. Per la prima volta da più di un secolo, i figli stanno economicamente peggio dei loro genitori. Per ottenere uno stipendio quasi uguale a quello della generazione sessantottina, gli "adolescenti" di oggi devono studiare quattro anni di più e spesso pazientare per uno o due anni in uno stato di disoccupazione più o meno mascherata da prolungamento degli studi. La libertà non fa più parte dei sogni, è soltanto un lusso come gli altri. A 25 anni, il 70% dei giovani adulti vive ancora in casa dei genitori, che sono diventati i loro migliori amici.[3] La maggior parte di loro non si sposerà prima dei trent'anni e, siccome il matrimonio è un'istituzione in pieno sfacelo, i primi figli arriveranno, in genere, prima (a 28 anni per le donne, a 29 per gli uomini), comunque quattro o cinque anni più tardi rispetto alla generazione precedente. Quanto alla casa, è l'epoca dei piccoli appartamenti, della coabitazione con i *roommates*, dei *friends*, come negli omonimi telefilm.

Eppure le comodità non mancano, perlomeno sul piano materiale. Le spese sono basse, grazie ai genitori e ai nonni. Il corredo dei giovani sposi? Un problema inesistente: è da un pezzo che possiedono tutto in doppia copia. Gli oggetti sono molto meno rari che non il denaro per acquistarli, e non mancano auto d'occasione o vecchi mobili da recuperare. E allora possono spassarsela e consumare senza troppe preoccupazioni. Fra le spese, ci sono i vestiti, le uscite… tutto quello che consente di integrarsi nella propria tribù: ecologia, techno, rap… Comunque, sempre meno yuppie.

Fra le spese preferite, c'è sempre l'automobile. Un rottame ambulante, oppure qualcosa di meglio pagato da papà e mamma.

[3] Pensate, per esempio, a *Tanguy*, un film di Etienne Chatillez.

Ma la benzina è decisamente cara. Allora, si comincia a dubitare che avere l'auto convenga. Ci sono sempre l'autobus e l'autostop. E un amico che, almeno lui, ha genitori ricchi. A 23 anni, quasi un quarto dei giovani adulti non ha ancora la patente. Pigrizia, negligenza o realismo? Eppure amano viaggiare. Spesso in aereo o in treno, fra amici. È la moda del *minitrip*. Sempre più frequente e lontano. Un fine settimana a Roma o a Barcellona, tanto per fare qualcosa, con Easy Jet spesso costa non più di qualche decina di euro. Bah, a ogni modo non ci sono le rate del mutuo da pagare, e allora... Voglia di andare più lontano? E se si giocasse al giramondo? Ecco un concetto che ha decisamente la pelle dura. Si è tagliato i capelli e la barba, ma continua a sgambare sulle colline attorno a Chiang Maï e per le vie a montagne russe di San Francisco.

I viaggi formeranno i giovani ancora per molto tempo, soprattutto se si sentono frustrati per la mancanza di rivolte e di proibizioni. I veri giovani d'oggi? Li si incrocia più sulle strade che nelle periferie. Spensierati, pieni di noncuranza. Hanno già capito che non vinceranno contro il destino. E che è meglio vivere tutto e subito.

Una generazione disincantata

Il 4 agosto 2002, la radio annunciava 725 chilometri di imbottigliamenti sulle strade francesi. Un nuovo record. Avete visto le immagini di quei poveri vacanzieri bloccati ai caselli delle autostrade? Non c'erano praticamente né giovani né anziani, ma solo famiglie con bambini. Niente poteva fermarli... tranne le code. Eppure sapevano che non bisognava assolutamente partire in quel weekend maledetto. Ma l'hanno fatto lo stesso, nella più totale abnegazione (eufemismo...).

Ecco la faccia dei trentenni e dei quarantenni del giorno d'oggi. Fatalisti, sottomessi, angariati. Da piccoli, si era loro promessa la luna. Avevano appena avuto l'opportunità di costruire il loro primo modellino di razzo, ed ecco che la crisi li ha inchiodati al suolo. In breve *No Future* ha sostituito *Peace and Love*. Gli anni Ottanta videro fiorire il neoliberismo e l'individualismo senza scrupoli. *American Gigolo*, *Wall Street*, *Una donna in carrie-*

ra... Primo matrimonio, primo divorzio. La generazione X, come la chiamano spesso i demografi perché ha perso i suoi segni di riconoscimento, è una vittima. Non è detto che ne sia cosciente, perché la felicità quotidiana è una questione della persona, non della società, ma si comporta come tale. Si angoscia, subisce, poi si adatta. In confronto alle generazioni precedenti, guadagna di meno, lavora di più, vive a credito ed esita a investire. I figli arrivano più tardi, così come l'acquisto dell'abitazione (in media, 5 anni più tardi rispetto agli anni Settanta). È di nuovo un periodo di vacche magre. Ci si veste nei grandi magazzini, si mangiano prodotti anonimi... Tanto peggio per le tribù e per lo status sociale. Oh, non tutti, beninteso. Ci sono gli *happy few*, quelli che si sono trovati un buon *job* e approfittano di un *dual income* per vivere all'ultima moda. *Living apart together*, viviamo insieme ma separatamente: il nuovo modello delle città del XXI secolo.

Sapete che metà delle coppie parigine divorziano durante i primi dieci anni di matrimonio? Spesso in famiglia ci sono due figli, perché la famiglia si è ricomposta: due figli di due coppie diverse. Sballottati fra due camerette Ikea e i nonni che si passano il testimone. Non c'è tempo, troppo lavoro. Bisogna darsi da fare, il rischio è restare a terra. La felicità o la fortuna attraverso il lavoro? Ma no, è soltanto una necessità. Vivere a tutti i costi, il meno peggio possibile, aspettare che passi. Fare yoga, andare dallo psicologo. «Quando avrò cinquant'anni, i figli voleranno con le loro ali e la casa sarà pagata. Il benessere, perciò, verrà più tardi. Cambieremo la cucina e faremo finalmente quel viaggio in Australia che ci eravamo ripromessi da tanto tempo».

La generazione X ha tutti i buoni motivi per essere disincantata. Non lo è? Ha torto... Le ore di attesa al casello non sono affatto finite.

Muoversi con i propri clienti

I pari hanno sostituito i padri. Ogni generazione ha il suo calendario, le sue icone, le sue tribù. È da un pezzo che il target "grande pubblico" non esiste più. D'altronde, è forse mai esistito? Come si può credere che lo stesso prodotto, lo stesso messaggio sedurrà allo stesso modo persone che non hanno lo stesso corpo, gli stessi bisogni, le stesse risorse, gli stessi sogni e che non condividono più nemmeno gli stessi mezzi di comunicazione? Il marketing di massa è morto. Perché non sarebbe dovuto mai esistere. Basta con i bombardamenti a tappeto. È il momento degli "attacchi chirurgici", delle "bombe intelligenti", dei marketing segmentati, mirati.

Il marketing generazionale, una combinazione di fattori d'età, di cicli di vita e d'epoca, non è la bacchetta magica. Ma tutti apparteniamo a una generazione e ci riconosciamo attraverso di essa. Non risolve tutti i problemi, ma non c'è alcun dubbio che sia uno dei metodi di segmentazione più semplici e più esaurienti per creare un'interfaccia adattata ai giovani (*junior*), agli adulti da 25 a 50 anni (*major*) e agli ultracinquantenni (*senior*). Che cos'è un'interfaccia? È precisamente un accordo fra possibile e desiderabile, non un sogno creativo al servizio dell'agenzia, ma uno strumento di lavoro al servizio delle vendite.

Anche se oggi si impone come un fatto compiuto, il marketing generazionale è un'innovazione di grande portata, così come le sue componenti, per esempio il *senior marketing*. Quante volte abbiamo sentito dei pubblicitari parlare di rivoluzione a proposito di quello che non è altro che un possibile approccio alla popolazione più anziana? Non c'è dubbio che nella nostra professione si tende a smarrire il senso comune, il caro, vecchio buon senso. Una massima inglese recita: «The problem with common sense is that it's not that common».[4] E se questo libro fosse semplicemente un'illustrazione dello smarrito buon senso del marketing?

E allora... via!

Da quando, sotto l'insegna di Senioragency, abbiamo cominciato a sviluppare la nostra rete pubblicitaria internazionale specializzata nei figli del baby-boom e negli ultracinquantenni, abbiamo collaborato in vari Paesi con centinaia di responsabili di marketing, i quali, a poco a poco, si sono resi conto dell'efficacia

[4] «Il problema del senso comune è che non è poi così comune» (*N.d.T.*).

dell'approccio ai consumatori attraverso la lente generazionale. Cammin facendo, abbiamo capito che la nostra filosofia e la nostra pratica di consulenti di marketing e pubblicità ci permetteva di segmentare meglio i consumatori, in un modo nuovo e pertinente, andando spesso controcorrente rispetto al "pensiero unico" del marketing praticato dalla maggioranza dei nostri colleghi. Invece di idolatrare la tristemente celebre "casalinga di Voghera", noi abbiamo dimostrato in ognuno dei mercati che abbiamo considerato fino a che punto i consumatori possano essere "decodificati" in funzione della loro età e della loro appartenenza a una coorte generazionale. Le azioni di marketing che ne derivano, quindi, sono tremendamente efficaci. Non c'è molto da stupirsi, visto che abbiamo sempre affermato che il marketing generazionale è "buon senso"!

E dato che è questione di buon senso, facciamo notare che esistono anche il marketing gay, il marketing etnico...

Questi due ultimi sono molto significativi a livello dei comportamenti di consumo e, incredibilmente, vengono trascurati in Europa, probabilmente per effetto di giudizi di "non correttezza politica e sociale". È impossibile trattare in un solo libro di tutti i nuovi marketing interessanti... Siccome sono fondamentali e finora sono stati dimenticati, malgrado la consistenza numerica dei consumatori di cui si occupano, abbiamo deciso di presentare qui le nostre prime riflessioni sul marketing gay e sul marketing etnico, in aggiunta al tema del marketing generazionale, ampiamente sviluppato nei primi quattro capitoli. Con la speranza di provocare, se non un cambiamento negli atteggiamenti, almeno una riflessione costruttiva.

1. Il marketing generazionale

Il buon senso ci induce a prendere in considerazione in modo del tutto speciale il marketing e la pubblicità *generazionali*. Senza il minimo dubbio, infatti, fra tutti i criteri che spiegano il comportamento di un consumatore si deve attribuire un posto assolutamente prioritario a due fattori: la sua età e la generazione cui appartiene.

È merito del gruppo americano di ricerche e studi diretto da Dan Yankelovich aver introdotto per la prima volta la nozione di marketing generazionale, alla fine degli anni Sessanta. Per la cronaca, fu di fronte a una richiesta angosciata dei dirigenti della Playtex, preoccupati nel vedere che le loro vendite di corsetti femminili crollavano, che il gruppo di Yankelovich cominciò a individuare il fenomeno del comportamento generazionale del consumatore. Nel caso Playtex, l'analisi tradizionale delle "quattro P" del marketing non faceva emergere nulla di anormale: il *prodotto* era di qualità eccellente, il *prezzo* era fissato a un livello adeguato ed era coerente con la qualità, la *promozione* (o *pubblicità*) era del tutto sufficiente e, attraverso i media, si dirigeva in modo pertinente sia a donne giovani sia a signore di maggior età; *i punti di vendita* (la distribuzione) del prodotto, infine, diffusi su tutto il territorio nazionale, erano numerosi e attraenti. Insomma, tutto in regola, eppure le vendite dei corsetti non smettevano di calare. Il gruppo di Yankelovich ne dedusse che bisognava esaminare questo problema di marketing da una prospettiva diversa, quella generazionale. Una nuova generazione di americane (le figlie del baby-boom) giungeva in massa all'età giusta per indossare biancheria più elaborata di quella infantile e non aveva affatto l'intenzione di portarla uguale a quella delle mamme. Le ragazze di quella generazione avevano opinioni molto nette su quello che ritenevano alla moda e "sexy" e avevano decretato che i corsetti erano decisamente poco comodi per il loro nuovo stile di vita. Quando le madri cercavano di convincere le figlie ad adottare quel tipo di biancheria, veniva loro rinfacciato di essere "vecchie" e sorpassate. Peggio ancora: visto che la generazione del boom demografico iniziava già a dettar legge, sancendo i codici di abbigliamento di tutti, le madri stesse si stavano lasciando influenzare dalla loro prole e cominciavano a dubitare delle proprie consuetudini in materia di vestiario.

Il gruppo di Yankelovich concluse la sua ricerca raccomandando alla Playtex di adattarsi urgentemente ai bisogni e ai gusti espressi da quella generazione in ascesa che aspirava a una maggiore libertà di movimento. L'impresa abbandonò il suo armamentario di stecche di balena rigide e di armature di caucciù, passando a reggiseni leggeri, più morbidi e più flessibili. Le vendite tornarono a decollare. Era appena nato il marketing generazionale.

Per mettere in atto una strategia di marketing generazionale, la prima conoscenza fondamentale della segmentazione dei consumatori si ottiene, naturalmente, attraverso l'analisi dell'età del gruppo target. La vita è una successione di tappe e, d'altronde, la saggezza popolare ce lo ripete continuamente: «C'è un tempo per ogni cosa», «Non hai l'età», «Non va più bene per la mia età».

Prima ancora dell'ordine sociale, prima dello stile di vita, quello che rispettiamo, alla fin fine, è un ordine cronologico. L'uomo deve muoversi nel tempo. Deve amministrare nel modo migliore il suo tempo di vita personale e, insieme, assicurare la sopravvivenza della sua cellula familiare. Il criterio fondamentale che organizza la società è, incontestabilmente, l'età. Il ciclo di vita è una cosa talmente evidente che il marketing, a volte, aveva finito per dimenticarsene.

L'età: il criterio base di segmentazione

Ogni prodotto o servizio si inscrive nell'uso del tempo dei consumatori, e quest'uso è cultura, conoscenza, è addirittura una norma sociale. Il prodotto o servizio si rivolge, in realtà, a un target di consumatori con specifiche caratteristiche d'età.

È chiarissimo, per esempio, che il consumo di prodotti o di servizi per la salute è in correlazione nettissima con l'età biologica (dei clienti o pazienti); al contrario, il consumo di beni culturali, come il teatro o la letteratura, è maggiormente influenzato dall'età psicologica o sociale.

In molti campi, l'età trasforma notevolmente i bisogni dei consumatori, mentre esistono mercati relativamente omogenei per tutto il corso dell'esistenza: è il caso, per esempio, dei prodotti alimentari, posto che bisogna nutrirsi per tutta la vita. Tuttavia, perfino in un mercato che riguarda tutti, la segmentazione per età si rivela spesso pertinente, perché consente un approccio di marketing e pubblicitario più preciso e più efficace.

Quando si è giovani, un'automobile, per esempio, deve trasmettere una certa immagine e permettere, nello stesso tempo,

Fine Bouche

Questa specialità casearia leggera del gruppo Bongrain-Gérard si rivolge a ogni genere di pubblico. Qualche anno dopo il suo lancio nella grande distribuzione, l'azienda constata che il prodotto gode di un consumo maggiore da parte della clientela al di sopra dei 50 anni, che in questo prodotto trova il ricercato equilibrio fra sapore e leggerezza (fra le persone non più giovani la preoccupazione per la salute è sempre maggiore che in qualsiasi altro gruppo d'età). L'azienda decide di trarre vantaggio da questo consumo spontaneo, creando uno spot pubblicitario televisivo costruito in modo da rispondere perfettamente alle aspettative del target ultracinquantenne e diffuso esclusivamente in orari diurni su France 2 e France 3, le due televisioni che registrano elevati indici d'ascolto in quella fascia d'età. Pur con stanziamenti modestissimi (dell'ordine di 300.000 euro all'anno), nei mesi successivi al lancio della campagna pubblicitaria (1997) i volumi di vendita del prodotto registrano un incremento di circa il 40%. In due anni, grazie a questa scelta strategica, il marchio è diventato leader del suo segmento di mercato.

L'automobile

Fin dagli anni Venti, quando la Ford T (archetipo del sistema "un modello unico per tutti") rappresenta il 55% delle vendite sul mercato automobilistico, la General Motors adotta una strategia radicalmente diversa e sceglie di segmentare la sua gamma di marche in funzione dell'età della clientela. L'idea guida è che a ogni periodo della vita corrisponda una gamma di prezzi, nonché un certo standard di confort e di equipaggiamento. Questa strategia è sintetizzata nella formula «A car for every purse and purpose». A ogni marca, il suo target di consumatori, secondo l'età: dal marchio meno caro – Chevrolet (per chi è "giovane e squattrinato") – passando per Pontiac, Oldsmobile, Buick, fino a raggiungere il vertice della gamma con Cadillac (per chi è "anziano e ricco").

di trasportare gli amici. Più tardi, deve poter ospitare i seggiolini dei bimbi e le borse della spesa settimanale al supermercato. In seguito, deve comunicare che si è "arrivati", che si è raggiunto un certo *status* sociale. Più tardi ancora, l'auto deve mostrare che si è sempre "nel giro", pur rispettando certi criteri di maneggevolezza, comodità e ingombro. Tutto ciò corrisponde a comportamenti che prevalgono largamente tra gli acquirenti di automobili ancora oggi, anche se stanno facendo capolino comportamenti meno conformisti che cominciano a "confondere le tracce": per esempio, l'acquisto da parte di ultracinquantenni di piccole auto "originali" e codificate come "giovani", come la Twingo e perfino la Smart.

Ogni responsabile di marketing è costantemente alla ricerca dei criteri di segmentazione più pertinenti e più efficaci per la costruzione del suo sistema di target. Appare in modo nettissimo che l'età biologica è certamente uno dei criteri – se non *il* criterio – che maggiormente discrimina il comportamento del consumatore. Ha il vantaggio, soprattutto, di essere semplice, concreto e facile da applicare in termini di *media planning*. E nel marketing, non dimentichiamolo, la semplicità è una virtù fondamentale.

Quando si usa l'età come criterio fondamentale di segmentazione, ci si rende conto, statisticamente, che è proprio lo strumento che offre le maggiori probabilità di successo nel delineare l'"identikit" del consumatore cui ci si rivolge. Un responsabile di marketing potrà estrapolarne facilmente la situazione economica, la disponibilità finanziaria, i bisogni principali in attrezzature e servizi, i circuiti distributivi preferiti, i momenti privilegiati per inviargli il messaggio pubblicitario ecc.

Le tre dimensioni dell'età: biologica, psicologica, sociale

Per facilitare l'analisi, si può dire che l'età ha tre dimensioni: ci sono un'età biologica, un'età psicologica e un'età sociale.

- *Età biologica.* L'uomo è un orologio biologico. Il suo sviluppo e il suo invecchiamento sono programmati. Molte motivazioni profonde dei comportamenti, che hanno un'influenza fortissima sul consumo, sono legate all'invecchiamento e si succedono nel tempo. I bisogni dell'essere umano sono ancora legati, nella loro maggioranza, al fatto che siamo fatti di carne e sangue. Questa dimensione biologica è governata essenzialmente dal tempo: crescita, riproduzione, educazione dei figli, gestione del futuro, e quindi della vecchiaia, nelle condizioni migliori.
- *Età psicologica.* La maturazione biologica non è sufficiente per giungere a una maturità psicologica. L'uomo non si fa guidare dall'istinto, ma le sue capacità intellettuali gli permettono di formarsi la personalità apprendendo e praticando non soltanto conoscenze, ma anche metodi d'azione. Non possiamo disporre di uno stock di conoscenze in modo immediato (la scienza infusa): l'uomo apprende essenzialmente per imitazione, per "mimetismo". Il comportamento di una persona è guidato da ciò che impara attraverso l'esperienza o la pratica. Si può dire, quindi, che esiste un'età psicologica, che dipende da quanto la persona ha potuto apprendere e fare, ma anche, naturalmente, dalle sue capacità di "affinare" i propri comportamenti mediante l'esperienza (si dice che ci sono persone che "decisamente non capiranno mai niente"). L'età psicologica è anche quella che uno "sente di avere". Un bambino vorrebbe essere più grande, e non esita ad aggiungersi tranquillamente una decina d'anni. Al contrario, chi ha già superato la cinquantina tende, con grande disinvoltura, a sottrarre alla sua età biologica quanti più anni può. Questo

perché ci si sente molto più "giovani nello spirito" di quanto dica l'età delle arterie.

- *Età sociale.* L'età, infine, è fortemente influenzata dalla società. Innanzi tutto, quest'ultima controlla il tempo. Il passaggio all'età adulta deve essere in qualche modo convalidato dalla società, tanto che essa, mediante azione legale, ha facoltà di rifiutare la maggiore età a persone che pur sono adulte. Non sempre, quindi, basta essere capaci di fare questo o quest'altro: bisogna anche ottenere il consenso della società, a partire da quello dei propri genitori.[1] Si ricordi, infine, che l'uso del tempo di una persona è fortemente legato alla sua età. Per esempio, anche se il target ossessivo dei programmatori televisivi continua a essere invariabilmente la "casalinga di Voghera" e la popolazione attiva, ciò non impedisce che queste categorie, dato che lavorano, non siano affatto i principali consumatori di televisione, anzi siano ben lontani dall'esserlo. Per la cronaca, gli ultrasessantenni guardano la Tv, in media, oltre 4,5 ore al giorno (ossia 2 ore di più del segmento dei 25-35enni), essendo liberi da tutti i vincoli che organizzano e regolano le nostre giornate.

Il ciclo di vita

Una prova della preminenza dell'età su qualunque altro criterio esplicativo del comportamento è stata fornita dai risultati dello studio condotto nel settembre del 1998 dal Credoc per l'International Longevity Center France, intitolato *I figli del baby-boom di fronte al futuro*. Si tratta di una ricerca appassionante, poiché si propone di comparare tre gruppi d'età alla luce di un gran numero di criteri e di valori. Un gruppo di giovani senior (quelli che noi nel cap. 4 indicheremo come "liberati") con età dai 60 ai 64 anni è confrontato con due gruppi di figli del baby-boom: i più anziani hanno fra i 50 e i 54 anni e i più giovani fra i 45 e i 49 (*tabella 1.1*). È molto istruttivo analizzare come la "generazione del '68", ritenuta particolarmente contestatrice e modernista nei

[1] Le donne sono state considerate per molto tempo delle "minorenni" in Europa, e tali sono ancora ritenute in gran parte del mondo.

Tabella 1.1 **Valori dei figli del baby-boom (in % sul campione)**

	Età degli intervistati		
	45-49 anni	**50-54 anni**	**60-64 anni**
Onestà	31,3	32,7	33,7
Lavoro	22,1	22,7	21,9
Famiglia	21,1	21,3	23,9
Educazione	16,4	13,3	12,1
di cui: intesa come cortesia	8,2	5,3	5,0
Solidarietà	11,9	9,7	6,3

Fonte: Credoc. Studio eseguito su un campione di 1001 persone nel luglio 1998. «Quali sono i valori a cui siete più legati e che desiderate trasmettere?».

suoi valori, si comporti e si esprima quando si avvicina a quella che noi chiamiamo "seniorità" (cioè i 50 anni).

Vediamo come gli autori dello studio commentano la sorprendente coerenza delle risposte fra i tre gruppi:

> I figli del baby-boom hanno dapprima rifiutato autoritarismo, sottomissione, intolleranza e hanno esaltato la libertà, l'autonomia e l'indipendenza. Alla fine, però, hanno perseguito uno scopo identico a quello dei loro genitori: la trasmissione dell'onestà, del rispetto, del senso del lavoro e della famiglia. I figli del baby-boom rimproveravano ai genitori una rigidezza e una severità eccessive nei rapporti genitori/figli e lamentavano una mancanza di libertà in molti campi della loro vita quotidiana. Paradossalmente, hanno adottato i valori che ritengono essere quelli dei loro genitori e desiderano trasmetterli ai propri figli, senza per questo rinunciare al valore primario per il quale alcuni di loro dicono di aver lottato: la libertà.

Quest'analisi comparativa è eloquente e, in particolare, parla chiaro sul "peso dell'età" e del ciclo di vita a livello di comportamenti e atteggiamenti.

Bernard Préel, codirettore del Bipe, è il grande specialista francese dei comportamenti generazionali: è lui che ha promosso il famoso *Studio generazionale* del Bipe. Préel ha messo a punto questa nozione di ciclo di vita:

Il valore esplicativo che l'età mantiene ancora oggi non è dovuto, principalmente, al fatto che essa riflette un fattore biologico (l'età delle arterie e dei neuroni), ma assai più al fatto che l'età è associata alle varie fasi della vita, a un ciclo di vita che fluttua (le date di entrata e di uscita variano sensibilmente) e che si dipana attorno a due assi:

- l'asse della vita privata (familiare), con i cambiamenti di stato che scandiscono il corso dell'esistenza individuale: distacco dalla casa dei genitori, vita da soli, sistemazione in coppia, arrivo dei figli, distacco dei figli, vita da solo del coniuge superstite;
- l'asse della vita pubblica (professionale), con i suoi tempi classici: formazione, attività, pensionamento.

Sono state fissate le principali età della vita e, quindi, segnate le tappe del ciclo di vita, distinguendo tempi di *rottura*, che fanno cambiare stato, e tempi *critici*, che introducono un periodo di instabilità.

Bernard Préel, perciò, ha costruito un "ciclo di vita in sei età", mediante uno schema che permette di avere una visione sintetica della vita di ogni individuo (*figura 1.1*).
Lo schema pone in evidenza il fatto che, all'inizio del XXI secolo, la suddivisione tradizionale della vita in tre periodi (giovinezza, attività e vecchiaia) non è più attuale e che ci si trova piuttosto di fronte a tre tipi di età che costituiscono un ciclo di 6 periodi, della durata teorica di 15 anni ciascuno:

Figura 1.1 **Ciclo di vita in sei età**

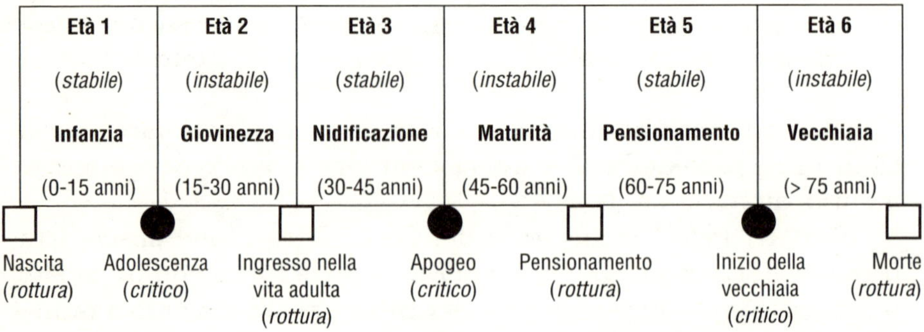

- Due età di *dipendenza*, in cui appunto si dipende fortemente dagli altri: l'infanzia e la vecchiaia.
- Due età di grande *libertà*, durante le quali gli individui non hanno obblighi di attività professionale, pur avendone le facoltà fisiche: la giovinezza, da un lato, e la fase del pensionamento, dall'altro. Il notevole allungamento della durata di questi due periodi, in presenza di condizioni di vita favorevoli, costituisce per il marketing un'opportunità di cui tutte le imprese devono tener conto. Ecco dei consumatori nel complesso felici di vivere, che possono approfittare pienamente di questa nuova libertà, avendo a disposizione, per la maggior parte del tempo, mezzi finanziari significativi o un potere di prescrizione elevato: questi due target, gli junior e i senior, costituiscono due gruppi di consumatori particolarmente attraenti (ci torneremo ampiamente in seguito).
- Due età di attività professionale (*produzione*), separate simbolicamente da un giro di boa che si colloca a metà della vita. Coincide abbastanza bene con un apogeo professionale e con il momento in cui i figli cominciano a volare con le proprie ali.

In base alle ultime valutazioni effettuate dall'Insee relativamente ai prossimi 20 anni, l'andamento quantitativo dei diversi gruppi d'età risulterebbe assai dissimile:

- calo significativo delle prime tre categorie: infanzia –7,4%, giovinezza –6,6% e nidificazione –8,9%;
- crescita spettacolare delle cifre delle altre categorie: maturità +29,1%, pensionamento +36% e specialmente vecchiaia, con un balzo del 71,2%.

Se si raggruppano le categorie d'età secondo i criteri proposti, si ottiene – proiettata sull'orizzonte del 2020 – una nuova configurazione dell'organizzazione sociale. Essa si articolerebbe in tre segmenti:

- *dipendenza*: infanzia (16,8%) + vecchiaia (9,5%) = 26,3% del totale della popolazione;

- *libertà*: giovinezza (18,2%) + pensionamento (17,3%) = 35,5% del totale della popolazione;
- *produzione*: nidificazione (18,5%) + maturità (19,7%) = 38,2% del totale della popolazione.

La generazione, un criterio più corretto e preciso

L'essere umano è talmente complesso che è indispensabile affinare l'analisi. Alla nozione fondamentale di età si deve aggiungere una dimensione dinamica che il marketing generazionale permette di valorizzare. È perfettamente evidente che un uomo di 60 anni che va in pensione oggi non ha molto in comune con l'uomo di 60 anni che andava in pensione trent'anni fa. Analogamente, fra un adolescente di 15 anni dei nostri giorni e un adolescente di 15 anni di vent'anni fa è aleatorio voler riconoscere molti punti in comune. Si trovano entrambi nello stesso stadio della vita, eppure i loro comportamenti sono diversi per una gran varietà di aspetti. La ragione fondamentale di questa differenza è chiara: sia i due pensionati sia i due adolescenti appartengono a generazioni totalmente diverse.

Commettereste un errore grossolano se traeste la conclusione che i vostri consumatori, siccome hanno raggiunto una certa età, si comporteranno allo stesso modo di quelli che avevano raggiunto quell'età in precedenza.

J.W. Smith e A. Clurman, *Dal cavallo a dondolo al computer: il marketing generazionale*, Baldini & Castoldi, Milano 1998

Se un responsabile di marketing immagina che i figli del baby-boom (i cosiddetti *baby-boomers*, cioè le persone nate fra il 1946 e il 1964) abbandoneranno i Rolling Stones, Jimy Hendrix, Eric Clapton, la Coca-Cola, i jeans, o cominceranno a consumare poco, come fanno le persone di età avanzata, con il pretesto che hanno raggiunto il sessantesimo compleanno, rischia di trarne conclusioni di business grossolanamente false. Significherebbe dimenticare che il dinamismo nel consumo, caratteristico dei *baby-boomers*, e le preferenze musicali, di abbigliamento e alimentari acquisite li accompagneranno... fino alla tomba. È uno dei contributi più spettacolari dell'analisi generazionale: la dimostrazione di una solida fedeltà, fino alla vecchiaia, a uno stile di vita, a valori, a oggetti, a musiche che costoro hanno "sposato", usato e amato in gioventù.

Nell'agosto del 1999, Marcelline Bodier, esperta di statistica e responsabile della ricerca, presentò uno studio realizzato dall'Insee su *Consumo, risparmio, reddito: comportamenti e tendenze recenti*. L'indagine constatava che fra consumatori appartenenti a generazioni diverse esistevano importanti differenze di comportamento. Sono molte le Cassandre che si preoccupano per le conseguenze negative che l'invecchiamento della popolazione avrà fra una quindicina d'anni sui consumi nei Paesi sviluppati, per il radicato stereotipo che "più s'invecchia, meno si consuma". Lo studio condotto dai ricercatori dell'Insee dimostra che le attuali generazioni più anziane hanno comportamenti meno dinamici perché hanno conosciuto una giovinezza segnata dalla penuria:

> La diminuzione dei consumi dopo i 70 anni, che risulta dall'analisi comparativa, è spiegata, quindi, in parte, dal fatto che le coppie ultracinquantenni appartengono a generazioni che hanno sempre avuto l'abitudine di consumare meno.

L'Insee è riuscito a comparare il consumo dei settuagenari non già con quello delle persone che hanno 45 anni attualmente, ma con il livello di consumo che essi stessi avevano nel 1960. Il risultato è eloquente:

> Due coppie sposate con lo stesso reddito, con lo stesso *status* sociale e con titoli di studio simili, ma i cui componenti sono nati a 60 anni di distanza (1900-1904 e 1960-1964) presentano quindi, alla stessa età, uno scarto nel consumo che varia dal 12 al 20%, a seconda del livello d'istruzione considerato.

Questa ricerca permette di essere molto ottimisti sul consumo futuro dei nuovi senior, che provengono da generazioni che si erano già tuffate nella "società dei consumi". L'Insee giunge alla conclusione che non è affatto vero che invecchiamento significa crollo dei consumi: nel 1979 le spese della fascia 70-74 anni rappresentavano fra il 67 e il 91% (a seconda del grado d'istruzione) delle spese della fascia 40-44 anni. Nel 2004, secondo le previsioni dell'Insee, questa percentuale oscillerà soltanto fra l'82 e il 90%.

La nozione chiave di coorte generazionale

Nella seconda metà del XX secolo, la nostra società ha inventato la nozione di *giovinezza*, ampliando in modo spettacolare la durata di questo stato di spensieratezza e di "irresponsabilità". Fino a quel periodo, tranne che negli ambienti privilegiati (le famiglie nobili, i notabili, i borghesi, gli intellettuali), si passava direttamente dall'infanzia a una posizione produttiva. Bisogna ricordare che questa è ancora la norma nella stragrande maggioranza dei Paesi in via di sviluppo, in cui all'età di 6-7 anni si lavora in un laboratorio o in strada per apportare un contributo indispensabile alle necessità della cellula familiare. Nelle nostre società occidentali, invece, la durata della giovinezza continua ad allungarsi, e questo periodo assume un'importanza crescente nella formazione psicologica dei giovani maschi e delle giovani femmine. Tra i giovani si assiste a un rinvio di tutte le grandi decisioni a tempi via via più lontani. I giovani esitano a unirsi in modo formale (l'età media al momento del matrimonio supererà presto i 30 anni), ritardano al massimo l'età in cui concepiscono il primo figlio, allontanano l'ingresso nella vita professionale (bisogna riconoscere che, su questo punto, non sono certamente gli unici responsabili, anzi). Insomma, ci si sistema più o meno comodamente in uno stato di grande libertà, in una posizione di "non scelta", in cui si è particolarmente permeabili a tutte le influenze, le emozioni, le esperienze, che vi trovano un terreno particolarmente favorevole. Bernard Préel, per caratterizzare questo periodo della vita, ha usato il termine felice di "tempo impressionabile", con un aggettivo che richiama deliberatamente la tecnica fotografica.

Prima o poi questo stato di eterna adolescenza finirà per diventare *la* cultura di riferimento della nostra società, visto che di solito si guarda alla propria giovinezza con nostalgia e ci si sente sempre più giovani mentalmente di quanto non lo si sia fisicamente.

Nella società moderna, l'iniziazione diventa quasi interminabile. Ma soprattutto si sta estendendo su una lunga fascia temporale, oltrepassando di molto l'adolescenza, coprendo tutto un periodo durante il quale si hanno già le capacità dell'adulto, pur essendo esonerati dall'eseguirne le prestazioni e dall'assumerne le responsabilità. Strano periodo di libertà e di latenza, di "via di mezzo", a ben vedere decisivo per la formazione dei valori.

Bernard Préel

I sociologi e gli statistici hanno formulato da molti anni la nozione di *coorte*, dimostrando che i membri di una stessa generazione sono fortemente legati tra loro da esperienze comuni che hanno segnato in modo indelebile la loro giovinezza. Questi avvenimenti (guerra, depressione, rivoluzione, forte evoluzione dei costumi, innovazione tecnologica ecc.) intervenuti durante la giovinezza, in quelli che si chiamano "anni formativi", influenzeranno in modo notevole i consumatori della stessa età per tutto il corso della vita. Forse che non si continua, più di trent'anni dopo, a parlare di "sessantottini" a proposito di cinquantenni che hanno conservato come tratti dominanti del carattere lo spirito d'indipendenza o lo scarso rispetto per l'autorità?[2] L'influenza degli avvenimenti occorsi negli anni formativi è tale che, anche se le circostanze cambiano sensibilmente, l'individuo resta larga-

[2] Analogamente, si resta colpiti da una reazione istintiva in molti senior anziani (i *placidi* e i *grandi vecchi*, cioè i 75-85enni e i maggiori di 85 anni; cfr. cap. 4), che consiste nell'immagazzinare prodotti di prima necessità. Lo zucchero, la pasta e i cibi in scatola scompaiono dagli scaffali non appena un conflitto assume una certa ampiezza, come avvenne in Francia per lo sciopero delle ferrovie e delle metropolitane nell'inverno del 1995 o, in Italia, allo scoppio della prima guerra del Golfo. È una reazione generata esclusivamente dal ricordo delle privazioni alimentari sofferte durante la loro giovinezza e non da un reale rischio di penuria nella nostra epoca, caratterizzata invece da un'offerta alimentare pletorica e da canali distributivi notevolmente ben organizzati sul piano logistico.

mente condizionato da ciò che ha vissuto e imparato nei primi 25-30 anni della sua esistenza.

La giovinezza non ha ancora formato la corazza che la protegge: sarà la prima a essere irradiata... È questa l'età in cui ci si lascia turbare più facilmente, in cui si è più vulnerabili, in cui si conosce la forza delle prime fedi. È questa anche l'età in cui si forgiano i valori, a volte per tutta la vita. Perciò, delle grandi emozioni vissute durante la giovinezza sarà imbevuta tutta una generazione.

Bernard Préel

J. Walker Smith e Ann Clurman, di Yankelovich Partners, hanno tradotto in uno schema i principali fattori generazionali di influenza che determinano i comportamenti di consumo di ognuno di noi (*figura 1.2*).

Secondo Claudine Attias-Donfut, nota specialista in temi generazionali, la distinzione fra classe d'età, coorte e generazione si effettua seguendo il criterio dell'intervallo di anni che si prende in considerazione: alcuni anni per la classe d'età, una decina d'anni per la coorte, da 15 a 20 anni per la generazione.

Naturalmente, ogni generazione passerà per le stesse tappe della vita: l'adolescenza, la patente di guida, il primo lavoro, la nascita dei figli, il pensionamento. Allo stesso modo, qualunque sia la generazione cui apparteniamo, ci troviamo di fronte ad avvenimenti simili: crisi economica, crisi politica, guerre... Tuttavia, i membri di ogni generazione reagiranno in modo abbastanza differente a ognuno di questi avvenimenti, e lo faranno in funzione dei valori e dei riflessi generati dall'esperienza acquisita all'interno della loro coorte generazionale. La cultura di una generazione è fortemente legata ai cambiamenti radicali dell'ambiente circostante, intervenuti durante gli anni formativi dei membri di quella generazione. I membri di una generazione si somigliano non soltanto perché si trovano nella medesima fase della vita, ma anche perché quella fase si svolge nella stessa epoca.

Figura 1.2 **Principali fattori di influenza generazionale**

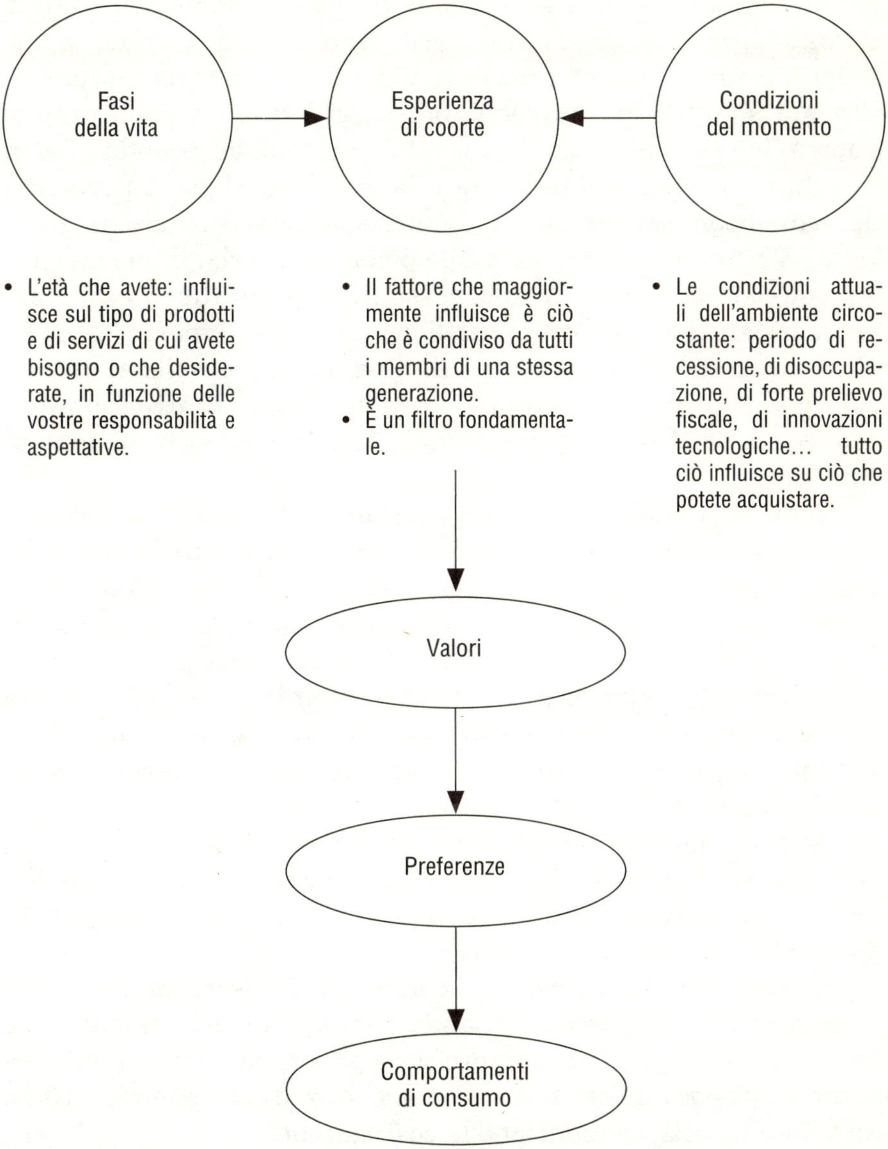

Fonte: J.W. Smith e A. Clurman, *Dal cavallo a dondolo al computer: il marketing generazionale*, Baldini & Castoldi, Milano 1998.

Il peso dei marcatori generazionali

Si chiamano *marcatori generazionali* i fatti simbolici che hanno segnato profondamente la memoria collettiva dei giovani appartenenti a una certa generazione. Per i senior, alcuni dei marcatori più significativi dovrebbero essere il trauma della grande guerra, la crisi del 1929, l'ascesa del nazismo, la seconda guerra mondiale, la guerra d'Indocina e la guerra d'Algeria. Per i figli del baby-boom saranno piuttosto la società dei consumi, la guerra del Vietnam, l'arrivo della televisione a colori, gli ipermercati e il self-service, la liberazione sessuale e, naturalmente, il maggio del 1968. Per i giovani, quelli che noi chiamiamo la "generazione canguro" (perché restano il più a lungo possibile al calduccio in casa di papà e mamma) saranno l'Aids, il divorzio, Mtv, i videogiochi, il boom del personal computer e la rivoluzione di Internet.

Quando si vuole capire una persona, è importante conoscere la sua storia: bisogna in qualche modo "mettersi nella sua pelle e nella sua testa". Ci sono esperienze che uniscono quelli che le hanno vissute e trascendono le barriere sociali. Una persona nata nel 1938, dato che ha un ricordo infantile della guerra e degli anni duri che l'hanno seguita, avrà più punti in comune con una persona nata nel 1919 che con una nata nel 1948. Analogamente, per una persona nata negli anni in cui tutto pareva facile, quelli che Jean Fourastié ha riassunto così bene nell'espressione "trentennio glorioso" (all'incirca dal 1945 al 1973), sarà molto più difficile adattarsi al nuovo ordine economico di quanto non sia per una persona nata dopo la crisi, durante il "ventennio disgraziato".

Si possono quindi riassumere abbastanza esattamente le differenze fra le epoche analizzando i loro elementi-simbolo. Allo stesso modo, si può "riassumere" una generazione usando i marcatori dell'epoca durante la quale si è formata, cioè i primi 15-25 anni di vita delle persone che la costituiscono.

È partendo da questi presupposti che alcuni specialisti di studi generazionali hanno cominciato a denominare le diverse generazioni in base a un marcatore forte della loro epoca, dal momento che questi avvenimenti hanno plasmato una cultura abbastanza specifica e comune ai giovani di quel tempo. Bernard Préel ha quindi articolato la società francese in 9 generazioni, denominate rispettivamente:

- generazione *Verdun* (nati/e tra il 1895 e il 1904);
- generazione *Anni folli* (nati/e tra il 1905 e il 1914);
- generazione *Crack* (nati/e tra il 1915 e il 1924);
- generazione *Liberazione* (nati/e tra il 1925 e il 1934);
- generazione *Algeria* (nati/e tra il 1935 e il 1944);
- generazione *Maggio '68* (nati/e tra il 1945 e il 1954);
- generazione *Crisi* (nati/e tra il 1955 e il 1964);
- generazione *Gorby* (nati/e tra il 1965 e il 1974);
- generazione *Internet* (nati/e tra il 1975 e il 1984).

Noi ne abbiamo aggiunta una decima, ancora difficile da analizzare a causa della sua giovane età: la generazione *Euro* (nati/e fra il 1985 e il 1994).

Un altro specialista francese dei fenomeni generazionali, Jean-Luc Excousseau, semiologo e consulente per l'innovazione di prodotto, ha invece sezionato la Francia contemporanea in 4 grandi generazioni, i cui comportamenti e le cui aspettative gli sono apparsi, nel complesso, molto coerenti. Anche il suo approccio merita di essere citato, perché migliora la nostra conoscenza della società francese e ci permetterà di dare maggior fondamento alla divisione generazionale proposta da noi.

Jean-Luc Excousseau propone la seguente suddivisione:

- generazione *Eredità* (nati/e prima del 1941, compreso);
- generazione *Naturalezza* (nati/e tra il 1942 e il 1967 compreso);
- generazione *Reti* (nati/e tra il 1968 e il 1976 compreso);
- generazione *Mosaico* (nati/e tra il 1977 e oggi).

I marcatori generazionali costituiscono elementi di "rottura" tra i membri di una generazione e quelli delle altre. La rottura non è vissuta necessariamente, nei confronti delle altre generazioni, con pari intensità per tutte. I contemporanei che formano una coorte generazionale sono simili tra loro e, nello stesso tempo, costruiscono "barriere" rispetto alle altre generazioni: si rileva quindi una netta tendenza ad allentare i legami verticali, attraverso i quali si trasmettono i vecchi valori, a vantaggio di un rafforzamento dei legami orizzontali fra persone che hanno vissuto gli stessi avvenimenti. È ben noto che i membri di una generazione più giovane concepiscono quasi come una questione d'onore il fatto di non accettare docilmente l'autorità dei "fratelli maggiori" e contestano i valori che questi ultimi vorrebbero che adottassero. Viceversa, essi stessi si impegneranno con irruente energia a imporre la propria visione della realtà alle altre generazioni, facendo leva in forma collettiva sull'ascolto complessivamente favorevole di cui godono nella nostra società, sempre attenta ai segnali emessi dai suoi giovani. Alcuni non hanno esitato a dare un nome a questo atteggiamento, che spesso sfiora la condiscendenza: si parla in particolare di *giovanilismo*, un neologismo ben noto agli uomini politici, sempre preoccupati di farsi benvolere dai giovani.

A questo proposito, citiamo di nuovo Bernard Préel:

> La società moderna cerca di ridurre lo scarto temporale che s'interpone tra la formazione dei nuovi valori e il loro "irradiamento". Tradizionalmente, questo intervallo durava da 3 a 4 decenni. Davvero troppo per le inclinazioni della modernità, che tollera poco il fatto di mettere in quarantena i valori che incarnano nel modo migliore il progresso. I moderni si sforzeranno di sottrarre ai valori dei giovani il loro statuto di controcultura per concedere loro l'aureola di una gloria particolare, propria di tutto ciò che simboleggia l'innovazione. Parallelamente, accelereranno la presa del potere da parte di generazioni meno anziane; questo ringiovanimento avrà lo stesso effetto, quello di un vero *aggiornamento*.[3]

Quando un responsabile di marketing costruisce un sistema di identificazione di target fondato su criteri d'età, una delle principali difficoltà deriva dalla sua propensione naturale a estrapolare

[3] In italiano nel testo.

i comportamenti e le reazioni del target a partire dal proprio atteggiamento. Ognuno immagina (più o meno coscientemente) che il consumatore reagirà allo stimolo del marketing o della pubblicità a lui diretta dalla marca in modo simile alla propria reazione. Questo è, chiaramente, il modo migliore per fallire il bersaglio. Lo stesso fattore contribuisce a rendere più complesso l'approccio in termini di marketing generazionale; il che spiega in parte perché, finora, siano stati pochissimi i responsabili di marketing e i pubblicitari che se ne sono interessati.

L'artificioso umorismo di uno spot pubblicitario concepito da giovani creativi e accettato da giovani responsabili di marketing (l'età media di chi lavora in agenzie e servizi di marketing è 30 anni) ha ottime probabilità di far sbellicare dalle risa i giovani consumatori e di infastidire seriamente i senior, che non accorderanno alcun credito a un prodotto capace soltanto di "fare il pagliaccio" per vendersi. Per interessarsi al prodotto, loro si aspettano dati di fatto. Tra i fattori che spiegano le differenze nelle percezioni generazionali, è necessario individuare anche le conseguenze di una scolarizzazione sempre più di massa, che contribuisce a elevare il livello di astrazione e di immaginazione delle generazioni più giovani e più istruite.

Il livello di formazione scolastica è progredito a passi da gigante

Quando si imposta un processo di segmentazione generazionale, è fondamentale ricordare in ogni momento che i gruppi di consumatori di generazioni-target differenti non hanno raggiunto lo stesso livello di scolarità. Per dire le cose in parole semplici, più ci si dirige a consumatori che appartengono a generazioni recenti, più si è autorizzati a trasmettere messaggi sofisticati: il loro livello intellettuale medio ne renderà semplice la decifrazione e l'assimilazione. Viceversa, quanto più si mirerà a target che rientrano in segmenti senior, tanto più si dovrà badare a che i messaggi siano semplici, concreti e comprensibili. Nelle generazioni dei pensionati sono numerose le persone che hanno dovuto abbandonare prematuramente la scuola a causa della guerra, della crisi economica, della penuria, per dedicarsi a un lavoro manuale. O, semplicemente, perché l'ambiente familiare impediva loro di proseguire gli studi oltre la famosa licenza elementare, che oggi è una semplice formalità. A partire dalla fine del XIX secolo, il livello di formazione scolastica è progredito senza sosta. Si stima che nel corso del secolo che è terminato pochi anni or sono, i figli abbiano ricevuto in media una formazione più lunga di 2-3 anni rispetto a quella dei loro genitori. È una differenza notevole, perché significa che, nell'arco di un secolo, la formazione scolastica supplementare di cui parliamo può essere stata di una decina d'anni.

L'esame di maturità è un buon indicatore del livello di studi raggiunto dai giovani delle diverse generazioni (anche se certi pessimisti sostengono che la maturità di oggi «non ha niente a che vedere con quella che abbiamo conosciuto noi»). La percentuale per generazione di chi ha conseguito il diploma di maturità nel corso del XX secolo è eloquente (*tabella 1.2*).

Tabella 1.2 **Percentuale di promossi alla maturità, per generazione**

Anno della maturità	% sui membri della generazione
1906	1,1
1930	2
1940	3
1945	4,4
1955	5,3
1965	12,5
1970	20,5
1975	24,2
1985	29,4
1990	43,5
1995	62,7
2001	61,6

Fonte: Ministero dell'Istruzione francese.

L'influenza dell'effetto generazione sui consumi

Non lo si ripeterà mai abbastanza: l'età resta il criterio determinante nel campo del consumo, non foss'altro perché ha le virtù della semplicità e del buon senso. Tuttavia, è facile rendersi conto che non è un criterio sufficiente per spiegare tutti i comportamenti. Per distinguere meglio le aspettative dei consumatori, bisogna rivolgere l'attenzione al potere d'influenza delle generazioni. L'essere umano aspira naturalmente ad adottare elementi dello stile di vita delle generazioni più giovani, per lottare contro il proprio invecchiamento (il mito dell'"eterna giovinezza" ha bisogno di nutrirsi di prodotti emblematici). Inoltre, i progressi della medicina, il notevole miglioramento delle condizioni di vita, la qualità dell'alimentazione, la riduzione della fatica generata dal lavoro hanno contribuito a rimescolare gli schemi tradizionali e a far sì che oggi si possa dire che "i vecchi non sono più vecchi". Siamo passati da una società dominata dalle attività primarie a una società terziaria. Non c'è quindi da stupirsi se i senior tendono spesso ad adottare prodotti e servizi delle generazioni più giovani, per dedicarsi con entusiasmo a una sorta di "cura di ringiovanimento", anche se il fatto che spesso i senior consumino gli stessi prodotti dei più giovani non significa che se ne attendano le medesime soddisfazioni: non è detto, dunque, che la pubblicità debba rivolgersi a costoro allo stesso modo che ai giovani. Per essere certi di ottimizzare il proprio investimento e di sedurre un senior a colpo sicuro (ma lo stesso vale per uno junior o per un major), è molto più efficace adottare un linguaggio di comunicazione concepito specificamente per lui e diffonderlo attraverso i mezzi di comunicazione che sono più in sintonia con le sue pratiche d'informazione e più adeguati al suo modo di vivere. I lavori del gruppo di ricerca francese del Bipe hanno contribuito egregiamente a chiarire analiticamente come si diffondono i beni, i prodotti e i servizi in funzione di tre effetti: generazione, ciclo di vita ed epoca, la cui interazione più o meno pronunciata dà ragione della diffusione di un prodotto.

1) *Effetto epoca.* Dipende essenzialmente dal contesto del consumo alla data dell'osservazione. Il prodotto/servizio penetra simultaneamente in tutte le classi e svanirà con la stessa rapidità con cui è comparso: è precisamente il caso del prodotto "alla moda", effimero per natura. Un esempio estremo: gli occhiali distribuiti in occasione dell'eclisse dell'11 agosto 1999, diventati inutili appena terminato il fenomeno.
2) *Effetto età.* Un prodotto viene diffuso pressoché esclusivamente presso un'intera classe d'età e quasi non interessa con-

sumatori più giovani o più vecchi. Esempi: la sveglia giocattolo riservata ai bambini molto piccoli, la bambola Barbie per le bambine o, sul fronte inverso, l'assicurazione esequie sottoscritta essenzialmente da persone molto anziane.

3) *Effetto generazione.* È più difficile da analizzare, perché esige che si lavori su serie lunghe e che si escludano gli effetti anteriori. Il bene in questione sarà adottato dai giovani di una certa generazione (durante i loro anni formativi), invecchierà quasi esclusivamente con loro, senza "trasudare" verso altre generazioni. Gli esempi più tipici di questo genere: i gruppi musicali o i cantanti emblematici di una generazione; la musica techno o la dance, infatti, hanno pochissimi adepti nelle generazioni precedenti, mentre sono considerate superate, un vecchiume, da quelle successive.

Quando il prodotto di generazione presenta un potenziale più ampio, più transgenerazionale, può essere lanciato in un primo tempo da una generazione pioniera e iniziatrice che l'imporrà, coscientemente o meno, alle altre generazioni, passando attraverso i loro membri più giovani. Ricordiamo semplicemente il caso dei pattini a rotelle, un'attrezzatura che i giovani senior urbani non esitano ad acquistare per mantenersi in forma.

Questo approccio acquisisce il suo senso pieno quando si tratta di prevedere le probabili evoluzioni dei mercati a medio termine. I senior di domani sono i major o gli junior di oggi, e non è affatto detto che si comporteranno come i senior attuali, dal momento che si è dimostrato che i mercati in questione sono sensibili a forti effetti generazionali. Questo tipo di informazione è decisivo per il responsabile di marketing, che potrà così anticipare l'evoluzione dei suoi mercati, apportandovi le innovazioni e gli adattamenti necessari per essere in grado di sedurre le nuove generazioni di consumatori, consolidando nello stesso tempo la fedeltà dei suoi consumatori attuali.

Per poter isolare nel modo più obiettivo possibile quanto è dovuto al fattore età o alla generazione di appartenenza, il Bipe ha condotto uno studio statistico importante e di lunga durata, passando scrupolosamente al pettine i risultati delle ricerche *Bi-*

lanci delle famiglie dell'Insee (1979, 1984, 1989 e 1995), *Pratiche culturali* (1973-1997) e *Vacanze* (1965-1994) degli istituti di statistica pubblici. I dati riesaminati per raggiungere il nostro obiettivo risalgono spesso a parecchi anni fa, ma più di recente non si è fatto nulla del genere. L'attualità di questi dati è evidente e dimostra che le identificazioni riscontrate non sono l'effetto di una tendenza ma di un'evoluzione di fondo.

Tutti questi studi si fondano su campioni di grandi dimensioni e su metodologie rigorose. Per tener conto della variazione del livello sociale delle famiglie nel tempo, si è adottato l'approccio in termini di spesa *pro capite*; la segmentazione per età si è fondata sull'età della persona di riferimento nella famiglia.

In seguito è stato necessario separare gli effetti del ciclo di vita e della generazione con un metodo di pseudopanel, esprimendo le spese sempre in franchi 1995 e annullando in tal modo gli effetti epoca indotti dal rialzo dei prezzi al consumo.

Questa metodologia è stata applicata su più di 80 mercati di beni di grande consumo, di beni durevoli (automobili, elettrodomestici ecc.), di servizi/tempo libero e di mezzi di comunicazione (i media). Questo studio, unico nel suo genere, fa epoca, perché ha chiarito, cifre alla mano, la pertinenza delle analisi del marketing generazionale agli occhi di tutti gli uomini di marketing. Per dimostrare la pertinenza delle analisi per generazione e per ciclo di vita, il Bipe è riuscito a individuare l'incidenza dell'effetto generazione in più della metà dei casi, cioè nella stessa quantità dell'effetto ciclo di vita (*tabella 1.3*).[4]

Per capire qualcuno, bisogna aver camminato per molte lune nei suoi mocassini.

Proverbio cherokee

Per tradurre in pratica il marketing generazionale, dunque, è fondamentale comprendere il percorso di ogni generazione.

[4] Naturalmente, si riscontra anche un certo numero di mercati in cui i due effetti si coniugano.

Tabella 1.3 **Effetti ciclo di vita e generazione**

	Prodotti esaminati	Effetto ciclo di vita	Effetto generazione
Agroalimentare	27	18	17
Beni durevoli	15	10	10
Media	11	7	8
Servizi/tempo libero	25	14	13
Totale	*78*	*49*	*48*

Concludiamo questo capitolo facendo il "ritratto" di una delle coorti generazionali presentate in precedenza. L'analisi dei comportamenti di consumo ci ha portati infatti a constatare che oggi questa coorte costituisce una delle maggiori poste in gioco per il marketing nei prossimi decenni, praticamente per tutte le imprese. Si tratta, è chiaro, della generazione Maggio '68 (nati/e fra il 1945 e il 1954).

La generazione Maggio '68: ovvero, la generazione "io, io, io!"
Sono i nuovi senior. Hanno tra 50 e 60 anni e sono i primi figli di un fenomeno unico nella storia dell'umanità: il baby-boom. Tanto la vita dei loro genitori era stata difficile, altrettanto invece quella dei figli del baby-boom è segnata, durante i loro anni formativi, da un periodo di estrema facilità. Tutto era stato ricostruito per loro; la società, in tutti i suoi aspetti, si era polarizzata sull'arrivo in massa dei figli del baby-boom. La società ha dovuto organizzarsi per nutrire, alloggiare, vestire, trasportare, educare, divertire questi milioni di bimbi nati nell'arco di pochi anni.

Essi rappresentano l'unica coorte generazionale di questo secolo che abbia beneficiato di un periodo di espansione economica quasi costante; hanno quindi potuto ottenere senza difficoltà un posto di lavoro appena terminati gli studi. La disoccupazione non ha fatto parte del contesto quotidiano della loro gioventù (come forse succede attualmente per le generazioni più giovani, come la generazione Gorby). Una sola cifra può testimoniare il "miracolo economico" vissuto dai figli del baby-boom: dalla nascita ai 30 anni hanno quasi triplicato i loro consumi *pro capi-*

te. Durante i primi trent'anni dall'inizio del baby-boom, fino alla crisi petrolifera del 1975, i consumi individuali sono cresciuti al ritmo spettacolare del +4% annuo. La seconda coorte del baby-boom, nata fra il 1955 e il 1965, ha conosciuto invece un brusco arretramento del livello di vita: non c'è da stupirsi del fatto che siano costoro gli inventori del punk, costretti come sono stati a sostituire un poco promettente *No Future* al *Peace and Love* della generazione precedente

I giovani della generazione Maggio '68 sono cresciuti in una relativa opulenza, liberi dalla paura dei periodi di vacche magre dovuti alle crisi economiche e alle guerre. Avevano fretta di lasciare il nido familiare per costruire rapidamente il loro: la penuria di alloggi era ormai alle spalle e trovare un primo impiego era così facile! Anche se il livello degli studi era ampiamente superiore a quello dei genitori, la vita professionale cominciava presto: a 20 anni, il 58% di loro aveva già un impiego, una cifra che fa sognare se la si confronta con il 25% scarso di ventenni attivi dei nostri giorni.

Questa generazione riesce, grazie alla sua formazione e ai vuoti nelle classi d'età anteriori, a trovare un lavoro prima che dietro di lei si alzi il ponte levatoio.

Bernard Préel

I figli del baby-boom ebbero anche molta fretta di sposarsi. Nel corso di questo periodo, infatti, l'età del matrimonio toccò il minimo: il record maschile fu stabilito nel 1972 con un'età di 24,5 anni e il record femminile nel 1974 con 22,4 anni. Questa generazione ha istituito il modello della famiglia con due figli e ha tratto inoltre beneficio, senza far nulla, dai sacrifici dei genitori in termini di lotta sindacale: le conquiste dei diritti sul lavoro e l'istituzione del welfare in tutti i Paesi occidentali. Siccome a loro andava tutto bene, i figli del baby-boom, per un riflesso molto naturale, cominciarono a discutere e a contestare, donde il soprannome particolarmente indovinato con cui li designano gli americani: la *me generation*, che con un pizzico di cattiveria si potrebbe tradurre "generazione ombelico" o "generazione io, io, io!". A partire dall'inizio degli anni Sessanta doveva entrare rapidamente in gran voga l'espressione *conflitto generazionale*. A partire da quel periodo, negli Stati Uniti si parlava di un *generation gap* (divario generazionale) fra gli adulti che avevano vissuto la grande depressione e la guerra (e che quindi condividevano come valore comune il senso del sacrificio) e i loro figli, allevati in una relativa opulenza e innamorati innanzi tutto della libertà. Questo divario generazionale fu presentato da film come *Il seme della violenza*, *Gioventù bruciata* e *La gang del parigino - Pierrot le fou* in modo talmente magistrale che essi divennero opere di valore universale.

La nozione di generazione s'impose al mondo intero negli anni Sessanta. Fu infatti a quell'epoca che le opposizioni fra la cultura e le aspirazioni comuni ai giovani e quelle dei loro genitori divennero più importanti che le opposizioni tra ideologie in concorrenza fra loro. Questa incomprensione, riassunta da *My Generation* del gruppo The Who, raggiunse in Francia un apice parossistico in occasione del movimento del maggio 1968.

Il conflitto nasceva dalle rivendicazioni libertarie delle giovani generazioni e oltrepassava le tradizionali opposizioni politiche. Tali rivendicazioni, non capite dagli apparati politici tradizionali, diedero ai figli del baby-boom l'occasione insperata per farsi ascoltare. Questa generazione contestava sistematicamente tutti i "pensieri unici" e quelle che essa riteneva manifestazioni di intolleranza; spinse al parossismo l'idolatria della gioventù, a cui attribuiva tutte le virtù; contestò con accanimento tutte le grandi scelte prese dai "vecchi" e dai politici, come, per esempio, il nucleare; propugnò senza tregua una filosofia del diritto alla differenza; e lottò per difendere tutti coloro che considerava vittime dell'oppressione. Al contrario dei loro genitori (spesso della generazione Liberazione), giudicati troppo conformisti e materialisti, i figli del baby-boom si segnalarono per una ricerca costante di espressione individuale e di creatività personale. Erano relativamente poco attirati dal possesso di beni materiali e molto più inclini a interessarsi di ciò che avrebbe permesso loro di vivere "esperienze" divertenti, che li arricchissero sul piano intellettuale o fossero piacevoli. *Piacere*, ecco la parola, ed ecco la prima generazione che ha come uno dei suoi obiettivi fondamentali quello di "godersi" la vita.

Non c'è da stupirsi del fatto che la liberazione sessuale e l'aumento notevole dei tassi di divorzio abbiano coinciso proprio con la maturità dei figli del baby-boom. Sul piano del consumo, essi hanno sempre mostrato la tendenza ad acquistare per impulso i beni o i servizi che facevano loro gola e che procuravano piacere. "Tutto e subito", senza esitare a indebitarsi per ottenerlo. Bisogna dire che il tasso d'inflazione galoppante degli anni compresi fra il 1973 e il 1985 li favorì in misura notevole, permettendo loro di "sistemarsi" senza grandi preoccupazioni. Erano i tempi d'oro degli istituti di credito al consumo, in auge fino alla fine degli anni Ottanta. Questa generazione di cicale ha dimostrato una grande capacità di spendere... ma non di risparmiare e di investire il suo denaro. Tutto il contrario della generazione Liberazione.

Nel lungo cammino storico che dovrebbe permettere alle donne di conquistare le stesse posizioni degli uomini, non v'è alcun dubbio che la generazione Maggio '68 è quella che ha loro aperto la via verso un radicale cambiamento di *status*. Nel corso di quegli anni decisivi, le donne vinsero due battaglie fondamentali: l'accesso al lavoro e la contraccezione. Le figlie del baby-boom rivendicarono apertamente e con forza il diritto di avere una professione. Un atteggiamento opposto a quello delle loro madri che, dopo il matrimonio e il concepimento del primo figlio, si rinchiudevano in casa, dedicandosi ai lavori domestici e all'educazione della prole. Nella maggioranza, le madri avevano sacrificato deliberatamente le proprie possibilità professionali alla famiglia e alla carriera dei mariti.

Evoluzione? No: doppia rivoluzione. Alcune cifre attestano la prima rivoluzione. Fra le donne della generazione Liberazione, all'età di 15 anni il 60% esercitava un'attività professionale; questa cifra cadeva al 50% a 20 anni e al 37% intorno ai 32 anni. Nelle donne della generazione Maggio '68, soltanto il 23% svolgeva un'attività a 15 anni, un'ulteriore testimonianza del miglioramento delle condizioni di vita e della forte crescita della scolarizzazione rispetto alla generazione precedente. In compenso, all'età di 20 anni, circa il 63% aveva un impiego; una cifra in crescita costante, nonostante la nascita dei figli, tanto da situarsi intorno al 65% all'età di 32 anni, per culminare in un 75% a 40 anni. Ha scritto Bernard Préel:

> L'entrata in massa delle donne, e specialmente delle donne "borghesi", nel mercato del lavoro per conquistarvi la loro indipendenza – anzitutto economica – avrebbe costituito senza dubbio la conquista più preziosa della generazione del maggio 1968. Con essa, il modello della doppia attività è diventato quello di riferimento. Si manifesta una nuova scelta: la madre non deve più sacrificarsi né per il marito né per i figli; il suo equilibrio, la sua compiutezza, il suo piacere diventano diritti civili di cui deve godere, anche soltanto per il fatto di essere una buona madre.

È chiaro che il formidabile miglioramento del livello di vita delle famiglie dei figli del baby-boom è imputabile in gran parte alla presenza di due redditi da lavoro sotto lo stesso tetto.

La seconda rivoluzione importante nella vita delle donne della generazione Maggio '68 è, senza dubbio, la rivoluzione dei costumi sessuali, soprattutto con l'arrivo della pillola anticoncezionale e, più tardi, con il rimborso mutualistico dei dispositivi intrauterini. Le donne, da allora, hanno potuto vivere una sessualità più libera e, nello stesso tempo, avvicinarsi a uno *status* più egualitario rispetto ai loro compagni. Soprattutto, hanno conquistato la libertà di decidere quando e quanti figli avere. Questa seconda rivoluzione si combina molto presto con la prima e autorizza le donne a gestire la loro vita professionale e familiare in modo molto più libero e armonioso. A partire da questa generazione, le coppie hanno adottato progressivamente un atteggiamento molto meno favorevole alla natalità. Il tasso di fecondità ridiscese esattamente al livello della soglia di rimpiazzo, ossia a 2,1 figli per donna. Perché? Il mantenimento del tenore di vita della coppia è sempre stato un obiettivo centrale nella vita dei "gaudenti" figli del baby-boom, molto meno inclini dei loro genitori a sacrificare tutto per circondarsi di una famiglia numerosa.

Verso la fine degli anni Ottanta, il panorama economico prese a peggiorare gravemente, a oscurare il quadro ottimistico, per non dire euforico, della vita così come la concepivano i figli del baby-boom. La disoccupazione, in particolare quella dei quadri, cadde come una tegola sulla testa dei membri di quella generazione, che fino a quel momento, come si è visto, viveva in modo relativamente spensierato. La maggioranza degli uomini e delle donne di quella generazione non aveva mai conosciuto la disoccupazione e si era abbondantemente indebitata per acquistare una residenza principale o un appartamento in montagna o al mare. Avevano comprato a credito buona parte dei miglioramenti del loro parco macchine o il loro ultimo viaggio con il Club Méditerranée. Si erano preparati pochissimo all'inversione della tendenza economica, che quindi li colse di sorpresa. A questo punto, "cuor forte vince cattiva sorte": essi accettarono un ridimensionamento del tenore di vita, rivolgendosi in modo plebiscitario alle marche con prezzi promozionali, ai saldi e ai supermercati discount. Di qui deriva, in buona misura, il successo delle catene hard discount come Aldi, Norma, Ed, Lidl. Sui loro scaffali, la famosa "casalinga di Voghera" ha continuato a trovare di che nutrire la famiglia a un costo inferiore. I figli del baby-boom hanno dovuto lottare anche per salvare il posto di lavoro, senza contare gli sforzi e le ore straordinarie necessari per riuscire a mantenere un livello di vita che garantisse ancora a loro e ai loro figli un certo benessere. Nella vita dei membri di quella generazione si sono venuti poi ad aggiungere, a poco a poco, altri due fattori di stress:

1) La triste scoperta della "chiusura degli orizzonti" che si prospettava ai loro figli maggiori, che il mercato del lavoro si rifiutava di assumere. Protraendo i loro studi con successive specializzazioni, costoro restavano più a lungo sotto il tetto dei genitori. Ricordiamo, in proposito, che in Europa il tasso di disoccupazione giovanile (al di sotto dei 25 anni) continua a mantenersi drammaticamente elevato.
2) A questa prima responsabilità dei genitori è venuto a sovrapporsi un fenomeno correlato con lo straordinario aumento

della longevità umana. Sono sempre più numerosi i genitori anziani e, quindi, cresce costantemente il grado di dipendenza dai figli. I nuovi senior della generazione Maggio '68 scoprono di essere sempre più stretti nella morsa tra i figli, che continuano a dipendere finanziariamente da loro, e i genitori, che hanno via via più bisogno di loro negli atti della vita quotidiana. Di qui il soprannome di "generazione sandwich" che si è cominciato ad affibbiare loro, alludendo appunto a questa congiunzione di nuovi motivi di stress e di riduzione della libertà d'azione.

A coronamento di tutto ciò, è percepibile il fatto che i figli del baby-boom, da buoni "gaudenti" quali sono, iniziano soltanto di questi tempi a rendersi conto di aver organizzato pochissimo il proprio futuro finanziario. A forza di spese per "trattarsi bene", di divorzi e di nuovi rapporti di coppia, convinti che il lavoro sia qualcosa di dovuto (non è più vero), hanno finito per trovarsi con riserve finanziarie e immobiliari scarse. E quando le minacce che incombono sul finanziamento futuro delle pensioni diventano titoli di prima pagina sui giornali, divengono coscienti del fatto che il loro avvenire è molto meno sereno di quanto avessero previsto. È per questo che i figli del baby-boom costituiscono un mercato prediletto per gli organismi finanziari, i consulenti patrimoniali e gli assicuratori, che devono incitarli a riorganizzare il portafoglio di prodotti di risparmio per i lunghi anni della pensione. Un dato da sottolineare: quando va in pensione, una donna ha davanti a sé quasi 30 anni di vita, un uomo 25.

Diamo nuovamente la parola a Bernard Préel:

> Il percorso dei bambini viziati del '68 ricorda un viaggio nella delusione [...]. Arrivata alla svolta decisiva della metà della vita, questa generazione non scopre soltanto che le sue utopie si sono ridotte in cenere, ma vede saltare le sue sicurezze: sul fronte della protezione sociale (salute e pensione) e della sicurezza familiare (deve pagare per i figli e per i genitori) si accumulano le brutte notizie; percepisce che non ha più il diritto di fare errori: questa società che esclude senza rimorsi i suoi vecchi attivi potrebbe tranquillamente abbandonarla sul marciapiede, a vantaggio di giovani meglio formati,

meno cari e più duttili... per i bambini viziati, adesso è diventata viziata l'aria!

Come sedurre la generazione Maggio '68?

Fra i segreti del successo nel marketing, è evidente che bisogna far leva su tutto ciò che ha a che fare con la nostalgia, che è in grado di rievocare i bei momenti della giovinezza. La Volkswagen sembra averlo capito meglio di chiunque altro, con il lancio del New Beetle, che s'ispira direttamente al leggendario Maggiolino. Lanciata nel 1998 negli Stati Uniti, prima che in Europa, questa vettura ha riscosso, quanto meno oltre Atlantico, un successo fenomenale, come riferisce un ottimo articolo di Jean-Michel Normand su *Le Monde* del 10 agosto 1998:

> Questa creazione, dovuta più ai servizi di marketing che agli ingegneri dell'ufficio progetti, coltiva la propensione dei figli del baby-boom – una generazione numerosa e con forte potere d'acquisto – a cedere alla nostalgia e all'autocelebrazione. [...] Il New Beetle è un modello che apporta il massimo di emozioni nel mondo automobilistico attuale. È un'auto che non può lasciare indifferenti.

E, a conclusione del suo articolo, il giornalista cade addirittura nel lirismo:

> Questa *madeleine* proustiana destinata ai figli del baby-boom, di ispirazione più californiana che tedesca, si è creata di colpo un incredibile capitale di simpatia.

Il discorso nostalgico fa vibrare una corda che nella generazione Maggio '68 è particolarmente sensibile. La campagna pubblicitaria del New Beetle ci ha largamente giocato sopra: «Se avete perduto la vostra anima negli anni Ottanta, ecco l'occasione per riconquistarla», afferma uno degli spot. La nostalgia gonfia le vendite delle Harley Davidson, delle motociclette "custom" dalle forme opulente lanciate con enorme successo dalla Yamaha (Virago) e, più di recente, dalla Honda (Shadow), degli scooter Vespa o dei frigoriferi dalle arrotondate linee *rétro* che da qualche tempo invadono i reparti elettrodomestici degli ipermercati.

La nostalgia è stimolata dall'adozione di temi musicali adatti per "rinfrescare la memoria", come quelli dei Beatles o il rock 'n' roll. Quando Microsoft lancia la sua campagna per Windows 95 sulle note del famoso *Start Me Up* dei Rolling Stones, nessuno dubita che la marca abbia voluto trasmettere un segnale forte in direzione dei figli del baby-boom che ora sono ai comandi delle imprese di tutto il mondo; negli Stati Uniti, The Who sono i testimonial della Ford. Nel marzo del 1998, la rivista *Business Week* dedicava un lungo dossier a questo nuovo marketing indirizzato agli *ageing baby-boomers*, i figli, ormai stagionati, del baby-boom:

> I *baby-boomers* più anziani sono ormai cinquantenni e lottano contro il processo di invecchiamento con la stessa energia che dimostravano quando manifestavano contro la guerra. I servizi di marketing giocano sul fascino dei prodotti nostalgici, che leniscono le ferite del tempo che passa e fanno in modo che ci si senta sempre giovani.

Al salone dell'automobile di Detroit del gennaio 1999, i costruttori americani svelarono il segreto di quello che essi chiamano *heritage design*, destinato a sedurre i figli del baby-boom. Tutti gli argomenti di marketing che valorizzano la capacità dei prodotti o dei servizi di rendere la vita più comoda, meno stressante, più indipendente, vanno nel senso giusto, perché sono favorevoli alle aspirazioni della generazione Maggio '68. Tutto ciò che sarà in grado di solleticare nei componenti di questa generazione la sensazione di essere giovani e ancora "nel giro" e darà una risposta positiva ai loro bisogni fisici sarà accolto con favore.

La gamma Forty

Passati i quarant'anni, molti hanno bisogno di occhiali per lottare contro la presbiopia. Il lancio, da parte degli ottici Afflelou, della gamma Forty, composta da molte montature multicolori e da svariati design, è riuscito a sedurre le quarantenni e a dimostrare loro che potevano continuare a essere seducenti anche se avevano sul naso lenti correttive.

Infine, i figli del baby-boom sono cresciuti mentre la televisione si affermava come strumento mediatico centrale del divertimento (*Zorro*, *Rintintin* e innumerevoli altre serie), come elemento essenziale dell'informazione e del relax dopo il lavoro. Senza alcun dubbio la televisione rappresenta *ipso facto* il mezzo privilegiato per comunicare con questa generazione di consumatori. Ha però un grande inconveniente: siccome i consumatori in questione sono ancora professionalmente attivi (comprese le donne, la grande maggioranza delle quali ha un impiego), li si può raggiungere soltanto mediante gli annunci pubblicitari in prima serata (fino alle 21.30), che hanno tariffe elevatissime. I figli del baby-boom si fondono in grande misura con il target centrale del marketing e della pubblicità, la famosa "casalinga di Voghera". Essi costituiscono quindi per il marketing un target tra i più costosi da contattare. Questo, naturalmente, cambierà nei prossimi anni, perché i più anziani di loro raggiungeranno l'età della pensione.

Tabella 1.4 **Tavola sinottica sulle tre generazioni**

	Generazione		
	Liberazione	**Maggio '68**	**Gorby**
Denaro	Lavoro	Fatture	A volte
Lavoro	Dovere	Realizzarsi	Raro
Famiglia	Paradiso	Peso	Salvagente
Scuola	Municipale	Liceo	Facoltà e Accademie
Automobile	Citroën Traction	2 Cavalli, Renault 4	Lancia Y, Peugeot 205
Guerra	Seconda guerra mondiale	Algeria	Kippur
Musica	Édith Piaf	The Beatles	The Cure
Cinema	*Fanfan la Tulipe*	*Fino all'ultimo respiro*	*Un mondo senza pietà*
Governo	Troppo debole (IV Repubblica)	Troppo forte (De Gaulle)	Troppo astratto (Mitterrand)
Genitori	Rispettati	Fuori dai piedi	Assenti ed esigenti
Figli	Ci vogliono	Uno, se voglio e quando voglio	Se avessi i soldi
Calciatori	Mazzola, Rivera	I Verdi del Saint-Étienne (non gli ecologisti…)	Platini, Cruyff
Sport	Calcio	Jogging	Snowboard
Tecnologia	Elettricità	Transistor	Elettronica
Letteratura	Saint-Exupéry	Sartre	Le Clézio
Amici	Commilitoni	Compagni di liceo	Tribù
Amore	Per la vita	Da inventare	Un pericolo

2. Il marketing junior

Non c'è cosa al mondo che abbia più importanza di un bambino.

Frederico Mayor, Presidente dell'Unesco

In questo inizio di XXI secolo, la nostra società, nei Paesi economicamente sviluppati, accorda un posto preminente ai bambini e agli adolescenti, in una parola, agli *junior*. Essi sono il "centro del mondo" per i loro genitori, ma anche per i produttori di quasi tutti i settori, per l'industria del tempo libero, della musica, del cinema (non si dimentichino, soprattutto, i circuiti di distribuzione che si rivolgono a loro in modo privilegiato). È ben vero che la nostra società, per interessarsi dei giovani, non ha bisogno di fare uno sforzo particolare: tendenza naturale di ogni individuo è concentrare la sua attenzione sul proprio figlio, perché è sinonimo di vita e di speranza.

All'opposto, lo stesso individuo avrà un riflesso "innato" a distogliere lo sguardo dalla vecchiaia, che segna il declino delle funzioni fisiche, fino alla dipendenza e alla morte, termine inevitabile del percorso. Questo comportamento spiega l'"oblio" quasi sistematico del target dei senior negli interventi di marketing e di pubblicità delle imprese (si veda il cap. 4).

L'ascesa del consumatore junior

Nel campo del marketing, la forza di attrazione della giovinezza è spettacolare. Le imprese si occupano intensamente degli junior da quando è diventato evidente il "maremoto" demografico prodotto dal baby-boom. Quel periodo, che va dal 1946 al 1964, fece registrare una crescita della popolazione dei Paesi sviluppati che non ha precedenti nella storia dell'umanità.

La collettività e le imprese pubbliche e private sono state costrette a fare di tutto per soddisfare i bisogni creati da questo arrivo in massa di nuovi consumatori. L'ampiezza del fenomeno ha una data e una cifra: in Francia, per esempio, nel 1946 nacquero 840.000 bimbi, ossia il doppio del 1945.

La società dei consumi è sorta, sull'onda di questa natalità irruente, durante il *trentennio glorioso*, il periodo della ricostruzione e dell'euforia economica, che durò fino alla seconda crisi petrolifera. Durante questo periodo felice, le imprese percepirono e compresero perfettamente che il target degli junior aveva un'importanza enorme nel garantire lo sviluppo del loro volume d'affari. Autentici imperi industriali mondiali sono stati costruiti a partire dalla scelta oculata di orientare la ricerca di target per il marketing sui bambini, sugli adolescenti e sulle famiglie con figli giovani.

Marche che sono emblemi di giovinezza hanno inondato i cinque continenti di prodotti ormai diventati quasi "mitici": McDonald's, Disney, Coca-Cola, Pepsi, Kellogg's, Mars, Ferrero (con i suoi marchi Kinder, Nutella ecc.), Nike, Reebok, Adidas, Nintendo, Sony, Levi's, Fisher Price, Toys 'R' Us, Mattel, Mtv, per citare soltanto alcuni nomi famosi. Queste imprese sono esempi dei grandi successi delle vendite agli junior del mondo intero, che hanno fatto sorgere una "cultura del marketing globale" nei dirigenti del marketing e della pubblicità di tutti i settori dell'economia mondiale.

Tutte le imprese (anche quelle che, *a priori*, sarebbero lontane dal consumo giovanile) si sono impegnate a sviluppare le loro offerte di prodotti o di servizi, le loro campagne pubblicitarie dirette al target junior, con una sola parola d'ordine: "vendere giovane"!

L'individualismo come stile di vita

L'immagine stereotipata della gioventù degli anni Sessanta ha fatto il suo tempo. Il gruppo omogeneo nei comportamenti e nelle idee non c'è più. Il *rock 'n' roll attitude* ha fatto tutto a pezzi. L'espressione "fossato fra le generazioni" assume il suo senso pieno, chiarisce una frattura reale fra "quelli di prima" e "quelli di dopo". Chi ha dimenticato il fenomeno dei *blousons noirs* o dei *teddy boys*, espressioni con cui si classificavano, per semplificare, i giovani in rivolta contro il conformismo che li circondava?

Bisogna ammettere che lo junior contemporaneo è il figlio di un modo di vita fortemente individualizzato. Per lui la società è un territorio aperto a tutte le possibilità, e lo si vede nella scelta dei vestiti, della musica e nella libertà d'espressione. Ormai, gli junior pilotano la loro vita secondo le loro preferenze e i loro rifiuti, senza tener troppo conto della pressione sociale o di ciò che è "civilmente corretto".

I responsabili di marketing devono fare affidamento sull'individualismo arbitrario del loro gruppo target, o addirittura sottomettersi a tale individualismo? No di certo. I gruppi si formano a partire dall'incontro di affinità tra individui: le preferenze condivise, tutto ciò che organizza una coesione nel campo della musica, dell'abbigliamento, della moda. Per inserirsi nel modo migliore nel mondo dei giovani, è importante inscriversi nei riferimenti della loro cultura, nei loro valori e nella "normalità" che caratterizza tale cultura. Per analizzare la cultura propria degli junior, bisogna disporre di certi criteri di segmentazione, come le generazioni, le attività, i cicli o i modi di vita. Noi abbiamo scelto di concentrarci sul modo di vita dei gruppi giovanili.

Ritorniamo alla prospettiva "storica" propria degli imprenditori della seconda metà del XX secolo. Gli anni Cinquanta hanno visto l'arrivo in massa di nuovi consumatori; gli anni Sessanta hanno dato a questa popolazione mezzi finanziari supplementari, che si potevano spendere; gli anni Settanta hanno dato il via a un flusso di nuovi prodotti e servizi destinati ai bambini; gli anni Ottanta hanno trasmesso loro il potere e il diritto legittimo di decidere quali prodotti avrebbero consumato, affrancandosi sempre più dal consenso dei genitori. Gli anni Ottanta sono stati, senza ombra di dubbio, il decennio che ha visto l'emergere del "bambino consumatore"; parallelamente, abbiamo assistito a una vera esplosione delle forme di comunicazione orientate verso il pubblico giovane: riviste, radio, programmi e perfino catene televisive (Mtv, Disney Channel, Fox Kids, M6 o Canal+).

All'alba del XXI secolo, più nessuno ne dubita: il potere d'influenza degli junior pesa in misura sempre maggiore sul consumo dei prodotti o dei servizi direttamente destinati a loro, nonché di quelli destinati alla cellula familiare. Durante gli ultimi due decenni si sono sviluppati vari fenomeni d'interesse sociologico che hanno contribuito nettamente all'aumento della potenza del consumatore junior nella nostra società occidentale.

I fenomeni sociologicamente esplicativi

Meno figli nelle famiglie

Da quando è finito il baby-boom, si registra una tendenza alla diminuzione della fecondità che interessa tutti i Paesi economicamente sviluppati. In Europa, nessuna nazione raggiunge più il livello di status quo demografico, ossia 2,1 figli per donna (la soglia che fa sì che una popolazione sia stabile). Alcuni Paesi sono caduti a livelli molto bassi, come la Spagna, che è a 1,26, l'Italia, a 1,22, e la Germania, a 1,42. Nel 2001, la media europea era di 1,47 figli. In Francia (1,9 figli per donna nel 2002), come ovunque, le coppie esitano ad avere più di un figlio.

Per cui, una volta che il bimbo è nato, nulla è troppo bello per lui: sarà coccolato e viziato fin dalla più tenera infanzia dai genitori, che di solito hanno programmato da lungo tempo il suo arrivo, senza contare i nonni e le nonne, fin troppo felici di avere in famiglia un "ometto" o una "donnina" che perpetui la discendenza.

Sempre più famiglie con un genitore solo

D'altra parte, il tasso di divorzio o di separazione (per le coppie non sposate) è in forte crescita dappertutto. Come corollario, si riscontra un aumento costante delle madri sole: in Francia, nel

1998, secondo l'Insee, erano più di un milione le donne che allevavano da sole uno o più figli. In queste famiglie separate o monogenitoriali, i figli costruiscono la loro autonomia molto più in fretta e assumono responsabilità che tradizionalmente toccavano ai due genitori: fare una parte della spesa, preparare i pasti, pulire la casa, dar da mangiare agli animali domestici. Spesso sono stati chiamati "bambini con le chiavi di casa", perché dopo la scuola devono tornare a casa con i propri mezzi. Un'attribuzione di responsabilità che porta i figli giovani a disporre ben presto di somme di denaro significative, per fare acquisti destinati direttamente a loro o a soddisfare bisogni della famiglia. Un altro fenomeno: spesso la separazione della coppia crea un senso di colpa nei due genitori, che quindi compensano l'assenza del coniuge con uscite con i figli, regali, assegni, in occasione dei momenti di vita che passano, in alternanza, insieme con i bambini. Nei fine settimana, al McDonald's si vedono spesso questi "genitori celibi" con i loro pargoli.

Il continuo rinvio dell'età della maternità

Sta aumentando sempre più l'età della procreazione del primo (e perlopiù unico) figlio. È il corollario dell'accesso in massa delle donne al mondo del lavoro. Nella conquista della loro autonomia sociale, le donne non vogliono (o non possono) più sacrificare la carriera all'educazione di un figlio. Prima di procreare, le giovani coppie vogliono avere raggiunto un certo tenore di vita e di comodità; un obiettivo, questo, sempre più lontano e difficile da conseguire, visto che anche l'ingresso nel mondo del lavoro è arduo. In Francia, dai 26,5 anni all'inizio degli anni Ottanta l'età media della maternità è passata ai 29,4 anni del 2002. Non c'è affatto da stupirsene. Un altro paragone: nel 1977, il 25% dei neonati aveva una madre con più di 30 anni; oggi, ormai, sono quasi il 50%. Quando finalmente arriva, il bambino fa la sua comparsa in un contesto finanziario meno precario e può beneficiare subito del miglioramento del tenore di vita della coppia. Nell'adolescenza, e poi ancora in seguito, continuerà a trarre beneficio dal miglioramento della situazione economica della sua famiglia, che gli permetterà di realizzare i suoi desideri.

Famiglie con due genitori che lavorano
Schema tipico della parentela all'inizio del XXI secolo: entrambi i genitori hanno un posto di lavoro, un caso che concerne più del 70% delle coppie; tra i 25 e i 34 anni, il tasso di attività delle donne con un figlio è del 77%. La conclusione è evidente: i genitori dispongono di redditi più gratificanti, ma non hanno tempo da dedicare al figlio (o ai figli): per buona parte della settimana il nido, l'asilo o la baby sitter assumono il ruolo di seconda famiglia. I genitori si "colpevolizzano" e si sforzano di compensare, dapprima coprendo il figlioletto di regali, poi, quando è più grande, concedendogli una grande autonomia per rientrare a casa e "cavarsela" da solo. È anche un modo per trasferire sul figlio una parte delle responsabilità e delle attività d'acquisto che tradizionalmente erano di pertinenza materna. Il figlio gestisce molto presto denaro per i suoi spostamenti, per i suoi pasti, per le sue uscite, per la spesa per la famiglia...

Selina S. Gruber, presidentessa di una società americana specializzata nel settore – Children's Market Research –, non esita a dichiarare:

> Papà e mamma sono troppo occupati a guadagnare i soldi per la famiglia e non hanno il tempo per spenderli, per cui affidano i cordoni della borsa ai figli.

È un'esagerazione? Guardiamoci intorno. Fin dall'inizio degli anni Settanta, un giovane ricercatore belga dell'Università di Lovanio, Benny Rigaux Bricmont, studiava il «processo decisionale nell'economia della famiglia», stabilendo una gerarchia dei ruoli del padre e della madre. Ebbe la grande sorpresa di veder salire alla ribalta un altro importante agente decisionale: il figlio (o i figli).

Joël-Yves Le Bigot, che già nel 1972 aveva fondato la società di studi Ied (Institut de l'Enfant / Youth Opinion International), è uno specialista unanimemente riconosciuto, un pioniere del marketing junior in Europa. Egli ha quantificato il potere di influenza economica diretta o indiretta dei giovani in una quota equivalente al 43% del consumo familiare, che significa una montagna di denaro. Il figlio giovane è diventato un "agente economico" a pieno diritto, riconosciuto come tale dagli adulti: da due genitori su tre, secondo una ricerca recente. Le decisioni di acquisto della famiglia sono condizionate in misura crescente dalle decisioni del figlio. L'economia segue la sociologia: la presenza di uno o più figli in casa obbliga i genitori a proiettarsi continuamente sul futuro; essi hanno "programmato" la sua nascita (non si insisterà mai abbastanza sulla rivoluzione indotta dalla contraccezione) e s'impegneranno a fondo per costruirgli il miglior avvenire possibile. Gli si compra senza troppe discussioni tutto ciò che può sembrare in qualche modo educativo, e quello che vale per la cultura vale per l'alimentazione, per l'abbigliamento, per l'igiene. Inoltre, si accetta molto presto che faccia valere i suoi desideri, i suoi gusti, quando accompagna i genitori nei negozi. Certi ipermercati hanno perfino messo a disposizione del pubblico dei minicarrelli, per consentire ai bambini di fare la propria spesa, parallelamente alle compere effettuate dal papà o dalla mamma.

Le statistiche rivelano che più di un terzo delle persone che frequentano un grande centro commerciale, quasi senza differenza fra una catena e l'altra, hanno fra gli 8 e i 10 anni. I principali distributori hanno capito che hanno tutto l'interesse a tener conto di questa clientela, per tentare di accompagnarla per tutto il corso dei suoi atti di consumo, fino all'età adulta.

Babette Leforestier, fondatrice di Junior Bank,
laboratorio permanente di analisi delle tendenze
e delle modalità di consumo dei bambini presso la Secodip

Alcuni specialisti di marketing hanno ripreso una terminologia tratta dalla cosmetica, per affermare che il fanciullo è un favoloso mercato "tre in uno", perché incarna contemporaneamente tre mercati strategici per qualsiasi impresa: un mercato primario, un mercato d'influenza e un mercato futuro.

Lo junior: acquirente, prescrittore, pioniere

Lo junior come acquirente

In primo luogo, il bambino è un consumatore a pieno titolo quando si avvale del suo potere d'acquisto diretto. Parliamo di ciò che acquista con la "paghetta" che gli viene assegnata ogni settimana o ogni mese dai genitori, e che varia a seconda dell'età. I calcoli a proposito dei bambini da 4 a 10 anni ne fanno ammontare il totale a circa 131,1 milioni di euro. All'*argent de poche* della "paghetta" si aggiunge quello che Joël-Yves Le Bigot chiama l'*argent en poche*, i "soldi in tasca", che comprendono la "cresta" (il denaro che il fanciullo "dimentica" di restituire dopo che è andato a comprare il pane) e quanto la famiglia dà al figlioletto a Natale, per il suo compleanno o come compenso per certi piccoli servizi (tagliare l'erba, lavare la macchina ecc.). Questo denaro supera di tre o quattro volte il valore della "paghetta". Le tasche infantili sono decisamente profonde.

Un tempo si davano oggetti; oggi è più facile fare un assegno o allungare una banconota. Nel salvadanaio, quindi, c'è sempre più denaro.

Ecco il risultato di una ricerca realizzata dal ministero dell'Istruzione francese: in Francia, i tre quarti dei giovani che frequentano le scuole, con età comprese fra i 6 e i 25 anni, ricevono denaro dai loro genitori durante l'anno scolastico; la cifra media supera i 460 euro. Che si tratti di versamenti regolari o meno, le "paghette" e le "mance" aumentano nettamente in correlazione con l'età del figlio e, soprattutto, con il suo livello di scolarità, particolarmente in coincidenza con i passaggi alle medie e alla scuola superiore.

Secondo uno studio dedicato agli «aiuti finanziari versati dai genitori ai figli durante gli studi, dai 6 ai 25 anni d'età», condotto dall'Insee e dall'Ined nel 1992 su un arco di 10 mesi (l'anno scolastico), la cifra ricevuta ammonta in media a circa 344 euro per figlio. Le somme versate regolarmente ammontano a più del doppio di quelle erogate in forma occasionale: 234,56 euro contro 94,74. Questi due livelli di "partecipazione finanziaria" corrispondono a logiche di redistribuzione intergenerazionale differenti. In più di un caso su due (56%), i genitori versano cifre che variano a seconda dei bisogni dei figli.

Molti genitori ritengono di non dover anteporre le difficoltà del momento (disoccupazione, riduzione dei salari) al rischio di compromettere il futuro dei figli. Doppia difficoltà: bisogna trasmettere radici e permettere ai giovani germogli di svilupparsi.

Lo stereotipo del pellicano che non è in grado di nutrire la prole e si lascia divorare dai propri figli è duro a morire. Il valore dei "soldi in tasca" è stato stimato in più di 1 miliardo di euro soltanto per i bambini dai 4 ai 10 anni. Per un bambino di 8-10 anni, si calcola un "reddito mensile" che si avvicina ai 45 euro.

Lo junior come prescrittore

Il potere di prescrizione dello junior

Fin da quando è giovanissimo, lo junior diventa un "prescrittore" imprescindibile, organizzando il suo potere di prescrizione su prodotti o marche che lo riguardano direttamente (vestiti, alimentari, luoghi di vacanza ecc.) o che sono destinati all'insieme della famiglia. Stiamo esagerando?

«L'auto che i figli raccomandano ai genitori»: tutti ricordano ancora lo slogan per la Peugeot 806, che ha giocato a fondo su questa influenza. Stessa ispirazione per Peugeot 807, Citroën C8 e nuovo Fiat Ulysse. Ciò che vale per un acquisto da 25.000 euro vale anche per le piccole scelte quotidiane: «Mamma, non ti metterai mica quei pantaloni da pugile?!»

Si ritiene che a 6 anni i bambini abbiano già da dire la loro (e la dicono) sui prodotti familiari correnti; a 9 anni, la loro influenza si estende agli acquisti di elettrodomestici e a partire dai 12 anni diventano imbattibili negli acquisti di prodotti tecnologici. Lo studio realizzato nel 1998 da Walt Disney France su un campione di junior di 8-10 anni includeva una domanda rivelatrice in proposito: «Nei negozi, se tu chiedi qualcosa, tua madre accetta?»

- «A volte» raccoglie il 57% delle risposte;
- «Dipende dai prodotti e dai prezzi», il 28%;
- «Spesso», l'8%;
- «Mai», il 4%;
- «Sempre», il 3%.

Il modesto 4% della risposta «Mai» è particolarmente eloquente sull'atteggiamento benevolo (dolce eufemismo) delle madri nei confronti delle richieste dei loro angioletti.

Uno studio americano condotto nel 1986 dai ricercatori J.P. Galst e M.A. White ci fa sapere che, quando la famiglia entrava in un supermercato, i figlioletti richiedevano con insistenza un acquisto in media 15 volte. Ostinati, i piccoli! Un'altra indagine, realizzata in Francia nel 1998 da Bva per il network televisivo Fox Kids, ha dimostrato che nel settore dei divertimenti oltre il 40% dei bambini cerca di influenzare il comportamento dei genitori; circa due junior su tre riconoscono che spingono i genitori, a volte o spesso, a vedere certi film al cinema e a guardare certe trasmissioni televisive. I responsabili dello studio, nelle conclusioni, osservavano: «I consigli elargiti dai bambini non sono soltanto numerosi: sono anche seguiti da circa il 50% dei genitori».

I bambini riescono a ottenere sempre quello che desiderano. Non esitano a fare appello a tutto un registro di argomenti per convincere papà e mamma a comprare loro il prodotto cui ambiscono. I nonni sono altrettanto "vulnerabili" e s'impegnano in misura crescente nell'acquisto di prodotti per i bambini. Una cifra: i senior rappresentano un terzo del mercato dei giochi e dei giocattoli. Già da piccoli, i bambini indicano imperiosamente con il dito il prodotto che li tenta; gli si abbarbicano piangendo, pestando i piedi... una figuraccia in pubblico per i genitori. Quando saranno più grandicelli, i figli avranno già individuato gli argomenti vincenti, quelli che "fanno centro", e agiranno come registi di scene di seduzione, mettendo in campo, per raggiungere i propri scopi, raffinate capacità di immaginazione, di fascino e di intelligenza.

L'esperto americano James U. McNeal ha stilato un repertorio di alcuni degli argomenti impiegati più spesso, su diversi fronti:

- Salute: «Non vuoi che io stia meglio?»
- Tempo: «Ti farà risparmiare tempo».
- Risparmio: «Ti farà risparmiare molti soldi».
- Istruzione: «Non vuoi che impari cose nuove?»
- Felicità: «Non desideri che io sia felice?»
- Sicurezza: «Non vorrai mica che mi faccia male, vero?»

Le imprese che fanno pubblicità non esitano a sfruttare questo tipo di argomentazioni per offrire a genitori e figli buoni motivi per acquistare. Una pubblicità, per esempio, può usare gli argomenti seguenti: «È molto divertente [argomento diretto ai figli] ed educativo [argomento diretto ai genitori]», o semplicemente: «Divertiti mentre impari». McNeal ha individuato i tre assi strategici usati dalle marche per captare il potere d'influenza dei figli.

Le strategie delle marche per captare il potere d'influenza degli junior

Influenzare il bambino, vettore d'influenza sui genitori
La prima strategia classica, ben nota ai produttori di dolciumi e pasticcini, di giocattoli e di giochi, consiste nell'essere assiduamente presenti negli intervalli pubblicitari dei programmi televisivi per bambini, al mattino (prima che questi escano di casa per andare a scuola), alla fine del pomeriggio e, naturalmente, durante i programmi dedicati a loro nei fine settimana. Lo schema d'influenza è lineare (*figura 2.1*).
Questo modello è seguito soprattutto dai committenti di annunci pubblicitari che vendono direttamente prodotti destinati, in

Figura 2.1 **Schema d'influenza lineare**

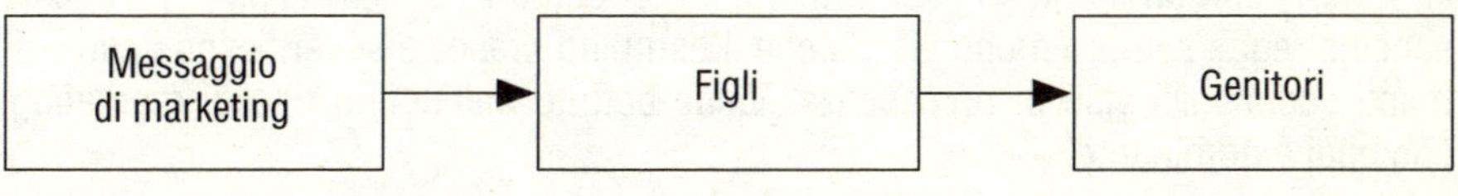

via prioritaria, a un consumo junior. Sedotto dal messaggio, il fanciullo o acquisterà direttamente il prodotto con i suoi fondi o, nella maggior parte dei casi, tenterà di convincere i genitori ad acquistarlo.

Influenzare i genitori, vettori d'influenza sui figli

Il modello tradizionale di relazione fra genitori e figli si fonda su un principio collaudato: i genitori determinano in ultima istanza ciò che i loro figli pensano e fanno. Ne consegue che le richieste di prodotti espresse dai figli riflettono ciò che hanno appreso dai genitori. Così, la comunicazione pubblicitaria viene centrata sui genitori attraverso i media e gli orari che permettono di raggiungerli in modo efficace (*figura 2.2*).

Questo modello è usato intensamente soprattutto dalle marche di capi d'abbigliamento per bambini piccoli, che si indirizzano quasi esclusivamente alle madri di famiglia.

Figura 2.2 **Schema di azione ad anello**

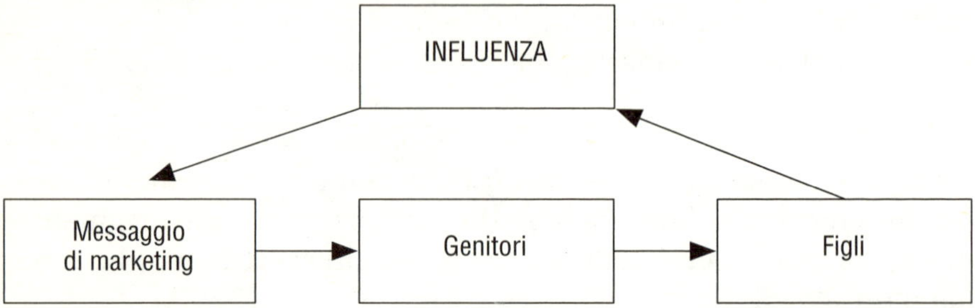

Sony

Altro settore, stesso procedimento: nel 1987 Sony lancia la sua nuova gamma My First Sony con un marketing centrato sul target genitori. È facile capire che questo schema regge sempre meno via via che il bambino cresce e si verificano i cambiamenti sociologici visti in precedenza. Viene battuto dall'ultimo tipo di marketing, che oggi è dominante.

Influenzare nello stesso tempo i genitori e i figli
Questo modello riconosce la forza crescente, ai nostri giorni, del potere di prescrizione dei figli giovani. Esso ammette che nelle famiglie si è instaurata una certa "uguaglianza" nelle decisioni d'acquisto, sicché lo scopo non deve essere tanto sedurre una delle parti, quanto piuttosto trovare gli argomenti in grado di mettere d'accordo in modo naturale figli e genitori su un prodotto o una marca precisi (*figura 2.3*). Ciò significa che il responsabile del marketing mette in campo elementi di convincimento destinati ai due target.

Il successo di questa strategia deriva da una segmentazione che si opera sia nel messaggio sia nei mezzi di comunicazione, visto che è necessario raggiungere le due componenti del target con gli argomenti migliori per l'una e per l'altra. Questa strategia può sembrare più costosa di quelle classiche, ma è coerente con le recenti, ineluttabili trasformazioni segnalate dai sociologi. Essa tiene conto del peso crescente che hanno i bambini e i ragazzi nel consumo di ogni tipo di prodotti e di servizi, ben al di là della sfera tradizionale dei prodotti fatti per loro.

Figura 2.3 **Schema dell'influenza condivisa**

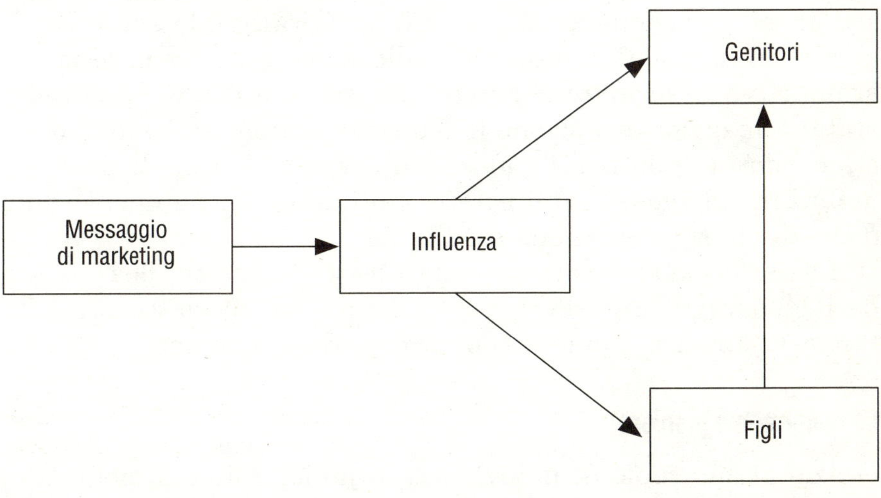

La filosofia fondamentale del responsabile di marketing è semplice: bisogna convincere la persona che decide gli acquisti. Se è il giovane a decidere quale marca di scarpe sportive vuole portare e sua madre gliele va a comprare, il peso del marketing si orienterà verso il giovane. Nella realtà, un acquisto è il risultato di una decisione presa in comune, come succede quasi sempre per i prodotti destinati ai giovani; lo sforzo comunicativo dovrà quindi avere come target i due destinatari, per ridurre i rischi di controversia che sorgono facilmente sui prodotti del tipo desiderato dai giovani.

James U. McNeal

Per i prodotti che richiedono un investimento elevato, gli junior diventeranno molto in fretta esperti del *cofinanziamento*, metodo ingegnoso che consiste nel far partecipare i membri della famiglia ai loro acquisti mediante una sorta di "sottoscrizione". In questo modo, i giovani riescono ad acquistare la macchina fotografica, il walkman, la console per i videogiochi, il sistema hi-fi, il lettore di Cd, perfino computer portatili con costi ampiamente superiori alla somma di cui dispongono.

Il potere di prescrizione inizia sempre più presto. "Consumattore" (come lo ha definito Joël-Yves Le Bigot) fin dall'età di 2 anni, il figlio è diventato un imprescindibile prescrittore degli acquisti della famiglia in un numero di settori economici che cresce in continuazione; è sempre più autoritario e le sue prescrizioni, ben lungi dal limitarsi all'indicazione generica di prodotti, si indirizzano su marche precise. Questo è il campo in cui vi è stata la maggior evoluzione nell'ultimo ventennio. In un'inchiesta condotta dallo Ied, i genitori intervistati hanno disposto gli ambiti in cui si esercita il potere d'influenza dei figli nell'ordine decrescente riportato nella *tabella 2.1.*

La conferma viene anche da dati tratti da uno studio condotto da Regenere, un'autorevole agenzia francese specializzata sulla fascia 12-15 anni. Come si suol dire: parlano i numeri!

Lo junior come pioniere

Grazie al suo ruolo di innovatore, lo junior riesce a modificare le abitudini di consumo della famiglia, divenendo il fattore che

Tabella 2.1 **Ambiti di applicazione del potere d'influenza dei figli giovani**

Secondo i genitori, il parere dei figli giovani è decisivo negli acquisti familiari nelle seguenti misure percentuali:	
Libri	84
Giocattoli e giochi	82
Vestiti per i figli	74
Alimentazione	70
Vacanze	51
Igiene e cosmetica	43
Elettrodomestici e attrezzature varie	40
Tv e hi-fi	33
Automobile	30
Vestiti per la madre	25
Vestiti per il padre	20

Fonte: Ied.

provoca l'introduzione in casa di nuovi prodotti. Questo fenomeno è ben noto nel marketing generazionale, che riconosce ai giovani, in qualsiasi epoca, un ruolo preminente nell'introduzione delle innovazioni nella società. Curioso di tutto, forte consumatore di pubblicità alla televisione o alla radio, il ragazzo di oggi non salta mai con lo zapping gli intermezzi pubblicitari, al contrario, le pubblicità le conosce a memoria. È "frequentatore abituale" di un numero impressionante di marche, di negozi e di cataloghi. I prezzi non hanno segreti per lui, visto che ha molto tempo a disposizione per informarsi e scegliere. Uno studio dello statunitense *Journal of Advertising Research* ha individuato le diverse fonti d'informazione dei giovani in materia di prodotti e di marche: la pubblicità in televisione rappresenterebbe il 27%, gli amici il 26%, le riviste il 22% e i cataloghi il 15%. I loro comportamenti prefigurano quelli dei consumatori di domani, che padroneggeranno tutte le forme di distribuzione, compresa Internet. Tutti gli esperti europei e americani concordano nel dire che oggi gli junior dovrebbero essere più o meno all'origine del 50% dei nuovi prodotti che vengono introdotti nelle case.

Compratore, prescrittore, innovatore... a tutte queste funzioni aggiungiamo una dimensione che si è sviluppata inesorabilmente nel corso del XX secolo (che è lecito qualificare senza esitazioni come il "secolo degli junior"): il giovane è diventato *il* referente culturale degli adulti. In un mondo che è ben cosciente di essere inesorabilmente condannato all'invecchiamento, i pubblicitari, i programmisti radiofonici e televisivi, i responsabili di marketing, gli uomini politici fanno tutti "resistenza": bisogna "essere giovani, vendere giovane". Soprattutto *vendere* giovane. Che si tratti di prodotti di grande consumo, di servizi o di attrezzature, di campagne pubblicitarie, i valori giovani sono sinonimo di futuro, di vita, di allegria, di generosità. La giovinezza sarà eternamente di moda... il che poi in buona parte, per la nostra società, è un modo per esorcizzare la paura ancestrale della morte.

Sedurre e fidelizzare gli junior

Una sola cifra dimostra fino a che punto è importante per un'impresa, qualunque sia il suo settore di attività, farsi conoscere e apprezzare dal target degli junior: secondo lo Ied, i tre quarti delle marche scoperte prima dell'età di 15 anni restano fra le preferite dei consumatori una volta divenuti adulti. In altre parole, i giovani si costituiscono molto presto un portafoglio di marche che conserveranno anche in seguito.

Per un'impresa, quale che sia il suo settore, possono esistere soltanto due fonti cui attingere nuovi clienti: i consumatori che hanno abbandonato una marca concorrente e i consumatori che non hanno ancora acquistato il tipo di prodotti o di servizi proposto dall'impresa in questione. I clienti sottratti alla concorrenza hanno deciso, un bel giorno, di essere infedeli al loro fornitore precedente per provarne uno nuovo, di abbandonare una Renault per acquistare una Fiat; si lascia Brico Center per fare acquisti da Castorama... In realtà, quando una marca riesce a "portare via" un certo numero di clienti, lo fa grazie a un prodotto particolare, a un'innovazione esclusiva, a un'offerta promozionale attraente, a un prezzo vantaggioso. Sì ma... i concorrenti non se ne stanno mica con le mani in mano, aspettando tranquillamente di essere spogliati delle loro vendite: reagiscono con le stesse armi dei loro avversari. La cosa somiglia molto ai rilanci nelle aste, e chi ci guadagna sono i consumatori, che vedono crollare i prezzi dei prodotti e dei servizi in cambio di una qualità che spesso è migliore. Da buoni opportunisti, ne approfittano, facendo l'andirivieni dall'uno all'altro. Gli automobilisti conoscono bene gli interventi a ripetizione di marche come Esso, Agip, Shell, che moltiplicano i regali e le operazioni promozionali, in un settore storicamente banale e poco motivante per il consumatore. Total, per esempio, ha calato un vero e proprio asso alla fine del 2002, con la sua collezione dei più grandi successi cinematografici in Dvd.

Sedurre e fidelizzare: un'opera che non ammette soste

In altre parole, il lavoro di conquista – prima – e di conservazione – poi – della fedeltà della clientela si deve ricominciare tutti i giorni, perché un cliente conquistato alla concorrenza avrà costantemente la tentazione di riprendere il volo per approfittare delle offerte del momento. Di qui l'idea di concentrare il proprio interesse su consumatori "vergini", ossia sugli junior che non hanno ancora avuto il tempo di essere "contagiati" dalle marche concorrenti. Più un'impresa – una marca – sa avvicinarsi ai bambini e agli adolescenti, più possibilità ha che lo junior, una volta divenuto adulto o comunque giunto all'età giusta per consumare il prodotto o avvalersi del servizio in questione, compri, come fosse un fatto naturale, la marca conosciuta e "frequentata" fin dalla più giovane età. Un consumatore "preparato" a lungo durante gli anni della gioventù è molto probabilmente più fedele di un consumatore strappato a una marca concorrente. Perché? Perché quest'ultimo ha già sperimentato i vantaggi di passare da un fornitore all'altro. Rammentiamo ancora una volta (si veda il cap. 1) l'importanza fondamentale delle abitudini acquisite durante gli anni formativi, perché spesso condizionano l'intera esistenza.

Ispirare fiducia, criterio essenziale per i giovani

Fin dalla più tenera età, i bambini cercheranno relazioni stabili, fortemente affettive, con coloro che li circondano. La loro dipendenza dagli altri spiega la ricerca di stabilità nei rapporti con i genitori, con gli amici, con i compagni e le compagne di scuola. Nell'adolescenza diventa essenziale anche la nozione di "tribù" di amici: si frequenteranno, passeranno lunghi momenti riuniti a parlare di tutto, a condividere le esperienze, i sentimenti profondi, e si prometteranno fedeltà per tutta la vita. Nelle relazioni con gli altri, la lealtà e la costanza degli adolescenti sono impressionanti. Questo bisogno di fiducia condivisa può essere esteso alle marche e ai prodotti che usano o che conoscono. Hanno un bisogno viscerale di non essere "traditi", nemméno dalle marche e dalle imprese.

Per riuscire a fare di un giovane un futuro adepto di una certa marca, l'impresa deve guardare lontano. A volte, l'investimento renderà soltanto dopo 20 o 25 anni, quando il giovane adulto sarà veramente in grado di acquistare e consumare il prodotto o il servizio in questione.

Per raggiungere i suoi scopi, l'impresa dovrà costruire il suo rapporto con gli junior passando per tutta una serie di tappe. Questo processo richiede energie, comporterà investimenti consistenti scaglionati su periodi lunghissimi, allo scopo di "seminare dei chicchi di grano" che poi, regolarmente "innaffiati", produrranno finalmente le messi. Il marketing junior esige una volontà strategica senza tentennamenti da parte dei dirigenti dell'impresa, soprattutto nei settori in cui il bambino diverrà un

Chevignon, ovvero come "bruciarsi la fiducia"

Beniamina degli junior, Chevignon ha commesso l'errore imperdonabile di lanciare una gamma di sigarette con il proprio nome. I giovani si sono sentiti beffati, sfruttati da una marca che adoravano e che a loro è sembrata disposta a tutto per approfittare della loro fiducia. Nell'arco di qualche mese, le vendite complessive della Chevignon e di tutti i suoi accessori sono crollate in modo spettacolare, nonostante che la marca di sigarette sia stata ritirata in tutta fretta.

Figura 2.4 **Il percorso obbligato**

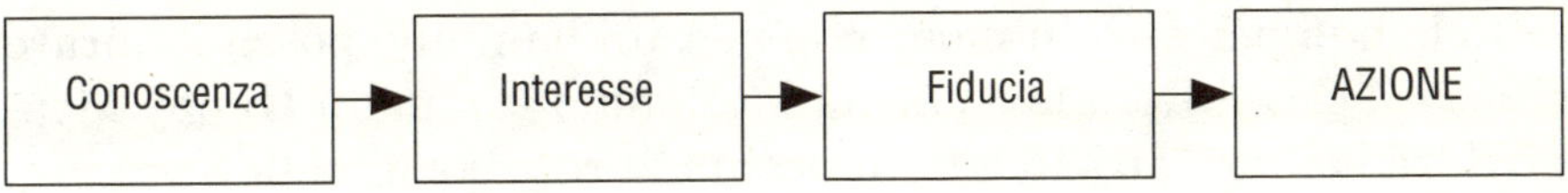

consumatore-acquirente soltanto molto tardi, come in quelli automobilistico, bancario e assicurativo. La dimensione considerevole dell'investimento è giustificata dalla necessità imperiosa che hanno le imprese di consolidare il loro capitale affettivo tra le giovani generazioni, per crescere e prosperare con loro.

James U. McNeal ha costruito uno schema semplicissimo per ricordare le tre tappe che è indispensabile superare se si vogliono avere tutte le possibilità di trarre il massimo profitto dal proprio investimento in marketing sugli junior. È un percorso obbligatorio, se una marca intende creare le condizioni sia per un consumo immediato sia, in una prospettiva più ampia, per un consumo a più lungo termine dei suoi prodotti da parte dei bambini divenuti adolescenti o adulti (*figura 2.4*).

Le tre tappe chiave

Prima tappa: diffondere l'immagine di marca
Sembra evidente, ma riuscirci... Perché una marca abbia una qualche possibilità di stabilire una relazione solida con gli junior, deve innanzi tutto farsi conoscere da quel target. Quando l'impresa vende prodotti consumati direttamente dai bambini (bevande, dolciumi, cereali, giocattoli, giochi, libri, vestiti...), il compito è relativamente facile. È abbastanza semplice scegliere un marchio facile da leggere e da identificare, con un nome breve o ludico e un logo concepito in modo da poter essere visibile e diffuso mediante un gran numero di supporti. L'obiettivo è chiaro: deve essere identificato e fatto proprio dai bambini fin dalla più tenera età.

La forza dell'evidenza... La famosa M di McDonald's viene riconosciuta dai bambini di 115 Paesi ancor prima che imparino a leggere! Per mantenere il vantaggio, la marca destina ogni anno al marketing un budget di circa 1,8 miliardi di euro (sì, avete letto bene), per fare in modo che nessun bambino possa ignorare chi sia il clown Ronald e che da McDonald's il menù Happy Meal gli darà sempre diritto a un mucchio di regali e di belle sorprese. Questa operazione, organizzata in associazione con Disney, propone un tema diverso ogni mese fin dal 1996, anno della firma del contratto mondiale con il gigante del cinema. Il grosso degli sforzi di marketing dell'insegna è centrato su tre segmenti di consumatori: i piccoli (3-8 anni), i *teens* (8-12 anni) e i *tweens* (oltre i 12 anni), per non consentire a nessun concorrente di sottrarle la sua posizione di "ristorante della famiglia con bambini".

Il compito è più arduo quando si tratta di prodotti o servizi che non s'indirizzano direttamente ai bambini e che essi potranno consumare soltanto quando saranno più avanti negli anni. Per la marca, uno degli accessi al mondo dei giovanissimi è l'associazione con oggetti da loro usati quotidianamente, come gli astucci per le penne e le matite, i righelli, le calcolatrici da taschino, i soprammobili per la cameretta, accessori vari che li accompagnino nelle attività sportive ecc. Molte imprese accordano una licenza sul loro marchio a fabbricanti di articoli scolastici, la cui inventiva si sbizzarrisce tutti gli anni in vista della riapertura delle scuole. Le bambine vanno a caccia di portapenne, di agende e di zainetti Chipie, Barbie, Creeks, Morgan e i ragazzi di Adidas, Nike, Doctor Martens, K-Way.

In Europa, le banche, le assicurazioni, le marche automobilistiche, certe grandi imprese pubbliche, per non citare che questi casi, realizzano da tempo prodotti derivati e cominciano a insinuarsi nelle sedi scolastiche o nei luoghi in cui i giovani trascorrono il tempo libero.

Seconda tappa: essere dove si deve e quando si deve

Quando un'impresa vuole costruire un rapporto solido e duraturo con i giovani, il *non plus ultra* è di accompagnarli in tutti i momenti della loro vita e in tutti i luoghi che frequentano. Priorità, quindi, alla scuola, nella speranza di imporre la propria marca, a poco a poco, nel successivo campo di scelta del bambino.

Esiste tuttavia un problema legale: di norma, negli istituti scolastici ogni distribuzione di campioni e in genere ogni azione pubblicitaria sono proibite. Per incontrare i bambini nel loro ambiente scolastico, le imprese devono necessariamente sbrigliare la fantasia per aggirare questo divieto. Alcune ci riescono magnificamente, corredando il loro intervento di un valore aggiunto di carattere educativo.

- Dal 1994 il marchio Nesquik (gruppo Nestlé) gode in Francia di una deroga, perché dispone di 15 animatori che setacciano le scuole elementari per trasmettere un messaggio educativo sulle virtù della colazione del mattino. L'argomento è il seguente: 3 alunni su 5 arrivano a scuola al mattino a stomaco vuoto e non sono in grado di seguire correttamente le lezioni. Si capisce come gli insegnanti prestino orecchio attento a questo discorso e lo accolgano positivamente.
- Il gruppo Danone non è da meno. Così il marchio Lu ha distribuito ai maestri 5000 dépliant che descrivono la merenda ideale, formulata dai suoi dietologi, usando l'immagine del suo portavoce pubblicitario, il calciatore Bixente Lizarazu.
- Per parte sua, la marca di dentifrici Signal, in collaborazione con un'associazione di medici dentisti (l'Ufsbd), manda nelle classi veri dentisti che spiegano l'importanza di una buona igiene dentaria; ogni anno, quindi, vengono distribuiti 150.000 tubetti di dentifricio Signal.
- Gli ottici Visual offrono ai bambini nelle scuole attività didattiche sul tema della vista.
- Il gruppo Procter & Gamble invia delle infermiere nelle classi selle scuole superiori per spiegare alle adolescenti l'igiene femminile; le ragazze torneranno a casa, come è giusto, con campioni del marchio Tampax.

Una certa opacità della legislazione permette alle imprese di "intrufolarsi" nelle scuole, per esempio attraverso le mense scolastiche, le quali, molto spesso, non dipendono dal ministero dell'Istruzione ma dai Comuni, che in genere tendono a essere meno restrittivi.

Da qualche anno in Francia si riscontra uno sviluppo tangibile delle azioni di marketing delle imprese, senza distinzione di settore, in direzione del mondo della scuola. Ci vorrà comunque del tempo per raggiungere i primati stabiliti negli Stati Uniti, dove lo *school marketing* opera da diversi decenni. Oltre Atlantico, quasi tutte le marche destinano forti investimenti di marketing con la finalità di farsi conoscere dagli junior, tanto grande è il potere di consumo e di prescrizione dei giovani americani. È vero che la legge americana è infinitamente meno restrittiva, e per questo da tempo le marche hanno invaso i corridoi e le aule delle scuole per coadiuvare i professori nella loro attività pedagogica, mettendo a loro disposizione strumenti, spesso di alta qualità, che il sistema scolastico americano avrebbe problemi a finanziare da solo. Esiste perfino una catena privata di televisione educativa (Channel One), a cui si sono abbonati gratuitamente 12.000 istituti scolastici; i suoi programmi, naturalmente, sono finanziati dalla pubblicità e dagli sponsor. I committenti di pubblicità hanno fiutato il bocconcino, perché il target è compatto e l'affollamento degli spot è molto minore che sulle reti tradizionali o sulle catene via cavo. In molte aziende pubblicitarie americane operano specialisti di *school marketing* che programmano con molto anticipo i loro interventi. Nell'informatica, per esempio, una marca come Apple, fin dalla sua nascita, ha dedicato a questo tipo di marketing molte energie e molte risorse finanziarie. Apple è riuscita così a costituirsi un vivaio di "tifosi" molto precoci, che sono stati fedeli alla marca anche in seguito e le hanno permesso di non soccombere quando, a metà degli anni Novanta, ha dovuto far fronte a gravi difficoltà.

Esaminiamo alcune tipologie di interventi in questo campo.

- La *creazione di kit educativi*, destinati a essere usati sia da persone delegate dall'impresa, sia dagli insegnanti, per arricchire gli strumenti pedagogici di cui dispongono. È il caso di Disneyland Paris, che ha creato un vero catalogo di argomenti tra i quali gli insegnanti possono scegliere a loro piacimento: "Arti e tradizioni della Cina ancestrale", "Guida alla fotografia", "Alla scoperta di Giulio Verne". Senza dimenticare un pressante invito a concludere l'anno scolastico a Disneyland. E ogni anno non sono meno di 600.000 gli alunni che si recano in gita scolastica a Marne-la-Vallée.

Gli uffici commerciali di Disneyland hanno preparato un complesso di motivazioni culturali inossidabile, fatto per convincere gli insegnanti a portare da loro gli alunni: grazie a Space Mountain (ovvero Dalla Terra alla Luna) essi scoprono l'opera di Giulio Verne. [...] Sulla Main Street possono perfezionare il loro inglese.

Ivan Letessier in *Capital*, settembre 1999

I kit creati dalle imprese non devono essere approvati dagli ispettori ministeriali, perché, nella maggior parte dei casi, sono indirizzati direttamente agli insegnanti, dei quali si possono ottenere facilmente i dati personali e relativi alle materie d'insegnamento.

- La *distribuzione di campioni di prodotti* nelle scuole, nelle mense o all'uscita degli alunni. Marche come Fanta, Orangina, Kellogg's, Calvin Klein (soprattutto per i suoi profumi), Sfr, Bouygues, Liebig, P'tit Dop dell'Oréal ricorrono spesso a questa tecnica.
- Il *turismo industriale*. Anche questo è un buon sistema per lasciare una traccia nella mente dei giovani, perché una gita scolastica è sempre molto gradevole (è un po' come essere autorizzati a "marinare" la scuola). Le visite alle fabbriche permetteranno alle imprese di presentarsi giocando le loro carte migliori di fronte a un pubblico di necessità attento e ricettivo. Questo consente di far passare i messaggi chiave che la marca desidera introdurre nella mente dei giovani consumatori; e a volte, anche, di porre rimedio a un eventuale problema d'immagine. Citiamo di nuovo l'articolo di *Capital* del settembre 1999, a proposito della Coca-Cola, che ha riconosciuto la necessità impellente di ridar lustro al suo blasone e di rassicurare il suo pubblico-bersaglio dopo gli infortuni in cui la marca era incorsa nel giugno del 1999:

> Quest'estate, Coca-Cola ha eseguito lavori per un milione di franchi nei suoi stabilimenti di Clamart, per predisporli alla visita di decine di migliaia di alunni. A partire dall'inizio dell'anno scolastico 1999-2000, questo complesso per l'imbottigliamento, seguendo l'esempio di quelli di Grigny, Dunkerque e Tolosa, sarà infatti aperto al pubblico scolastico. [...] La visita gratuita si conclude con una distribuzione di oggetti pubblicitari. Per Coca-Cola, un modo per ingrossare le file delle giovani truppe che andranno all'assalto delle sue lattine.

La volontà delle marche americane di accattivarsi i favori del pubblico giovane e delle famiglie assume aspetti spettacolari nei grandi parchi di divertimenti, come Disney World, Disneyland ed Epcot Center. Questi grandi committenti di pubblicità costruiscono padiglioni immensi per valorizzare il loro contributo al miglioramento delle famiglie americane. *Business oblige*: non manca mai un negozio in cui si possono acquistare i prodotti derivati che hanno il marchio dello sponsor (si vedano per esempio i padiglioni AT&T, Kodak, General Electric, Ford, Microsoft, General Motors, Federal Express, Xerox, Ibm, Sears, Wal-Mart ecc.).

Terza tappa: costruire fiducia nella marca

Il fatto di lavorare molto per tempo per acquisire notorietà fra gli junior e per creare interesse è lungi dall'essere sufficiente. È indispensabile costruire un rapporto di fiducia e di "complicità" fra i giovani e la marca, affinché essi siano coinvolti, divengano attivi in questo rapporto. Per le marche i cui prodotti non vengono consumati direttamente dagli junior, è difficile creare tale legame, caricarlo di senso o di valori affettivi per segnare la mente dei bambini e far sì che essi continuino ad associare certi "bei ricordi" a una determinata marca.

- I petrolieri hanno capito bene che il pubblico infantile poteva rappresentare un fattore di interesse immediato e futuro. TotalFinaElf, Shell, Bp, Esso e altri, sia pure con un bel ritardo, hanno ideato una panoplia di sistemi promozionali destinati a fidelizzare la clientela adulta giocando sui regali che i loro figli possono ottenere collezionando i punti fedeltà. Un modo per rendere meno banale l'acquisto di carburante, associando la marca al fatto di ricevere regali attraenti e di mostrare ai figli che la perseveranza finisce sempre per "pagare".

- Negli Stati Uniti, Coca-Cola ha patrocinato per molti anni un premio destinato agli scolaretti più coscienziosi e più puntuali, che veniva consegnato durante la cerimonia di fine anno. Il premio consisteva in una magnifica scatola di pastelli rivestita di pelle rossa e contrassegnata dal logo Coca-Cola in lamina d'oro. Senza alcun dubbio, molti piccoli americani saranno stati orgogliosissimi del fatto che, grazie alla Coca-Cola, venisse loro reso un tale onore di fronte ai compagni, ai genitori e ai maestri.
- Da parte sua, Pizza Hut ha creato un programma diretto a incoraggiare i giovani americani a leggere di più. Il programma, denominato "Book it", è posto sotto il controllo del maestro e permette ai bambini di vincere una pizza gratuita ogni mese, presentando la scheda delle letture, vidimata dal maestro, che attesta che è stata raggiunta la quota mensile di lettura. Anche in questo caso, si tratta di un ottimo modo per incoraggiare il bambino alla perseveranza e per associare la marca a un regalo squisito.

La segmentazione dei mercati junior

I giovani con meno di 25 anni rappresentano un mercato importante: nel 2002, 14,9 milioni di francesi, ossia il 25,3% della popolazione del Paese, avevano meno di 20 anni. Si calcola che il mercato degli junior valga all'incirca 40 miliardi di euro. Evidentemente, è impensabile che il marketing junior possa mettere nello stesso sacco un tal numero d'individui, con enormi differenze fra loro. Si sa bene come un anno in più, per un bambino, significhi un'evoluzione spettacolare. Molti specialisti di marketing lavorano sui giovani consumatori in collaborazione con pediatri e psicologi. Hanno studiato i punti di "rottura" comportamentale e psicologica che intervengono durante la giovinezza per poter segmentare questo mercato di massa in gruppi di dimensioni più limitate. Si ottengono così una percezione e una comprensione dei bisogni più penetranti, utili per costruire un approccio di marketing efficace. L'analisi dei lavori dei migliori specialisti americani del marketing junior, come Dan S. Acuff, Robert H. Reiher, James U. McNeal, Ruby Roy Dholakia ed Ellen Graham, e gli studi di Joël-Yves Le Bigot per l'Europa permettono di delineare un profilo abbastanza preciso del consumatore junior, attuando una segmentazione in 4 grandi fasce d'età.

1) Da 0 a 3 anni, il segmento *Bimbo re*.
2) Da 4 a 11 anni, il segmento *Barbie e Nintendo*.[1]
3) Da 12 a 17 anni, il segmento *Scuole medie-liceo*.
4) Da 18 a 24 anni, il segmento *Adultescenti*.[2]

Da 0 a 3 anni: il segmento "Bimbo re"

Non era mai successo, sicuramente, che i genitori attribuissero una tale importanza e uno *status* tanto privilegiato al loro bimbo come nella nostra epoca, peraltro così poco incline alla procreazione. Come si è già detto, la nascita del primo bambino interviene sempre più tardi e le coppie non hanno intenzione di fare molti figli. I giovani genitori si sentono via via più coinvolti dall'arrivo del piccolo e lo coccolano più che mai negli anni della prima infanzia. Come afferma Ronan Gloaguen dell'istituto Ied: «Le coppie, formali o di fatto che siano, rinviano sempre più frequentemente l'arrivo di un figlio al momento in cui siano economicamente ben sistemate nella vita».

Questa attenzione continua dei giovani genitori e il fatto che il loro potere d'acquisto, nel momento in cui la famiglia cresce, sia relativamente buono provocano conseguenze economiche spettacolari. Secondo uno studio realizzato nel 1999 dalla Federazione francese delle industrie del giocattolo e della puericultura (Fjp), in base ai dati dell'Insee, i giovani genitori destinano al bambino il 30% del loro bilancio globale, ossia il 10% in più ri-

[1] Le denominazioni *Bimbo re* e *Barbie e Nintendo* sono di Jean-Paul Treguer e Jean-Marc Segati.

[2] Le denominazioni *Scuole medie-liceo* e *Adultescenti* sono dell'Ied.

spetto a dieci anni prima. Stando alle cifre dell'Insee, si constata che le spese direttamente afferenti al bambino (alimentazione, igiene, pannolini e creme, passeggini, vestiti, giocattoli e spese per la custodia: il nido o la baby sitter) raggiungono soltanto il 9,2% del bilancio complessivo della famiglia. La statistica, in questo caso, inganna, perché il dato dev'essere integrato con le spese indirette provocate dall'arrivo di un figlio: l'acquisto, eventualmente, di una nuova automobile e di nuovi elettrodomestici, il trasloco in un appartamento più grande ecc. Complessivamente, l'Insee calcola che in media le spese destinate al primo anno di vita di un bambino francese oscillino fra i 2454 e i 7436 euro. A seconda del tenore di vita della coppia, le spese praticamente possono raggiungere:

- 1500 euro soltanto per le attrezzature per puericultura, come il passeggino, i mobili della cameretta e del bagno, la carrozzella, lo scaldabiberon, lo sterilizzatore, l'interfono ecc.;
- 505 euro per i prodotti alimentari;
- da 740 a 890 euro per l'abbigliamento;
- da 85 a 240 euro per la salute;
- da 140 a 200 euro per i giocattoli;
- 445 euro soltanto per i pannolini e le mutandine usa e getta.

A questo proposito, il mercato francese dei pannolini e dei ricambi usa e getta è il teatro di uno scontro fra tre giganti: Procter & Gamble, con i Pampers (48% di quota di mercato), Kimberly Clark, con gli Huggies (14,7% di quota di mercato) e Peaudouce (17,3%), che si contendono una gigantesca torta, oltretutto in crescita del 7% all'anno.

Il periodo della massima angoscia

La spesa principale che incombe sui giovani genitori resta, naturalmente, il costo della custodia, che è anche il dato più variabile, poiché dipende dal fatto che la donna riprenda o meno il lavoro dopo il congedo per maternità, dipende dalla vicinanza o meno dei nonni (i baby sitter prediletti). Le spese vanno dai 1098 ai 6366 euro. I primi 12 mesi di vita sono il periodo in cui bambino costa di più alla giovane famiglia, perché in genere tutti i grandi acquisti si concentrano in questo primo anno. È anche il periodo in cui la mamma è maggiormente afflitta delle angosce e dalle inquietudini: nel primo anno, consulta il pediatra in media 7 volte. Per il guardaroba del nuovo arrivato, è tutta una sequela di spese: l'associazione dell'industria tessile calcola che nell'ultimo decennio le spese per l'abbigliamento dei più piccoli siano aumentate del 43%; eh sì, il nostro ometto durante il primo anno di crescita cambia taglia quattro o cinque volte! Le ultime statistiche attestano, per la Francia, una ripresa della natalità: l'anno 2002 ha registrato 796.000 nascite, ossia 15.000 in più che nel 2000. Secondo gli esperti, questo aumento è il più forte che si sia registrato da vent'anni a questa parte. Il numero di figli per donna è in crescita dal 1994; ha raggiunto la cifra di 1,9 (media europea: 1,47) e fa della Francia il Paese dell'Unione Europea in cui nascono più bambini.

Il bambino è più coccolato della mamma

Il mercato globale dei prodotti destinati ai bimbi piccoli (alimentazione, igiene, giochi e giocattoli, puericultura) è valutato in più di 1830 milioni di euro all'anno. Il solo mercato della puericultura ammonta a oltre 195 milioni di euro e cresce del 3% all'anno, spinto da una corsa continua all'innovazione, per migliorare senza sosta la sicurezza e facilitare la vita dei genitori. I produttori competono in ingegnosità per sedurre questa clientela pronta a qualsiasi sacrificio pur di comprare il prodotto migliore: passeggini fuoristrada con grandi ruote (come Easy Walker, a... 274,40 euro!), pattumiere per pannolini garantite inodori, pigiama-sacco-lenzuolo che impedisce al bimbo di rigirarsi nel letto, sistema di ascolto con lumino da notte e dondolo...

Le madri oggi hanno verso il figlio una volontà educativa fortissima; per il primo figlio tendono a sovraccaricarsi di attrezzature [...]. Le giovani mamme spendono di più per il bambino che per se stesse, e solo quando il figlio cresce ricominciano a pensare a sé.

"Trés chére Monsieur Bébé", *Le Monde*, 7 maggio 1999

Questa manna potenziale non è sfuggita ai produttori, eccitati all'idea di soddisfare le duemila nuove mamme che si contano ogni giorno. Si sono dedicati a costoro, addirittura, nuovi saloni espositivi, come le fiere Babial e Parents.[3] I saloni per bimbi sono stati creati, più di dieci anni fa, dal gruppo belga Fair Marker Group, che ha diffuso in tutta Europa questa formula di successo: nel 1999 ne sono stati organizzati almeno 23.

Da 4 a 11 anni: il segmento "Barbie e Nintendo"

Questo è un periodo di importanza cruciale per il bambino. Ha già vissuto la parte essenziale del suo apprendimento e, se i suoi genitori non hanno abbastanza tempo disponibile per lui, si troverà molto spesso fuori dall'ambiente familiare. È in questo contesto che il piccolo prende coscienza del suo potere d'influenza sui genitori e lo esercita ogni volta che desidera ottenere qualcosa. Il bambino è un manipolatore geniale, un creatore di emozioni forti e uno stratega perfetto, protetto dal suo *status*. Serve o non serve sbattere le ciglia facendo la smorfietta, come per piangere? Più di metà dei ragazzini fra gli 8 e gli 11 anni possiedono un walkie-talkie, una radio, una console per videogiochi; più di un terzo di loro dispone di un sistema hi-fi. Un bambino su 4 ha un televisore personale in camera sua e il 15% è incollato al cellulare personale. Negli Stati Uniti, l'influenza dei bambini si esprime in cifre chiarissime: un giro d'affari da 300 miliardi di dollari, cioè 6 volte di più di dieci anni fa. Il potere dei bambini è essenzialmente prescrittivo; nell'alimentazione è operativo già a partire dai 3 anni e segue una curva evolutiva correlata con l'età.

Secondo Catherine Morin, responsabile della ricerca di Indeco Expert, «l'età d'oro [del potere prescrittivo infantile] si situa tra gli 8 e i 12 anni». Nella vita quotidiana, più di un bambino su due, nella fascia degli 8-11 anni, è prescrittore di bevande calde, di sapone liquido per la doccia, di console per giochi o di biscotti.

[3] A Parigi, nel periodo marzo-aprile 1999, il salone Premier Pas e, dedicato ai bambini piccoli, ha avuto 15.000 visitatori, e Baby, alla sua prima edizione parigina, ne ha registrati più di 32.000.

Calcolate un 78% di bambini prescrittori di cereali e un 85,4 per le calzature sportive. Ci sono, quindi, sorrisi commoventi che bisogna prendere sul serio.

Un'evoluzione recente: la moda infantile firmata! Creatori di classe come Christian Lacroix, Gucci, Kenzo o Ralph Lauren presentano collezioni per bambini, a volte repliche esatte della linea adulta, che si vendono come il pane. Secondo Vincent Drouhet, responsabile del reparto infantile delle Galeries Lafayette, «un bambino oggi è capace di esigere un capo firmato già all'età di 5 anni». Chi mai lo informerà?

C'è da pensare che, a parte la tenerezza e l'affetto naturali, i genitori vivano un senso di colpa provocato dall'assenza imposta, in genere, dagli impegni lavorativi. L'aumento delle "paghette" concesse ai figli è una forma di compensazione, rinforzata da un'ondata di regali che mostra a che punto genitori e nonni siano vulnerabili ai desideri dei loro cari frugoletti. Nella sua semplicità, la *tabella 2.2* è molto esplicita. L'86,1% dei bambini tra i 6 e i 9 anni riceve mediamente 11 euro al mese. Con l'energica spintarella che danno i nonni, l'ammontare annuale dei regali rappresenta un mercato di quasi 2,5 miliardi di euro.

Quali sono i canali di comunicazione che si orientano verso i bambini di quest'età? Dai 4 agli 11 anni, l'evoluzione si realizza per gradi successivi, con il passaggio obbligato da uno stadio di osservazione a uno stadio di mimetismo, e i bambini rivelano pienamente il loro talento sia nell'una sia nell'altra situazione. Quando cominciano a prendere le proprie decisioni, imitano e ri-

Tabella 2.2 **Percentuale dei bambini che ricevono denaro**

Età (anni)	Percentuale
6-9	86,1
10-12	94,5
13-15	97,8
16-18	98,7

Fonte: Media Generation Office, 1998.

producono il comportamento dei loro “modelli”: genitori, celebrità del piccolo schermo, personaggi del loro ambiente. Il loro potenziale di prescrizione viene ampiamente sfruttato dalle imprese nella pubblicità: le campagne per la Renault Kangoo e la Peugeot 806/807 ne sono esempi perfetti. Nella generazione Barbie e Nintendo i bambini crescono con il quadruplo dei giocattoli che avevano i loro genitori alla stessa età (l’industria del giocattolo bada al sodo).

Fra i 4 e i 7 anni, i bambini riconoscono e indicano la marca per richiedere il prodotto. Fra gli 8 e i 10 anni, iniziano a distinguere tra i vari prodotti e le varie marche. È in questo periodo che si costruisce la loro preferenza per certe marche. Una transizione cruciale, che si rileva soprattutto nella scelta di bevande analcoliche, di jeans, di dentifrici, in cui le opzioni iniziali si prolungano per anni, se nulla viene a turbare la relazione della marca-prodotto con il bambino. È su questa fascia d’età che un’impresa deve investire se vuole riuscire ad assicurarsi la fedeltà della sua giovane clientela. Le scelte operate prima dei 15 anni sono quelle che hanno le migliori probabilità di durare fino all’età adulta. In genere, la marca è uno strumento che permette di “fare l’adulto” in anticipo e, quindi, di distinguersi dai più giovani e di affermarsi nel gruppo di amici e amiche, in cui regna sempre una sorta di competizione.

Il continuo bisogno di competitività

Le reazioni dei preadolescenti sono immancabilmente “sessuate”, se così si può dire. Le ragazze si inscrivono nel comportamento materno: il loro istinto materno si applica alle bambole o in attività condivise con i fratelli e le sorelle più giovani. L’ambito della cosmesi è molto “frequentato”: Tinkerbell Cosmetics produce specificamente per i bambini fin dal 1952 e il suo mercato totalizza 8 milioni di unità all’anno, con una distribuzione che tocca 78 Paesi.

I ragazzi hanno altre priorità, che si esplicano attraverso un bisogno continuo di competitività, di riconoscimento della forza fisica o delle capacità intellettuali. Non esitano a imporsi con la forza; una certa forma di violenza viene accettata come strumento per raggiungere o conservare una posizione sociale. Il coraggio è enfatizzato da cicatrici, da bendaggi di cui non ci si vergogna. La loro classificazione del bene e del male è manichea. Individualisti, cercano però di agire in conformità con il loro gruppo di riferimento, che resta un punto d'orientamento essenziale.

Lo sviluppo ormonale ha quindi effetti molto diversi nei ragazzi e nelle ragazze. C'è forse da lamentarsene? Ciò che li avvicina e permette di riconoscere una chiara coerenza fra i due sessi è l'introspezione indotta dalla necessità di riflettere autonomamente. E anche la volontà di attribuirsi una maturità anticipata (spesso 4 anni di più rispetto ai dati della carta d'identità). Cercando modelli fra gli adulti, si staccano dai bambini di minor età. Tutto ciò deriva da una logica sana.

Il bambino come acquirente
È cosa nota. Il bambino comincia presto a "fare shopping" da solo. Cinque milioni di francesi dei due sessi tra gli 8 e i 15 anni rappresentano un potere d'acquisto di milioni di euro. Dai dolciumi ai Cd, i piccoli consumatori seguono gli incitamenti della grande distribuzione, che li attende al varco con i suoi prodotti piazzati nei passaggi obbligati, addirittura con i minicarrelli, che non chiedono che di essere riempiti.

Da 12 a 17 anni: il segmento "Scuole medie-liceo"

Passando dall'adolescenza alla postadolescenza, la marca è più che mai un'espressione di affermazione e di differenziazione. Il consumo si orienta decisamente verso la moda, la musica, i divertimenti. Paradosso classico: verso i 15 anni, il giovane affronta una fase di critica nei confronti delle marche; gli aspetti etici della commercializzazione sono importanti... senza che questo, tuttavia, influenzi sul serio le decisioni d'acquisto. In Francia, il potere d'acquisto dei ragazzi di 12-17 anni è valutato in 75 euro al mese. Una cifra che non tiene conto dei regali dei genitori e dei nonni né del reddito ricavato dai lavoretti svolti qua e là. Questa fascia d'età annovera 11,1 milioni di minori di 15 anni; il profilo psicologico di questo segmento è dominato da una trasformazione fisiologica: la pubertà. Nella generazione in questione, essa si manifesta oggi molto prima (tra i 9 e i 14 anni) che nei loro genitori. È inevitabile che, quanto più precoce è il cambio della voce, tanto prima l'adolescente si stacca dai giochi dell'infanzia e da chi è più giovane di lui. È un po' l'età del "porcospino", quando la suscettibilità è a fior di pelle. I gusti alimentari, le pratiche d'igiene, la preoccupazione di mettersi in mostra sono vicini a quelli degli adulti e richiedono più denaro.

Devono confrontarsi con tabù molto radicati: il sesso, la violenza, gli effetti della depressione economica. La riflessione li rende più portati all'astrazione, all'autocontrollo, ad attività e situazioni più complesse. Lo credereste? I giovani hanno un'immagine abbastanza positiva degli adulti: due terzi di loro ritengono di poter imparare molto dai genitori.

Tra l'adolescenza e la postadolescenza, il carattere si forgia attraverso un delicato sovrapporsi di esperienze. È essenziale l'appartenenza a una "tribù" liberamente scelta, l'esercizio della seduzione è uno spettacolo costante e il successo è inteso come una ricompensa. La selezione delle marche che si portano, che si frequentano, che si consumano rappresenta tutte queste correnti, spesso contraddittorie.

Il culto dell'amicizia

L'amicizia è un altro fattore decisivo, perché il giovane si inserisce (si protegge?) in un gruppo. Le abitudini, i centri d'interesse condivisi, le discussioni interminabili, le attività sportive creano un clima stimolante e rassicurante nello stesso tempo. La *tabella 2.3* offre un quadro sintetico delle opinioni dei ragazzi a proposito dell'amicizia.

E l'amore e la sessualità? Una vera preoccupazione, se non un problema, per il 35% dei giovani fra i 13 e i 15 anni. La musica è un'adesione, una parte di sé, che si preferisce più per i ritmi che per le parole, per la danza, nella quale ci si fonde nel gruppo. Gli interpreti, i musicisti diventano modelli con cui ci si identifica. Secondo voi, dov'è il pubblico di *Saranno famosi*? Alla stessa età ma sotto altri cieli, si pensa in modo differente? Mindshare ha realizzato uno studio che dimostra che giovani

Tabella 2.3 **Il culto dell'amicizia (dati relativi alla Francia)**

«Gli amici sono molto importanti»	87,2%
«È importante che gli altri mi apprezzino»	82,6%
«Mi piace far parte di un gruppo»	71,7%
«Ho un contatto facile con gli altri»	51,7%
«Non faccio parte di un gruppo»	18,1%
«Mi piace stare da solo»	18,0%
«Preferisco restare a casa invece di uscire»	10,1%

Fonte: Medialogue 2000.

di questa stessa fascia d'età – che vivano a Sydney, a Milano, a Tokyo, a Berlino, a Londra o a Città del Messico – attribuiscono alla musica e alla moda la stessa importanza. Un atteggiamento multiculturale che concorda anche sulla necessità imperativa di disporre di un telefonino. Nella camera di un giovane, una connessione Internet è naturale quanto la radio e la televisione. In un'altra ricerca, Mindshare ha chiesto ai giovani di fotografare le marche più significative per loro. Una ricca messe di Nike, Mtv, Yahoo! e Zara. Più inattese, marche nettamente orientate sul design, come Prada, Dolce & Gabbana, Gravis e Wu-Wear (*tabella 2.4*).

La globalizzazione che scuote il pianeta viene già addomesticata dai giovani, a modo loro e secondo comportamenti culturali perfettamente identificati: l'individualismo, in Australia, negli Stati Uniti, in Gran Bretagna, in Francia, in Germania; l'effetto *status* e l'inserimento sociale, in Giappone, in Spagna, in Italia, in Messico, a Hong Kong e in Cina. Risultati che non corrispondono necessariamente alle nostre aspettative.

Altri territori per la creatività

Per i pubblicitari, per i creativi, è duro ammetterlo, ma è così: i giovani ignorano gli annunci che per loro non siano stimolanti e divertenti. Il che costringe i creatori a conoscerli bene, questi guastafeste, per riuscire a stimolarli o a "farli ridere", come dicono loro. Dovunque, nel mondo, i giovani concordano su una certa forma di creatività: fresca, capace di uscire dalle vie battute

Tabella 2.4 **I giovani e le marche**

Marche più conosciute		Marche più conosciute nel settore dei media
Adidas	Lindt	Channel V
Calvin Klein	Nike	Eurosportnews
Cartier	Nokia	Fhm
Coca-Cola	Pepsi	FunTv
Ellesse	Sds	Icq.com
Ferrari	Puma	Msn
Gravis	Quicksilver	Mtv
Green Coast	Ralph Lauren	Nakarta.net3
Gucci	Sony	Napster
Jack Daniel's	Wu-Wear	Yahoo!
Kamps	Xdye	
Levi's		

Fonte: M.&M. Europe, novembre 2001.

per scovare altri modi d'espressione. Per esempio, i graffiti, che piacciono per la loro vocazione alla provocazione, oltre che per il grafismo; le opere effimere disegnate sui marciapiedi; le proiezioni di immagini animate sulle facciate degli edifici; i tabelloni giganti; i volantini, gli adesivi... Non si tratta precisamente della generazione Gutenberg, perciò è ora di innovare. Per esempio, prendendo dimestichezza con il marketing virale.

Da 18 a 24 anni: il segmento "Adultescenti"

La maggior parte dei giovani del segmento Adultescenti fa parte della generazione gentilmente battezzata "generazione canguro". Vivono ancora con i genitori, per seguire gli studi senza preoccupazioni materiali o perché si lanciano nella vita senza perdere la tendenza a sostenersi sulle "stampelle" di sempre. Anche se si sono installati di fresco nel loro primo appartamento, per un periodo restano ancora legati da una certa dipendenza finanziaria. D'altronde, in Europa si presentano situazioni notevolmente diverse: a 22 anni, l'88% degli italiani è ancora avvinghiato come un'ostrica al domicilio dei genitori, contro il 15% dei danesi. È abbastanza logico che questa tendenza all'imbozzolamento sia connessa con un livello d'istruzione in costante crescita. Nel 1999, il 21% degli europei tra i 25 e i 64 anni era titolare di un diploma di studi secondari superiori. Questo progresso della scolarità, e quindi dell'istruzione, è stato rilevato in tutti i Paesi dell'Unione Europea da oltre un trentennio. Nel 1999, meno della metà dei cittadini europei tra i 50 e i 64 anni aveva un diploma di studi secondari superiori, mentre nella classe d'età di 25-29 anni deteneva tale diploma più del 70%. Nonostante questo miglioramento, quasi 1 giovane su 5, nella fascia 18-24 anni, abbandonava la scuola dopo aver concluso, al massimo, il ciclo delle medie inferiori.

In Francia, il segmento dell'adultescenza rappresenta 5 milioni di consumatori, forte di un potere d'acquisto globale dell'ordine di 27,4 miliardi di euro. Spendono il 26% del reddito di cui dispongono nell'abbigliamento, il 20% nei divertimenti, il 14% nella musica, l'8% nella telefonia e risparmiano ciò che resta. Quando resta qualcosa.

Questi giovani assumono maggiori responsabilità rispetto ai loro "fratelli maggiori", pur avendo meno tempo a disposizione. Adulti e autonomi in tempi più brevi, si preoccupano del loro futuro. L'80% di loro pensa che sia difficile costruire una relazione stabile, benché la giudichino comunque molto importante. Una cifra inattesa: il 20% dei clienti delle agenzie per cuori solitari ha fra i 20 e i 30 anni. "Rimorchiare" non è più facile come una volta, soprattutto, a quanto pare, per i giovanotti.

In campo lavorativo, più che un'azienda conosciuta cercano un lavoro interessante e un ambiente disteso, possibilmente motivante. I mestieri che vorrebbero evitare: la ristorazione, i trasporti, la vendita, la sicurezza, l'edilizia e la burocrazia pubblica.[4]

Negli alti e bassi della storia, quali sono gli avvenimenti che hanno segnato questa popolazione di adultescenti, chiamata anche generazione "prima-di-tutto-io"? (*tabella 2.5*).

[4] Dati tratti da *L'Expansion*, n. 658, 6 dicembre 2001.

Tabella 2.5 **Gli avvenimenti emblematici dell'adultescenza (in Francia)**

1975	Legalizzazione dell'aborto. In Francia, il numero delle interruzioni della gravidanza dichiarate passa da 134.000 nel 1976 a 163.000 nel 1994.
1979	Apertura del primo McDonald's in Francia. Oggi nel Paese questa catena conta 870 ristoranti. Dà lavoro a molti giovani e più della metà dei suoi clienti ha meno di 25 anni.
1981	Inizio della pandemia di Aids. La prima campagna d'informazione sulla trasmissione per via sessuale viene lanciata nel 1988. I primi rapporti protetti passano dall'8% nel 1987 al 50% di oggi.
1982	Prima Festa della musica. Creata da Jack Lang, questa manifestazione nell'anno 2000 ha attirato 10 milioni di spettatori in tutta la Francia.
1986	Manifestazioni studentesche. Alla fine del 1986, studenti liceali e universitari manifestano contro la riforma Devaquet dell'università. Quattro anni più tardi, reclamano un aumento del bilancio per la pubblica istruzione. Nel marzo 1992, 1 titolare di diploma di maturità su 15 è disoccupato; nel 1993 sarà 1 su 4.
1997	Creazione dei "posti di lavoro per giovani". Nel 2001 ne sono stati creati 277.000 sui 350.000 promessi.
1999	Legalizzazione della pillola del giorno dopo. L'hanno usata 200.000 donne (per la maggior parte con meno di 25 anni).
2001	Fine del servizio di leva. L'abolizione della coscrizione obbligatoria viene proposta nel giugno del 2001.
	Manifestazione contro la legge sui rave party. In media, ogni fine settimana si svolgono 450 rave party. Il testo che intendeva sottoporli a un'autorizzazione preliminare è stato ritirato.
	Loft Story: la trasmissione di M6 ha ottenuto in media il 67% della quota di mercato fra i giovani.

Fonti: Insee; Ined; Ceaq; McDonald's; ministero del Lavoro francese; Sofres; Abc+; Institut de l'enfant; Médiascore; citazione in *L'Expansion*, n. 658, 6 dicembre 2001.

Stando alla tabella, bisogna riconoscere che questa generazione si interessa dei temi più svariati. Sono caratteri dalle mille sfaccettature, individualisti e insieme capaci di mobilitarsi su azioni che li compattano. Escono molto, vanno al cinema, in discoteca, ai concerti. In effetti, sono in strada più spesso che i loro "fratelli maggiori" e sono più circoscritti nelle loro abitudini. La strada era il luogo in cui si mandavano a giocare i bambini quando occupavano troppo posto nell'ambiente dei genitori; la strada di oggi è un luogo in cui ci si incontra, ci si riunisce, è diventata una cultura. Una cultura dell'inatteso, della novità, un territorio in cui si esprime una certa creatività. Il marketing di strada (*street marketing*) è l'organizzazione di eventi nei luoghi frequentati dal target prescelto. Uno strumento di contatto efficace con gli adultescenti. È un metodo che deriva dal marketing virale, un'estensione del *field marketing*, che significa portare la vendita sul campo. Se si parla tanto del marketing di strada, è perché esso permette un adattamento stretto del messaggio, del contenuto e della forma, in rapporto diretto con i destinatari.

Una sfida lanciata alle marche

Certe marche mettono in campo flotte di veicoli con il logo dell'impresa, accompagnati da hostess tutte sorrisi; altre propongono operazioni di distribuzione di campioni e di informazioni, soprattutto all'uscita dei licei.

Ci troviamo in questo caso nella logica perfetta del contatto diretto con il consumatore nella sua quotidianità, una tendenza forte del marketing contemporaneo. Gli adepti del marketing di strada precisano che questa forma di animazione è recepita piuttosto bene, senza negare tuttavia che possa anche provocare un rigetto o scontrarsi con un marcato scetticismo. Il segreto sta nell'analisi preliminare volta a selezionare argomenti di facile presa prima di adottarli concretamente. Se si riescono a dissimulare gli aspetti più chiaramente commerciali dell'approccio, è probabile che questa tecnica ottenga un impatto più efficace sulle persone avvicinate. Le marche devono saper affrontare la sfida di comprendere l'evoluzione della cultura e dei comportamenti del target e di anticipare le aspirazioni dei giovani. Quando una tendenza è già apertamente riconoscibile in strada, per il marketing è già troppo tardi.

Gli specialisti del marketing, invece, devono scendere in strada per familiarizzarsi con gli stili e i centri d'interesse dei giovani, che mutano senza sosta; devono capire il lessico che praticano, dalle parole alle immagini, poiché è da questi elementi che nascono le tendenze, i movimenti che bisognerà seguire, se non addirittura organizzare. Dieci anni fa, chi avrebbe creduto che la moda del surf avrebbe influenzato a tal punto interi settori, dall'abbigliamento e dai divertimenti fino alla telefonia mobile (basta guardare lo stile delle cover intercambiabili dei telefonini). Probabilmente persino il look vistoso dell'abbigliamento e delle attrezzature per lo sci nordico è nato sulle spiagge della California.

Negli adultescenti la cultura – la loro – è un veicolo essenziale della comunicazione. Gli avvenimenti che vivono li riuniscono in una comunità chiusa, sicché una marca può associarsi a loro senza che il suo intervento sia percepito come un'azione commerciale. La strada è il canale originario di un potentissimo passaparola.

Una marca che si indirizza ai 18-24enni deve partecipare alla vita delle vie e dei quartieri, che per questo pubblico sono spazio di libertà e di espressione. Due approcci che bisogna prefiggersi per avere successo: associarsi agli avvenimenti e diventare parte integrante della cultura della strada.

- *Associarsi agli avvenimenti.* Lo sport e la musica sono i due vettori fondamentali delle riunioni di un pubblico omogeneo e motivato. L'ideale! Anche i concerti e i festival musicali sono appuntamenti importanti per rendersi visibili tra una popolazione sensibile agli avvenimenti che animano il suo "territorio". Pure in questo caso, l'intervento di una marca può essere percepito come positivo, purché essa non ostenti le sue ambizioni commerciali. Case discografiche come Bmg, per esempio, organizzano operazioni di presenza nelle periferie per promuovere nuovi album: nella comunità target, personaggi preselezionati scambiano opinioni e giudizi con chi sta loro intorno a proposito dell'album, fanno sentire pezzi scelti per animare la discussione. State collegando questo tipo d'intervento con il marketing virale? Avete indovinato.
  La strada può essere "attaccata" anche in un altro modo. Negli Stati Uniti, la marca di giocattoli Hasbro ha reclutato più di 1500 bambini di 8-10 anni, ognuno dei quali era stato identificato come un leader nella sua classe d'età. Hanno ricevuto una "paga" di 30 dollari per giocare per strada con un nuovo videogioco e parlarne con amici e amiche... e con i genitori. Alla fine di questa campagna, Hasbro ha registrato vendite

Nike

Nello sport, Nike è uno degli agenti più attivi e ha una presenza di marca capillare. Nike ha ideato un'organizzazione denominata Play (*Participate in the lives of youth*, "partecipiamo alla vita dei giovani") attribuendole come obiettivo fondamentale la sponsorizzazione, mediante la fornitura di materiali e attrezzature, di eventi sportivi organizzati nei quartieri; il logo viene apposto sistematicamente sui vari impianti. Anche se Nike sostiene da molto tempo la pratica del basket, in questo caso la marca sponsorizza veri sport di strada, come lo skateboard o l'hockey su asfalto, e il successo non manca mai.

record. È vero, si può essere schizzinosi sul metodo, ma citiamo questo esempio soltanto per dimostrare la forza d'impatto del marketing di strada.

- *Diventare parte integrante della cultura della strada.* La parola d'ordine è una sola: anticipare le tendenze, i movimenti, quando sono ancora informali. Quando una moda è già affermata, è inutile tentare di agganciarla: non soltanto l'effetto rischia di non essere all'altezza delle ambizioni, ma può anche rivelarsi controproducente. Per essere assimilata a una tendenza forte, l'impresa deve realizzare interventi sul campo, inserendosi in tendenze vigorose della società prima che esse si organizzino compiutamente. Un notevole esempio di successo ha come protagonista Adidas, che si è impegnata in particolare nello sviluppo dell'hip hop ben prima che questa cultura musicale irrompesse sulla scena dei nostri giorni. Il fenomeno ignora le frontiere, la barriera delle lingue, per creare un vero mondo multiculturale, ma omogeneo, perché condivide valori affettivi. Adidas, ormai, è diventata l'emblema di una vera e propria infatuazione popolare: tute contrassegnate dalle tre strisce e scarpe sportive slacciate o, meglio, senza lacci, sono i segni di un codice d'abbigliamento ormai ampiamente diffuso.
  I mezzi di comunicazione tradizionali seguono, alla meno peggio, al traino, soprattutto ora che la televisione sta perdendo vistosamente terreno. Adidas ha beneficiato a lungo di una forte visibilità nei videoclip trasmessi ininterrottamente da

Mtv. Anche marche come Tommy Hilfiger e Nike si sono appoggiate a questa cultura nata e cresciuta nelle periferie. Non soltanto i giovani indossano queste marche, ma vestirsi in un altro modo sarebbe considerato un non senso, perfino un'aggressione contro il gruppo. Una marca è identificata dal suo logo, e questa è la miglior ragione per farlo portare da quelli o quelle che contano, da chi ha il potere di influenzare il suo ambiente. A costo di pagarli. L'uomo, quando vuole, è un ottimo mezzo di comunicazione.

Il marketing virale: interattività e "voci"

Il marketing virale sfrutta le opportunità della posta elettronica. Si fonda sulla circolazione di un'idea, della quale si enfatizzano soprattutto gli aspetti di novità, allo scopo di informare e influenzare ogni persona contattata nel target prescelto e giungere alla fine a modificarne il comportamento nel senso desiderato. L'efficacia di questa forma di marketing dipende dal rispetto di un certo numero di regole, a partire dalla scelta del supporto (o veicolo): un'immagine, una frase, un articolo, un filmato. Anche se il marketing virale è impalpabile, esistono criteri che bisogna rispettare per assicurarne il buon esito:[5]

- il livello della ricompensa ai prescrittori;
- la facilità di circolazione del messaggio tra le persone (il supporto, ossia il veicolo della trasmissione, determina la facilità di circolazione dell'informazione);
- l'abilità dei prescrittori di innescare un passaparola positivo;
- il numero delle esposizioni necessarie perché una persona comprenda il messaggio;
- la percentuale dei membri del target potenzialmente prescrittori;
- il numero dei destinatari del messaggio e di quelli predisposti per essere ricontattati;

[5] Cfr. *www.undercover-marketing.com.*

- la persistenza del messaggio affinché il suo effetto sia duraturo;
- il virus deve essere seducente e presentato in modo tale da venire adottato all'istante.

Marketing virale attivo e passivo

Il marketing virale attivo fa di ogni destinatario un punto di diffusione dell'informazione, incentivandolo a un comportamento proattivo di raccomandazione del prodotto o del servizio a chi lo circonda, al suo entourage immediato: famiglia, amici o conoscenti. La ricompensa che spinge ad agire può essere materiale ma anche immateriale, in forma di riconoscimento da parte della comunità virale.

Il marketing virale passivo trasmette l'informazione originale con le stesse modalità di quello attivo, ma con la differenza – e non è poco – che il destinatario non può fare a meno di diffonderla. Egli trova infatti nella sua mailbox un'applicazione il cui utilizzo non può essere nascosto ai navigatori Internet con i quali si entra in contatto, che vengono automaticamente informati del prodotto o del servizio. In questo caso si parla di marketing virale senza contatto diretto. L'esempio più noto è quello della messaggeria gratuita Hotmail. L'apertura di un account è gratuita, ma a ogni e-mail inviata viene allegato sistematicamente un messaggio che indica al destinatario come aprire a sua volta un account.

Una forma classica di marketing virale è la sponsorizzazione porta a porta. Tupperware cominciò a sfruttare la rete delle sue "ambasciatrici" già negli anni Cinquanta, con un metodo che si dimostrò valido sia per sviluppare la notorietà della marca, sia per distribuire la massima quantità possibile di prodotti. Ogni "militante" doveva far da "madrina" a quante più dimostratrici possibile e queste, a loro volta, dovevano fare lo stesso con altre amiche e conoscenti. Le serate Tupperware erano riunioni conviviali fra persone che non necessariamente si conoscevano, il che rafforzava la focalizzazione sul prodotto. Non mancano esempi recentissimi: uno degli ultimi grandi successi è la campagna "wassup!" per la birra Budweiser. Questo riuscitissimo marketing virale ha dato alla marca una notorietà pervasiva nel target giovanile.

Il passaparola nel marketing virale

Il passaparola resta uno degli strumenti di comunicazione più convincenti e il marketing virale ha contribuito a ringiovanirlo. Esempio famoso: il marketing del sito di un film australiano, *Blairwitch Project*. L'innovazione dipende dalla differenza dell'approccio rispetto ai siti di film classici, che presentano sequenze, trailer, foto, schede filmografiche e biografiche degli attori, videate da scaricare ecc. Lavoro professionale, ma senza sorprese e senza interazione. Nella sua prima versione, *blairwitch.com* trasmetteva un servizio, lontano dai riferimenti classici, che esponeva la storia del tutto reale di personaggi scomparsi senza lasciare tracce. All'uscita del film in Australia, la produzione reclutò alcuni studenti e li incaricò di affiggere manifesti simili a quelli che segnalano la scomparsa di persone, con l'indirizzo del sito come firma. La creatività "pagò" largamente, visto che il sito registrò la connessione di diverse centinaia di migliaia di visitatori. Un successo tanto più fenomenale, se si considera che l'investimento destinato alla promozione non superava i 1692 euro.[6] La cosa vi fa sognare? Non siete gli unici.

Un'altra formula è il *peer to peer*, che di fatto è un metodo per lo scambio diretto di informazioni. Il caso classico è rappresentato dal successo fulmineo di Napster, un programma che permetteva di scaricare brani musicali in formato Mp3 provenienti dai computer di altri utenti connessi al sistema. Le risorse disponibili, quindi, sono in crescita esponenziale, perché l'utente che scarica il programma diventa a sua volta un nuovo nodo della rete e accresce il volume della banca dati generale.

Successo fulmineo, dicevamo. Un anno dopo il suo lancio, Napster era stato installato su parecchi milioni di computer in tutto il mondo, senza avere mai speso nulla in comunicazione

[6] Cfr. *www.cvfm.com*.

e pubblicità. L'industria discografica ha rapidamente preso atto della minaccia competitiva di Napster e l'ha combattuto in tenzoni giuridiche feroci, fino a ottenerne la scomparsa, almeno nella formula originale.

Batti e ribatti, qualcosa resta

Nel passaparola le dicerie sono dure a morire, come dimostra la ricca casistica che a questo proposito ci presenta Internet. Basta consultare qualche sito specializzato nel censimento di voci

Dicerie e catastrofi

Il caso Emulex è rimasto negli annali per le sue disastrose conseguenze finanziarie. La voce, lanciata dalla rivista *Internet Wire*, annuncia le dimissioni dell'amministratore delegato della società. L'informazione viene subito ripresa dai mezzi di comunicazione internazionali, che non si preoccupano minimamente di verificarla. Il titolo Emulex crolla da 113 a 43 dollari e la società perde così circa 2,1 miliardi di euro. L'origine della voce era un falso comunicato architettato da uno studente che aveva ritenuto di poter cancellare in questo modo le sue precedenti perdite sul titolo. Sarete d'accordo sul fatto che i media furono ben poco scrupolosi nel diffondere la notizia in questione. Disgraziatamente, fu proprio questo lassismo a provocare una vera catastrofe per migliaia di persone.

Un altro esempio. Nel novembre del 2000, un importante produttore alimentare organizza un'operazione promozionale in occasione di Halloween. Dopo qualche tempo, la società constata che il tasso di reclami è troppo elevato. Si effettua un'inchiesta e si accerta che all'origine del fenomeno c'è un sito organizzato e animato da un movimento religioso che fa di tutto per opporsi a feste giudicate sataniche. Il sito diffondeva in rete critiche inventate di sana pianta contro il produttore. Dopo aver individuato la fonte, l'impresa poté reagire. Ma quanto aveva perduto in termini finanziari e di credibilità?

Nel dicembre del 2001, un navigatore su Internet curioso scopre una pecca nell'organizzazione di un gioco lanciato dall'Oréal. Un difetto benefico, perché consente sistematicamente di vincere. Il navigatore, perfidamente, diffonde l'informazione in rete. Bilancio: 600 vincitori, non del tutto in buona fede, reclamano il premio, mentre i lettori di Dvd posti in palio sono soltanto 50. Nonostante le scuse presentate dalla società, i falsi vincitori hanno minacciato di condurre un'azione legale per ottenere il premio secondo loro dovuto.

e dicerie – soprattutto false – per essere sommersi dagli esempi: *hoaxbuster.com* è un primo punto di riferimento, un altro è *info-guerre.com*. La “voce” che corre su Internet provoca il panico fra i navigatori: si annuncia sempre una catastrofe imminente, consigliando una difesa che, di solito, rappresenta proprio la vera catastrofe. Diffidenza e controllo sono di rigore.

In che epoca viviamo?

Per molto tempo, la frontiera fra junior e major è stata chiara e netta. Passare da un territorio all'altro implicava regole e un salto ben definito, anzi una rottura tra due fasi della vita. Oggi il passaggio è infinitamente più complicato, diluito da quella generazione canguro che prolunga certi comportamenti della gioventù oltre i limiti prima riconosciuti. E gli stessi major rivelano una giovinezza di corpo e di spirito che, anch'essa, scardina i vecchi steccati. E allora, in che epoca viviamo? Nella nostra. Che impone ripensamenti continui, che costringe i responsabili di marketing a evitare gli atteggiamenti dogmatici, a sbarazzarsi delle teorie che hanno quarant'anni ma non muoiono, come i vini di classe. Il criterio dell'età pone sempre punti di demarcazione importanti, perché segnala cicli di vita differenti, che si devono considerare da vicino.

Il marketing junior resta un territorio codificato, con le sue aperture e i suoi divieti, ma la vita di coloro cui si indirizza si trasforma a un ritmo tale che bisogna tenere a mente una verità inossidabile: non si riesce a sedurre e a convincere qualcuno se non lo si rispetta. È semplice buon senso, e il buon senso non ha età.

3. Il marketing major

Per il marketing di massa, la popolazione con un'età compresa fra i 25 e i 50 anni costituisce il grande pubblico. In altre parole, è il cuore del target di quasi tutti i programmi di marketing, quello dal quale è impossibile prescindere. Ancora oggi, quasi i tre quarti degli investimenti pubblicitari sono destinati a questa fascia d'età. I giovani e i vecchi, fuori: non gli resta che allinearsi. Beninteso, gli studi sui minori di 25 anni sono numerosi, visto che, in fondo, sono loro il futuro delle marche; ma nella pratica si giunge presto a maltrattarli, se manca una comprensione chiara ed empatica delle loro caratteristiche. Quanto ai maggiori di 50 anni, a parte gli specialisti e qualche pioniere, nessuno se ne interessa in modo serio: forse non sono abbastanza sexy!

Diamo pure per buona l'importanza (probabilmente esagerata) dei 25-50enni, ma è evidente che non ci si può accontentare di considerarli un magma informe. Che invece è quello che si fa quando li si definisce "grande pubblico" o, peggio, quando si parla di "casalinga di Voghera", espressione non solo spregiativa, ma anche riduttiva e votata a morte imminente. Quest'assenza di curiosità, prossima al disprezzo, è tanto più sorprendente se si considera che la maggioranza dei responsabili di marketing e di pubblicità appartengono anch'essi a questa fascia d'età. Ma nella loro vita non succede niente? La loro indifferenza è un segno della depressione dell'operatore economico che vede approfondirsi le sue rughe? Siccome la natura, come l'economia, ha orrore del vuoto, i tentativi di approccio in termini di target si moltiplicano: *baby marketing*, *single marketing*, *female marketing*... I consulenti specializzati sono sempre più numerosi e le loro riflessioni cominciano a trovare un'eco reale fra i committenti di annunci pubblicitari.

Nella logica di un marketing organizzato per segmenti, è evidente che i 25-50enni non possono essere trascurati. Questa constatazione ci ha indotti a "coprire" questa popolazione attribuendole un appellativo che la distingua: i *major*.

Certuni diranno che il marketing major non è una novità. È vero. Le ricerche e le cifre abbondano: per forza, visto che i 25-50enni sono l'oggetto di tutte le attenzioni. Eppure, i parametri fondamentali dei loro comportamenti di consumo sono ancora sottostimati e spesso trascurati. Tanto per cominciare, è fondamentale porre in dubbio l'immagine stereotipa che definisce i major in questo modo: una giovane famiglia felice, con due o tre figli, un grazioso villino fiorito in periferia, una monovolume e un'utilitaria; fa la spesa al sabato e ogni estate se ne va in vacanza per quindici giorni. Una famiglia necessariamente di schietta discendenza nazionale, né troppo bionda né troppo bruna. I genitori, intorno alla trentina, educano i figli, scaglionati fra 1 e 10 anni d'età (possono essere biondi). Una caricatura assurda: questa virtualità esiste soltanto nel più vieto inconscio collettivo.

Ci sono state la crisi, la globalizzazione, l'evoluzione delle mentalità e la fine del baby-boom. Ci sono state da tempo. Forse sarebbe ora di capire, quindi, che il mondo dei major somiglia più a *Ally McBell* o a *Friends* che alla serie *I giorni felici*. Quelli che oggi hanno da 25 a 50 anni hanno origini diverse, si sposano più tardi, hanno meno figli, vivono in appartamenti troppo piccoli. Subiscono un'incertezza professionale continua che li distrugge e, per giunta, spesso sono indebitati fino al collo. Non è un caso che i demografi li abbiano definiti generazione "vittima" o "sacrificata". La generazione X, dicono gli americani. La loro mancanza di slancio, di aspirazioni, non permette più di definirli, perché vivono nell'alone sfocato di una giovinezza prolungata e svigorita, lontana dai sogni e dalle certezze convenzionali di chi ha più anni di loro.

Naturalmente, i "tendenziologi" (altrimenti detti *trendwatchers*) trovano sempre ragioni per lasciar sperare in una rinascita.

Il fatto è che bisogna rassicurare le imprese. Ricreare entusiasmo e abbellire il presente. Così, dopo il bozzolo (il *cocoon*), si parla ormai di *baboons* (ossia *baby-boomers no savings*)... Ma, alla fin fine, niente di nuovo sotto il sole. Gli indicatori segnalano che i major soffriranno ancora a lungo della "sindrome del lunedì mattina".

I major, nel cuore della società

La generazione X resta, ancora e sempre, la cerniera della vita, il tempo delle scelte più determinanti, spesso irreversibili, la generazione in cui si acquisiscono esperienza e maturità.

Pensiamo soltanto a due campi emblematici: lo sport e il rock. Al culmine della carriera, in media a 25 anni, gli sportivi progettano la loro riconversione prima di aver raggiunto i 30. In ogni caso, a 40 anni, l'età della prima giovinezza per un alto dirigente d'impresa, tutti gli sportivi se ne sono andati in pensione. Veniamo al rock: anche se la maggior parte degli idoli "nasce" a 20 anni, essi confermano il loro *status* di sicuro valore a partire dai 25. A 30 anni e dopo appena dieci di carriera, le stelle del rock sembrano dinosauri degni di figurare in un museo di storia naturale. L'eternità di un Johnny Hallyday o dei Rolling Stones rappresenta una splendida eccezione che conferma la regola.

Le cose vanno così in tutte le professioni che si esercitano sotto la luce dei riflettori. Basta guardare che cosa succede sui palcoscenici della televisione o nelle agenzie di pubblicità, dove spesso i creativi sono considerati fuori dal giro appena superano la trentina. Non parliamo poi delle modelle d'alto rango, le top model reclutate nella pubertà e messe in pensione soltanto dieci anni dopo. Queste professioni rappresentano addirittura uno dei fattori della percezione precoce dell'invecchiamento.

Fortunatamente, la maggior parte delle attività professionali richiede molti più anni di tirocinio e può essere praticata più a lungo, si tratti dei quarantenni in politica o di coloro che decidono nel marketing e nella comunicazione. Bisogna anche tener conto dell'effetto del baby-boom, che ha prolungato la giovinezza e ritardato molte tappe della vita. Forse che oggigiorno non si vedono sempre più studenti sulla trentina e giovani madri sulla quarantina?

Comunque sia, è evidente che il giro di boa della cinquantina rappresenta il limite più avanzato dell'età adulta, il momento in cui si procede agli ultimi ripensamenti decisivi, personali e professionali. Verrà poi il tempo dei nipotini, della pensione, il susseguirsi degli anni in cui si è sperato di vivere dei benefici di tutti gli sforzi e delle scelte fatte fino a quel momento (si veda il cap. 4). Quello che va dai 25 ai 50 anni è proprio il periodo centrale della vita.

La logica generazionale è l'ideale per affinare la comprensione della popolazione dei major. Secondo i criteri di analisi già illustrati, si presentano tre opzioni complementari: l'età, il ciclo di vita e la generazione di appartenenza. A ogni modo, come nel caso degli junior e dei senior, noi consideriamo l'età come il criterio più determinante e più operativo. Il che spiega perché abbiamo deciso di articolare i major in due sottosegmenti chiave:

- i *nester* (25-34 anni: costruiscono il loro nido);
- i *manager* (35-49 anni: amministrano quanto sono riusciti ad acquisire).

Questi due sottosegmenti sono fortemente legati fra loro per la fase della vita cui appartengono, che è totalmente dedicata alla "produzione". Essi formano un *continuum*, la cui caratteristica principale è la doppia priorità accordata all'attività professionale e alla vita familiare. Tra questi due poli non c'è più un passaggio ben individuato. Il primo impiego, il distacco dal tetto dei genitori, l'inizio della vita a due, l'organizzazione della casa, le nascite... il percorso è segnato da punti di riferimento, ma le tappe si fondono senza un ritmo preciso, come invece succedeva ancora una ventina d'anni fa. Sono cose d'altri tempi anche le grandi rotture a età fisse, come l'ingresso all'università e il pensionamento. Ciò nonostante, è interessante affrontare i due sottosegmenti separatamente, per almeno due ragioni. Da una parte, nester e manager appartengono a generazioni distinte, che percepiscono il mondo in modo differente; dall'altro lato, gli anni mediani della trentina restano il crocevia della vita in cui le zone d'incertezza regrediscono e i destini personali si chiariscono.

Benché in calo demografico rispetto alle generazioni precedenti, quelle create dal baby-boom, è evidente che nester e manager costituiscono pur sempre gruppi importanti. Importanti a sufficienza per affrontarli in modo mirato, secondo la logica dei target, nella maggior parte dei mezzi di comunicazione disponibili. La caduta della natalità è iniziata con l'arrivo della pillola, a metà degli anni Sessanta, e si è accentuata soprattutto a partire dal 1980. I suoi effetti sono ben visibili nei giovani con meno di 25 anni. Aggiungiamo ancora che l'invecchiamento della popolazione è un processo costante, che si accentua dopo il 1996, quando i primi figli del baby-boom tagliano il traguardo della cinquantina (*tabella 3.1*).

I nester: il difficile ingresso nella vita adulta

Per ragioni biologiche, il concetto di giovinezza è piuttosto sfocato. Alcuni diranno che è più che altro una questione di mente e che la giovinezza può durare tutta la vita. In genere, più obiettivamente, si suppone che la giovinezza finisca quando si impongono le contingenze della vita adulta. Primo impiego, primo affitto, prime bollette e prime tasse pagate di persona, prima tappa nella vita a due... Perciò, gli studenti che dovranno lasciare la casa dei genitori per proseguire gli studi, saranno investiti più presto di altri da decisioni che sono abituali nel mondo degli adulti. Al contrario, quelli che saranno "covati" più a lungo dovranno orientarsi soltanto anni più tardi, in genere dopo aver già compiuto passi sicuri nella vita professionale. Per riconoscere chiaramente

Tabella 3.1 **Distribuzione di nester e manager (dati relativi alla Francia)**

Categoria	Totale	%
Nester	8.065.459	13,6
Manager	12.799.140	21,6

Fonte: Insee, 2002.

l'avvio della vita adulta, si prende come punto di riferimento il primo impiego stabile e retribuito. Oggi la prima assunzione in una professione si colloca in media intorno ai 23-25 anni: un dato che non sorprende, visto che dopo gli studi si programmano diversi anni di tirocinio, di formazioni complementari e, spesso, di disoccupazione. Una vera rivoluzione: non più di trent'anni fa, la stragrande maggioranza dei giovani entrava nella vita professionale fra i 18 e i 20 anni (*tabelle 3.2* e *3.3*).

Secondo l'Insee, il prolungamento della scolarità è stato spettacolare a partire dal dopoguerra, ma si è accelerato soprattutto dalla metà degli anni Ottanta. Lo testimoniano i diplomi ottenuti: fra le persone di 25-34 anni, la proporzione di titolari di un certificato di abilitazione professionale o di un diploma di scuola professionale è triplicata in cinquant'anni, e in una generazione la percentuale dei titolari di un diploma di maturità è passata dal 4% del 1946 a oltre il 60% di oggi. Le ragazze hanno largamente superato il livello di formazione dei ragazzi, specialmente nelle carriere scolastiche di carattere generale. Queste trasformazioni sono state il frutto della politica dell'istruzione condotta

Tabella 3.2 **Numero di disoccupati per classi d'età (dati relativi alla Francia)**

Età	Uomini	Donne	Totale
25-29 anni	265.383	331.458	596.841
30-49 anni	718.789	919.932	1.638.721
Totale	*984.172*	*1.251.390*	*2.235.562*

Fonte: Insee, 1999.

Tabella 3.3 **Primo impiego di durata maggiore ai 6 mesi (dati relativi alla Francia)**

Uomini		Donne	
Età	%	Età	%
Prima dei 26 anni	17	Prima dei 24 anni	18
26 anni e oltre	32	24 anni e oltre	26

Fonte: Economie et Statistique, n. 337-338 (2000), pp. 7-8.

dopo la Liberazione e di una forte domanda sociale. Esse sono andate di pari passo con le modificazioni della popolazione attiva: gli impieghi qualificati sono più numerosi e corrispondono a diplomi più elevati.

Senza diploma non c'è scampo

Si noti che nell'arco di una generazione la durata degli studi si è notevolmente allungata, con conseguenze fondamentali anche sul comportamento di consumo. Accedere agli studi superiori è ormai un fenomeno generale, e oggi i due terzi degli adolescenti andranno ben oltre la maturità, mentre nel maggio del 1968 quelli che la superavano erano meno del 10%. Un altro fatto: per potersi attendere lo stesso stipendio (calcolato mantenendo costante il potere d'acquisto) che si otteneva al tempo dei loro genitori, i giovani adulti attuali devono studiare in media 4 anni di più. Gli studi, in realtà, non sono più una scelta, ma una *condicio sine qua non*. Basta scorrere su un giornale le offerte di lavoro per rendersi conto dell'insistenza con cui le imprese richiedono profili "di vertice".

Senza diploma non c'è scampo. Ma ci sono anche troppi medici, troppi ingegneri, troppi informatici... e mancano idraulici, muratori, elettricisti. La formazione ai lavori manuali è praticamente scomparsa e con essa è venuto meno l'afflusso sul mercato del lavoro di giovani con meno di 20 anni formati e pronti a lavorare. Il deficit demografico non mancherà di accentuare il problema, che è già oggetto di dibattiti interminabili, soprattutto perché interviene a modificarne i termini la variabile in buona parte fuori controllo dell'immigrazione.

Quando finalmente riescono ad avviare la loro carriera, i giovani adulti, ovviamente, sono celibi o nubili, e sempre meno netta è l'equazione lavoro = formazione di una famiglia = abbandono del tetto dei genitori. Nel 1970, la conquista della libertà era ancora una priorità esistenziale: lasciare papà e mamma a 18 anni voleva dire far vedere di essere qualcuno. Oggi, più della metà dei giovani di 25 anni vivono ancora in casa dei genitori. E il fenomeno dovrebbe accentuarsi ulteriormente nei prossimi anni (*tabelle 3.4* e *3.5*).

Tabella 3.4 **Tasso di abbandono della casa dei genitori (dati relativi alla Francia)**

Uomini		Donne	
Età	**%**	**Età**	**%**
Prima dei 20 anni	19	Prima dei 20 anni	16
20-25 anni	19	20-24 anni	20
26 anni e oltre	12	24 anni e oltre	18

Fonte: Insee.

Tabella 3.5 **Percentuali delle persone tra i 20 e i 35 anni ospitate, sole o in coppia (dati relativi alla Francia)**

	Età	Ospitato/a in casa dei genitori o dei nonni (%)		Vive in coppia (%)	
		1984	**1996**	**1984**	**1996**
Uomini	20-23	71	71	18	13
	24-27	25	34	60	45
	28-31	10	14	78	69
	32-35	5	8	84	79
Donne	20-23	44	51	39	27
	24-27	11	20	73	60
	28-31	4	5	80	77
	32-35	1	4	84	79

Fonte: Insee.

I difficili rapporti dei nester con il denaro

Vent'anni. Tutte le speranze sono lecite, ma non c'è affatto la libertà di realizzarle. In dieci anni, il giovane dovrà, nello stesso tempo, garantire la sua vita privata, lanciare la sua carriera e costruire la sua indipendenza finanziaria. Quest'ultima sfida diventa sempre più difficile: il costo della vita non cessa di aumentare, anche se l'inflazione è più o meno tenuta sotto controllo. Doppio problema materiale: i prezzi del mercato immobiliare sommati alle tentazioni della società dei consumi. Inoltre, lo scarto fra i redditi dei giovani adulti e quelli dei senior si accentua sempre più; toccherà il culmine nel 2020. I pensionati saranno allora un terzo dell'intera popolazione, ma avranno in mano più della metà del potere d'acquisto. Per i nester, quindi, le restrizioni e l'indebitamento sono la regola (*tabella 3.6*). E quando la situazione migliorerà, quello sarà esattamente il momento in cui arriverà il primo figlio. Non c'è da stupirsi del fatto che i major siano i primi consumatori di prodotti generici, di veicoli d'occasione e di mobili a buon mercato stile Ikea. Ecco l'intelligenza delle marche vincenti: puntare su un sapiente equilibrio tra design e prezzi abbordabili.

Una volta usciti dall'adolescenza e terminati gli studi, i giovani adulti conservano molte abitudini di quel periodo. La maggior parte di loro è ancora celibe o nubile e desidera approfittare di una nuova sensazione di libertà. Non precisamente danarosi, raramente proprietari, sono sfuggiti al controllo (relativo) dei genitori, alla pressione della corsa ai diplomi. C'è la sbornia del primo stipendio, che sembra portare con sé un benessere inedito, quasi inebriante. Verso i 25 anni, è tipico che la gestione finanziaria personale sia piuttosto caotica e i genitori oppure, sempre più spesso, i nonni debbano intervenire sovente per compensare la mancanza di mezzi.

Le priorità, spesso, sono gestite male e si indulge facilmente a tentazioni poco ragionevoli. Le visite ai locali notturni, al cinema, al bar e al ristorante, i vestiti firmati e alla moda, l'elettronica nelle sue varie forme (telefonini, videogiochi, Tv, Dvd, hi-fi, Cd)... le tentazioni sono infinite. Quanto ai viaggi e all'arredamento, verranno un po' più tardi.

Tabella 3.6 **Tasso di indebitamento delle famiglie giovani (dati relativi alla Francia)**

	1989	1995	1997	2000	2001
% delle famiglie < 30 anni indebitate	61,4	48,6	48,3	55,8	n.d.
Di cui con mutuo casa	82,9	34,7	33,7	n.d.	43,9

Fonte: www.sofres.com.

L'automobile è il *non plus ultra* dell'indispensabile irragionevole. I trasporti pubblici migliorano e garantiscono un livello di mobilità elevato, ma la "macchina" è sempre l'oggetto di tutte le brame. Di seconda mano o – meglio, se si può – nuova, l'automobile è un mezzo di trasporto e di libertà, e insieme rappresenta un segnale indirizzato agli altri (*tabella 3.7*).

Le pressioni che spingono verso la ricerca di un impiego e le consuetudini sociali inducono rapidamente i giovani adulti ad assumere le proprie responsabilità e a sistemarsi. La carriera è necessaria, ma le incertezze non si dissolvono. È vero che la minaccia della disoccupazione si allontana (un po'), ma l'accentuarsi dell'attenzione alla *performance* genera nuovi elementi di stress. L'epoca del primo impiego definitivo e delle qualifiche e dei contratti irreversibili è proprio finita. Perfino nel pubblico impiego non si è più sicuri di nulla. Così, bisogna investire senza sosta una quota via via maggiore del proprio tempo e delle proprie energie per convincere, per conquistare il proprio posto al sole. È prima dei trent'anni che si combattono tutte le battaglie per la sopravvivenza.

La donna è un uomo come gli altri

E poi c'è il lavoro femminile. Oggi, le donne vantano gli stessi studi degli uomini e condividono le loro stesse ambizioni: è una vera rivoluzione, e si è affermata in due sole generazioni. Anche se certe professioni resistono (a partire dalla politica, simbolo di un maschilismo un po' desueto), l'uguaglianza si afferma progressivamente dappertutto. Le ultime differenze scompariranno in meno di vent'anni. Le donne compensano così il ritardo del loro ingresso nella vita professionale e il pensionamento anticipato. E non bisogna credere che la maternità ponga un limite

Tabella 3.7 **Possesso/acquisto di automobili (dati relativi alla Francia)**

18-21 anni	21-24 anni	26-29 anni
35%	58%	74%

Fonte: www.automobileclub.org.

alla loro carriera: tutte le statistiche dimostrano che sono sempre meno numerose le donne che, professionalmente, si fanno da parte perché diventano madri. Intorno a loro, la società si reinventa: ogni mese, si vede come si moltiplichino i servizi di consegna a domicilio, i nidi e gli asili, le ragazze alla pari ecc. Così in Germania, dove i bambini vanno a scuola soltanto al mattino, le donne si ribellano contro un sistema che le obbliga a scegliere fra carriera e famiglia. Sotto la loro pressione, si chiede all'intero sistema educativo di cambiare.

Naturalmente, questo complesso di sfide concentrate prima di iniziare la vita a due provoca una modificazione dei comportamenti di consumo. Meno tempo per la gestione della quotidianità, prodotti e servizi meno sofisticati, in genere comprati a rate. Uomo o donna che si sia, bisogna occuparsi di tutto, fare tutto da soli, anche se si vive in due. È una tendenza molto evidente, esemplificata dal modo di vivere che gli anglosassoni chiamano Lat: *Living apart together*, viviamo insieme ma separatamente. Molti giovani adulti che hanno un partner sentimentale stabile non progettano di vivere insieme, almeno non a breve termine. Ognuno ha la sua dimora, e gli acquisti di mobili, di stoviglie, di biancheria si raddoppiano. Quando si comincia davvero la vita a due, bisogna ritornare all'unicità, ricomprare mobili e attrezzature domestiche, seguendo gusti che, senza dubbio, saranno cambiati radicalmente.

Per i nester, la stabilità viene prima della maternità

Naturalmente, ci sono sempre delle eccezioni, giacché una percentuale non trascurabile di giovani ventenni si sposa e lascia la casa dei genitori in quell'occasione. Ma è un caso sempre più raro. I cicli di vita, anche se nel loro insieme si succedono in modo identico da secoli, si spostano verso l'alto, e ogni tappa è sempre più lontana dalle altre (*figura 3.1* e *tabella 3.8*). La prima nascita viene rinviata a più tardi: i giovani "coniugi" (di cui oggi appena la metà è effettivamente sposata) preferiscono attendere un minimo di stabilità professionale e di sicurezza affettiva. Per loro, il ruolo di genitore resta importante, ma non urgente. Nella maggior parte dei casi non si desidera avere più di uno o due figli, per

Figura 3.1 **Età al primo matrimonio**

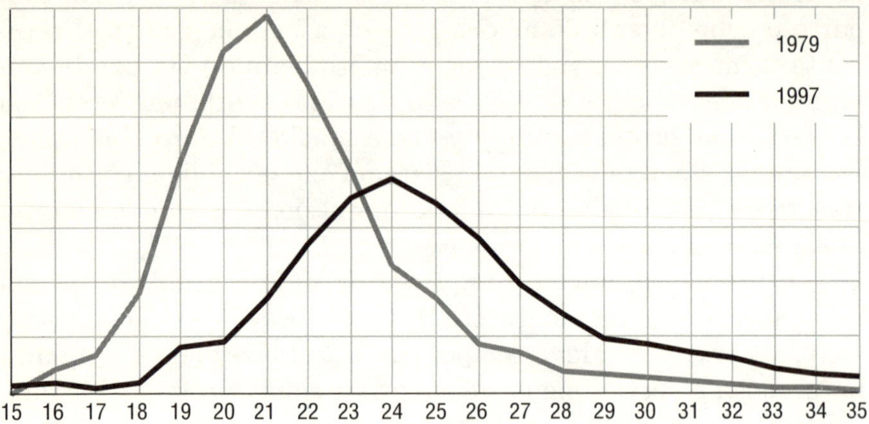

Fonte: Insee, 1998.

cui nulla impedisce, prima di decidere, di attendere la trentina. Oggi in Francia l'età media della madre al primo parto è di 29,4 anni, in Italia è già di 31 anni. Ossia, in media, 3 anni dopo l'inizio della vita in coppia. Fra i coniugi "in carriera" (quadri e dirigenti), questa dilazione sale a 4, perfino a 6 anni, il che, ovviamente, tende a ridurre in proporzione il numero dei figli, se non, decisamente, la stessa probabilità di averne, vista la quantità di separazioni e di divorzi che intervengono nei primi 5 anni.

Nelle nostre società occidentali, il desiderio di avere figli è sempre più tardivo. In Francia, oggi, l'età media della donna al momento della nascita del primo figlio è 29,4 anni, contro i 27,2 del 1970.

Tabella 3.8 **Età media al primo matrimonio (dati relativi alla Francia)**

	Uomini	Donne
1997	29,6	27,6
1998	29,8	27,7
1999	29,9	27,8

Fonte: Insee, 2002.

Un tetto proprio: altro ciclo, stessa storia
Nella maggioranza dei casi, a 30 anni la situazione personale e professionale si stabilizza. La carriera si delinea con maggior precisione e l'arrivo dei figli conclude il passaggio dalla giovinezza alla vita adulta. Ci si preoccupa di costituire un fondo di risparmi di base, generalmente con l'aiuto dei genitori, pensando a un acquisto immobiliare. Appartamento o casa che sia, il numero dei metri quadrati sarà la prima priorità, visto che fino a quel momento si è dovuto convivere con le proprie frustrazioni: soprattutto nelle metropoli, dove i giovani spesso devono accontentarsi di un monolocale o di un bilocale oneroso e scomodo. Quando si evoca l'ipermobilità delle nuove generazioni, in realtà si parla soltanto di minoranze. In linea di massima, infatti, i nester sono fedeli alla loro regione, anche se recenti indagini indicano una forte ripresa dell'interesse per le città minori e per le periferie verdi.

Quando finalmente si sistemano in un'abitazione abbastanza grande, comoda e pratica, in proprietà o meno che sia, i trentenni diventano sedentari. Nuova tappa della vita, nuovi obblighi, in un ambiente sociale differente. È l'epoca di un misurato "imborghesimento". Il fatto di acquisire stabilità non esclude, tuttavia, una gestione finanziaria non sempre tranquilla: la situazione è migliorata grazie alla retribuzione e la vita a due rende molte cose più facili, ma i figli, la casa e l'automobile tendono a succhiare più denaro di quanto ne procurino i due redditi. La trentina è l'età dei grandi indebitamenti e dei conti in rosso. Siccome le ambizioni sono sempre superiori ai mezzi, si impongono molto presto scelte tragiche. Sono gli anni in cui si rinvia a data da destinarsi la maggior parte dei propri sogni. E, fra questi, l'acquisto di prodotti di marca, di abiti che fanno *status* e di viaggi in terre lontane.

I manager: la vera fine della giovinezza e l'età della ragione

In una città come Parigi, per esempio, più della metà dei major vivono da soli, con o senza figli. Più di un terzo dei matrimoni si conclude con un divorzio prima di dieci anni e, tirate le somme, più del 60% dei major divorzia. A partire dal baby-boom e dall'evoluzione delle mentalità, la trentina è l'età delle rotture. Si parla sempre più spesso di famiglie esplose e, di conseguenza, della costruzione di nuove coppie, ma si dimentica il periodo precedente, quello dei dubbi e, spesso, del ritorno al celibato. È la prima caratteristica di quelli che abbiamo chiamato "manager". Essa, d'altronde, ha dato origine a quello che si comincia a denominare *single marketing*, ovvero il marketing per uomini e donne soli (*tabella 3.9*).

La separazione, evidentemente, è un momento doloroso della vita. Uno choc affettivo, amplificato dal ritorno obbligato a molte abitudini abbandonate da lunga data. Bisogna trovare una dimora, ammobiliarla, ricreare legami sociali, organizzarsi per fare la

Tabella 3.9 **Cifre per il single marketing: attività dei "manager" isolati (ore e minuti alla settimana)**

	Da solo (single)		Con figli	
	Uomini	Donne	Uomini	Donne
Lavoro retribuito (sul luogo di lavoro)	33:13	29:26	37:43	26:36
Cura della persona	12:26	16:59	14:49	14:23
Lavori di casa	11:49	22:12	11:58	25:24
Cucina	2:15	5:01	1:31	6:28
Nessuna attività (escluse le ore di sonno)	2:58	3:25	2:40	2:30
Shopping	1:43	3:03	1:46	3:23
Nuovi media	2:22	0:25	0:43	0:17
Divertimenti e svaghi	5:11	3:11	3:51	3:10
Sport	0:34	0:11	0:57	0:19
Televisione	10:49	18:59	12:57	11:12
Lettura	2:43	1:55	2:10	10:49
Attività culturali	1:45	0:25	1:10	0:55

Fonte: Pocket Marketing; Sociaal em Cultureel Planbureau (Nl); Eurostat; Vub; Nationaal Institut voor de Statistiek en Centrum voor Bevolkingsen Gezinsstudie, 2002.

spesa, per nutrirsi, perfino, semplicemente, per dormire. Spesso ci sono anche figli di cui ci si deve occupare, a turno o da soli. E poi bisogna ricominciare a vivere, a uscire. In media, anche se le persone sole escono più sovente, esse sono anche più... sole. Il mito del celibe e della nubile liberi e beati ne esce a pezzi.

Per completare il quadro, ricordiamo che i manager fanno parte della seconda generazione del baby-boom: quella del post '68, della non-cultura punk e della scomparsa degli idoli. La prima dopo la guerra ad aver iniziato la sua vita professionale in un contesto meno favorevole rispetto alle generazioni precedenti. In un certo qual modo, i manager sono stati preparati meglio ad affrontare circostanze difficili. Con l'avvicinarsi della quarantina, questa generazione si volge talvolta a rimirare la sua infanzia perduta. Li si vede nei locali notturni, che cantano a memoria le canzoni del bel tempo andato. Conservano gelosamente i loro vecchi fumetti ingialliti e collezionano i film della loro adolescenza.

La separazione: istruzioni per l'uso

Anche il consumo si adatta ai bisogni imposti da una separazione. Ed ecco che spuntano i mobili di fortuna, i piatti preparati, i divertimenti da organizzare, le spese inevitabili: un posto per vivere, un veicolo, senza dimenticare il mutuo immobiliare e i servizi finanziari (aprire un nuovo conto, modificare i vecchi piani di risparmio, accedere al credito ecc.). Tutto dev'essere sdoppiato, fatto quadrare in un bilancio ridotto, amputato ulteriormente dagli assegni alimentari imposti all'uno o all'altro. Le famiglie stabili o le nuove coppie che si formano navigano in acque migliori? Gli oneri di una separazione si possono evitare, ma l'istruzione dei figli resta sempre la prima voce di spesa, insieme con l'affitto o il mutuo.

I manager sono pieni di risorse. Anche se talvolta il loro cuore è afflitto dalla nostalgia, guardano la vita che hanno dinanzi. La carriera si stabilizza, a poco a poco le tensioni e lo stress vengono sostituiti da una vera fiducia in se stessi. Più equilibrato, il manager comincia ad accettare il suo destino. Gestire il suo patrimonio, o semplicemente il suo bilancio, diventa più semplice, meno rischioso nei tempi brevi. Si dominano meglio le crisi, con meno passione e con spirito più positivo. I figli raggiungono l'età in cui possono cavarsela da soli, i genitori ricominciano a progettare uscite e viaggi. Resta tempo per realizzare i propri sogni, per raggiungere i propri obiettivi. Se l'avvicinarsi della quarantina è per molti un periodo di cambiamenti e di dubbi, esso segna anche l'inizio della serenità.

La crisi dei quarant'anni

I quarant'anni sono spesso un compleanno vissuto male. Soprattutto dalla donna, che si lascia alle spalle i due decenni ideali per la maternità. Ben prima degli uomini, le donne comprendono l'ineluttabilità del percorso, ma sono meglio attrezzate per accettarne le conseguenze. I quarant'anni sono anche, paradossalmente, l'inizio della piena espansione di sé. Per questo la maggioranza degli uomini e delle donne entrati nella quarantina affermano di sentirsi meglio, di essere più soddisfatti di se stessi che non a vent'anni. Il reddito professionale è vicino al suo apogeo, si consolida progressivamente un nuovo benessere e ognuno può vivere la sua vita liberamente. I rapporti con i genitori, che sono entrati nella sessantina, migliorano nettamente. Finiti i conflitti generazionali, le lotte per il territorio; l'armonia si afferma quando finalmente si capisce che papà e mamma sono adulti come gli altri, soltanto un po' più vicini.

Più la quarantina avanza, più diventa chiara la coscienza dell'età. Alcuni parenti scompaiono, la frequenza dei controlli medici aumenta. A poco a poco, prende corpo l'idea della fine della carriera. Alcuni uomini scoprono le tentazioni del *diabolus meridianus*, il famoso "demone del meriggio", mentre la maggioranza inforca gli occhiali per vedere vicino (la presbiopia colpisce fin dall'inizio della quarantina e in misura quasi generale dopo i 45 anni). In famiglia, gli adolescenti sfuggono a ogni controllo. La seconda televisione è d'obbligo. Saccheggiato regolarmente, il frigorifero sembra sempre troppo piccolo. Gli studi costano più cari del previsto e si sa che il peggio deve ancora venire. Non è il caso di dormire sugli allori. Non ancora. Un nuovo prestito rimpiazza quello che si è appena rimborsato, altri sogni sono rimandati a giorni migliori. Ma al fondo del tunnel s'intravvede la luce del sole. La cinquantina bussa alla porta. Ecco allora il distacco dei figli, la fine delle rate dei grandi mutui, l'arrivo dei primi nipotini: l'inizio dell'età senior. Ma questa è un'altra storia.

Le grandi sfide del marketing major

La pubblicità si pone due obiettivi principali: un guizzo di creatività, che permetta la diffusione più efficace possibile dell'argomentazione promozionale, e un'atmosfera "affettiva" che renda il consumatore ben disposto ad ascoltare e ad assimilare il messaggio. Questo secondo parametro è guidato, tipicamente, dalle idee preconcette che ci si fa del target, proprio come, spesso, ci si accontenta di una scena sui roller e di un «ehi, tu, come sei figo!» quando si tratta di adolescenti (o, parallelamente, quando si vogliono sedurre dei senior, dello stereotipo della coppia con i capelli bianchi che porta a spasso il cane su una spiaggia). Con il pretesto dell'ottimizzazione, le campagne pubblicitarie non fanno che ripetere regole imparate chissà dove, più di trent'anni fa; oppure i pubblicitari giocano alla trasgressione totale, cercando innanzi tutto l'approvazione dei colleghi (proiezione classica di un microcosmo che inizia a irritare perfino i committenti più all'avanguardia).

In realtà, l'audacia è indispensabile quando ci si trova di fronte a responsabili di prodotto che paiono ispirati più dalla propria carriera che dagli interessi dell'impresa che, si suppone, dovrebbero difendere. D'accordo che si accetti di correre dei rischi, ma che almeno lo si faccia cercando di comprendere il destinatario dei messaggi. Il problema è tutto qui: qualunque cosa si faccia, sembra che ci si dimentichi sistematicamente il modo di vivere del consumatore. È fondamentale capire che qualsiasi atto d'acquisto è in concorrenza con tutti gli altri. Trascurare un fatto così evidente significa fermarsi a una conoscenza men che superficiale del consumatore e commettere, come corollario, gli errori più clamorosi. Avete provato a confrontare con attenzione, negli ultimi due o tre anni, gli spot pubblicitari delle marche di telefoni cellulari? È stupefacente: nascondono proprio la funzione pratica del prodotto, quella di telefonare. Ognuno vuole essere più moderno del concorrente, più competitivo nei confronti dell'unico target degno della marca: i giovani di città. Bilancio: il settore è in crisi, mentre una buona fetta dei consumatori senior non ha ancora in tasca un telefonino, il che lascia fuori tiro milioni di potenziali clienti.

Il marketing major non è altro che il riflesso di questi problemi. Esso mette a nudo un punto estremamente dolente della nostra professione. Si può parlare di marketing segmentato o di marketing comportamentale, poco importa: quella che noi difendiamo è l'idea – sovversiva? – che il marketing e la comunicazione commerciale sono validi soltanto nella misura in cui difendono gli interessi delle imprese. Il che avviene soltanto se si mira a comprendere, in ogni istante e sempre con umiltà, il rapporto tra il consumatore e la marca partendo sistematicamente dal consumatore, perché è lui, per definizione, la variabile fuori controllo.

In realtà, comprendere il contesto di vita dei due sottosegmenti nester e manager è abbastanza semplice. È molto più difficile, invece, mettersi nei panni di un adolescente o di un senior, quando chi li osserva ha una trentina o una quarantina d'anni. Nel caso di cui ci stiamo occupando, i major siamo noi, i nostri vicini, i nostri parenti... A livello intellettuale, quindi, non dovrebbero porsi troppi problemi di identificazione. Allora, perché non teniamo conto di più delle nostre stesse peculiarità? E lasciamo passare, invece, campagne pubblicitarie di cui percepiamo chiaramente la vacua superficialità?

D'accordo, il marketing e la pubblicità non hanno la vocazione di riflettere la realtà. Non sono reportage di guerra. Ma a forza di stare nel proprio cantuccio, così lontano dalla vita vera, rispondono sempre meno alle preoccupazioni della gente reale. Traduzione pratica: campagne creative sempre più apprezzate in quanto tali, ma un rendimento degli investimenti in caduta libera, porzioni di mercato in stagnazione, la sindrome del *me too* (tutti copiano tutti e nessuno prende iniziative nuove) e obiettivi finanziari ritoccati verso il basso ogni sei mesi. Nell'epoca dell'azionista onnipotente, non è un bello spettacolo. Per invertire la tendenza, bisogna impegnarsi senza indugi in tre sfide: proporre prodotti e servizi realmente adattati al target, adottare un linguaggio adeguato e andare incontro al consumatore là dove si trova per davvero. I major costituiscono il target primario della maggior parte dei committenti di pubblicità. È quindi con loro, innanzi tutto, che debbono aver successo le tre sfide. La segmentazione qui proposta esprime, ovviamente, delle tendenze, giacché non tutti i nester né tutti i manager condividono lo stesso calendario, gli stessi mezzi e le stesse aspirazioni. Lavorando sui due sottosegmenti che abbiamo individuato, si può fare, comunque, un grande passo avanti.

Prodotti e servizi adattati al target

La maggior parte delle iniziative commerciali si rivolge, in modo massiccio, ai major. Con un approccio di marketing di tipo classico, diventa difficile introdurre ulteriori innovazioni: a prima vista, c'è già tutto, in tutti i campi. Si trovano quindi intere linee di prodotti simili, sempre più mirati, davanti ai quali diventa praticamente impossibile scegliere. Un buon esempio: decine di varianti di shampoo per i capelli secchi, ultrasottili, maltrattati, stanchi; gli shampoo antiforfora, rigeneranti, coloranti, alle vitamine, due in uno ecc. La marca migliore è, inevitabilmente, la più cara, quella che ha l'involucro o la confezione più belli o che "grida" più forte. E allora, che fare?

Esiste tuttavia una serie di innovazioni interessanti che sbarcano continuamente sul mercato e che cambiano le abitudini. Swiffer vi offre qualcosa di più di un semplice prodotto per la casa: propone un nuovo modo di fare le pulizie, nettamente più veloce e più comodo. Un'innovazione perfetta per il target dei nester, purché si riesca a convincerli a pagare quel prezzo. I re dei detersivi hanno davvero tenuto conto della situazione finanziaria del nucleo centrale del loro target? La conseguenza è che i giovani adulti, mentre sono i primi a voler beneficiare del prodotto, sono gli ultimi a offrirselo, lasciando a chi ha più anni di loro il compito di fare il pioniere. Questo paradigma è comune nel marketing: ci si rivolge a un target disposto a seguire la corrente dell'innovazione e poi ci si stupisce di vederla adottare da un altro segmento. Passiamo dai detersivi a un settore del tutto diverso: Renault ha conosciuto un caso del genere con la Twingo. Il fatto è che, per osare l'inedito, bisogna avere esperienza della vita.

Chi ha 25-35 anni fa parte della prima generazione che abbia conosciuto da sempre la pubblicità in televisione: quindi conosce lo zapping. Questa generazione ha cominciato la sua carriera con i computer; la sua musica è sempre stato il rock. Può quindi adattarsi in modo più naturale alle evoluzioni tecnologiche che le vengono proposte. È più moderna, più aperta, meno diffidente... Ma c'è una nota stonata: è al verde.

«Spendo, dunque sono», dice Jean-Jacques Goldman. Sì, peccato però che i nester siano già nella società dei postconsumi... Sono stati predisposti a scegliere da soli e a preferire gli acquisti che giudicano realmente utili. Detto questo, è possibile sedurli, differenziandosi, a condizione di farcela sull'asse qualità/prezzo.

Zara

Zara, la marca spagnola di abbigliamento, è "esplosa" piazzandosi fra le marche giovani, come H&M e le firme a prezzo accessibile dei grandi sarti che si rivolgono totalmente ai nester. Zara ha sviluppato soprattutto tre concetti: uno stile di capi di abbigliamento che siano molto alla moda, ma nello stesso tempo "sensati" abbastanza da essere portati per più di una stagione; un prezzo solo leggermente più alto che le marche giovani, compensato da una maggiore longevità; negozi con atmosfera ispirata alle boutique, ma grandi a sufficienza per dare l'impressione di un processo d'acquisto e di un prezzo più vicini ai grandi magazzini. Specializzata nella conquista del nester, Zara ha sottratto fette consistenti di mercato a concorrenti più vecchi e più generici, come C&A. I giovani adulti si preoccupano nella stessa misura dell'apparenza e del portafoglio.

Il successo di una strategia dedicata ai nester fin dalla creazione del prodotto si manifesta anche nel settore alimentare e nella distribuzione.

La strategia dei supermercati

Da qualche anno, catene di supermercati come Sainsbury in Gran Bretagna, Albert Heijn nei Paesi Bassi, Delhaize in Belgio ed Esselunga in Italia hanno osato scommettere sui nester. Una generazione che gestisce la spesa domestica secondo una propria logica del prezzo, mentre le grandi marche consolidate si accaniscono per sedurla. Questi grandi distributori hanno esteso e migliorato, progressivamente, le loro gamme generiche in un'offensiva su tre livelli. In primo luogo, la *convenience*, la comodità: pronto in fretta, ma buono; poi, con la messa a punto delle linee di prodotti, la scelta tra gamme più complete, per tutti i gusti; infine, la qualità, attestata dai marchi d'origine. Nello stesso tempo, hanno aumentato le dimensioni delle porzioni preconfezionate di carne, di pane, di verdure, riuscendo così a conquistare il primo posto nel "tutto per la famiglia". Di conseguenza, da Sainsbury i due terzi dell'assortimento sono a "etichetta propria". In meno di dieci anni, Delhaize ha conquistato il controllo delle marmellate in Belgio, fino a detenere oggi una quota di mercato superiore a quella del leader nazionale, sempre bloccato sulla sua strategia di reclutamento dei giovani adulti. Come le altre "vere marche".

L'evoluzione dei servizi in rete

Quanto ai servizi, la velocità è la priorità per eccellenza. Francamente, a nessuno piace fare la coda alla posta o in banca (per non parlare del municipio o dell'ambulatorio) e gli orari di apertura sono la fonte di nervosismo citata con maggior frequenza dai nester. Proprio loro, che devono fare i salti mortali per garantirsi un tenore di vita decente, si vedono costretti a perdere mezza giornata di lavoro per aspettare il controllo dei numeri del gas o per andare a recuperare una raccomandata. Nell'era della privatizzazione, della riduzione dei tempi morti, della razionalizzazione, non tutti possono più permetterselo. Fortunatamente, Internet comincia a fornire soluzioni. La sua diffusione è tutto sommato ancora scarsa, ma i major ne sono gli utenti principali, visto che quasi la metà di loro ha un accesso alla rete in ufficio. Sono anche quelli che la usano di più per fare acquisti. Nonostante lo sgonfiarsi della bolla tecnologica, nel 2002 la rete ha fatto un grande passo avanti, superando, nel commercio elettronico, la soglia dei 100 miliardi di euro. Dopo i servizi di consegna a domicilio, le banche sono state le prime a progredire in modo significativo in questo campo: oggi il tasso di frequentazione delle agenzie è in caduta costante e i nester, in particolare, si recano fisicamente agli sportelli da 3 a 4 volte meno dei senior.

Resta comunque molto da fare. Perché mai in Francia le assicurazioni stipulate via Internet rappresentano meno del 10% del volume totale, contro più del 50% in Gran Bretagna? Ecco un tipico settore nel quale l'insoddisfazione dei giovani adulti è palese. Notiamo, incidentalmente, che per i nester è fondamentale tutto ciò che favorisce la fluidità dei servizi. Anche se Internet e l'accesso remoto sono veri jolly, l'estensione degli orari di apertura e la laicizzazione della domenica sono altrettanto importanti, se non di più.

I nester: il tempo in cui ci si arrangia

Quando ci si rivolge ai nester della fascia superiore, bisogna considerare la dimensione intergenerazionale. La maggior parte dei giovani trentenni sono genitori, e sono ancora in vita i loro genitori, addirittura i loro nonni. In quanto consumatori, fra le loro priorità i figli passano davanti a tutto e diventano il primo onere, allo stesso livello degli oneri immobiliari e prima dell'automobile. Fra le spese principali per i figli si trovano l'abbigliamento, l'alimentazione, il mobilio, i giochi e i divertimenti, l'educazione e la scolarità, la salute, e a volte già gli assegni alimentari, senza dimenticare la custodia dei più piccoli. Prima c'è l'epoca dei nidi, poi viene quella delle baby sitter e delle ragazze alla pari. Da quando il bambino compie un anno, i genitori vogliono ricominciare a uscire e i nonni sono troppo lontani o troppo occupati. Fino, in media, ai 35 anni – la soglia di entrata tra i manager – regna ancora una volta l'arte di arrangiarsi. Bisogna prevedere un'abitazione più spaziosa, possibilmente vicina a una scuola, in un quartiere sicuro. La nascita di un figlio è anche un buon pretesto per pensare a una nuova automobile, con una gran "cotta" per le monovolume. In pratica, è coinvolto l'insieme del consumo, perché tutti i bisogni cambiano. Così, i genitori giovani "frenano" soprattutto su tutti i prodotti destinati al comfort personale, all'arredamento decorativo e, in misura più evidente, all'abbigliamento.

I manager: la maturità dà il gusto del piacere

I figli dei manager terminano la scuola elementare e si costruiscono i loro "giri". I genitori riscoprono progressivamente una libertà e una vita di coppia che avevano un po' trascurato. Con l'aiuto della stabilità professionale e della spada di Damocle del divorzio, il cocktail dei manager è fatto di vita familiare, di svaghi e di comodità. Si ricade in pieno *cocooning*, ci si imbozzola... più per pragmatismo che per una scelta ideale. Il consumo di prodotti precotti e di servizi a domicilio diminuisce. Siccome gli acquisti più urgenti nel settore delle dotazioni di base sono già stati effettuati, possono riprendere le spese voluttuarie. Lo si constata in primo luogo nell'alimentazione. I gusti sono ben plasmati e questa generazione è più aperta alla sperimentazione: cucina esotica, sushi, vini di pregio e raffinate leccornie.

Un altro settore in cui il consumo esplode dopo i 35 anni è quello dei cosmetici. Chi parla ancora di esclusiva femminile? Anche gli uomini cambiano e comprano sempre più prodotti rivitalizzanti per la pelle, balsami dopobarba ecc. In pratica, in questa fascia d'età tutto il settore "bellezza" conosce un'accelerazione, soprattutto nelle cure del corpo, che prendono il sopravvento sulla moda, giudicata un fattore estetico più superficiale. Ma il prezzo resta un criterio fondamentale. Si dovrà attendere la quarantina, perfino la cinquantina, perché il bilancio familiare permetta di offrirsi regolarmente prodotti di marche come Clinic, Estée Lauder o Shisheido.

Stesso andamento nel capitolo salute, in cui la prevenzione domina sulla cura. I manager sono grandi consumatori di prodotti dietetici, bilanciati, *light* o scremati, di medicine alternative, di vitamine ecc. Le spese familiari, naturalmente, restano elevate. I figli crescono e divengono necessari un'altra camera, una scrivania, il rinnovo cadenzato del vestiario, che diventa rapidamente piccolo o fuori moda. Com'è logico, le famiglie dei manager sono nettamente più indebitate rispetto ai nester, i fedeli clienti dei periodi dei saldi, dei prodotti a basso prezzo e delle offerte promozionali. Influisce anche un altro fattore: i nonni con l'età diventano più fragili e si fanno carico meno facilmente della loro indipendenza. Bisognerà quindi aiutarli, materialmente e nell'organizzazione logistica. Per i manager, il lusso, i prodotti esclusivi verranno se mai più tardi o, per i più fortunati, li si otterrà con quanto resta sul conto a fine mese. Con l'avvicinarsi dei 45 anni, il capitale salute diventa una preoccupazione quotidiana: presbiopia, dolori muscolari («Oh, questo mal di schiena!»), stanchezza nervosa, colesterolo... il medico diventa una figura più familiare.

I major: un mercato di beni d'uso e di sostituzioni
Come si vede bene dai pochi esempi che precedono, i bisogni dei major (nester e manager) in prodotti e servizi sono ampiamente condizionati, più che da vere scelte, da circostanze fuori del loro controllo. I nester rappresentano, in maggioranza, un mercato di prime dotazioni: dove non c'è nulla c'è bisogno di tutto.

I manager, invece, costituiscono assai più un mercato di sostituzioni. I gusti si sono affermati e la vita è già tracciata. Restano da gestire acquisti che rispondano nel modo migliore agli interessi e ai doveri.

La pubblicità

Nester e manager: atteggiamenti diversi
Nel 2001 conducemmo uno studio comparativo fra campioni di nester e manager allo scopo di valutare le loro preferenze pubblicitarie e le marche che consumavano di più. L'analisi, condotta su due gruppi di 500 persone, mise in luce l'assenza di connessioni fra i due elementi. Fin qui, nulla di veramente sorprendente. Gli spot pubblicitari hanno una vita propria e sono vissuti sempre più come veri e propri spettacoli, del tutto indipendenti dai prodotti che propongono. Così i manager interrogati citavano ai primi posti gli spot dell'Evian (protagonisti dei bambini piccoli) e dell'Air France (l'aeroplanino), mentre in realtà compravano acqua anonima a buon prezzo e, in materia di viaggi, si adeguavano alle opzioni degli operatori turistici: ancora una volta, una scelta legata al prezzo. Il legame più forte fra pubblicità e acquisto compariva soprattutto quando era in gioco l'argomento prezzo. Era il caso tipico di detersivi come Ariel o Mastro Lindo,

praticamente mai citati, ma le cui curve di vendita seguono molto da vicino quelle degli investimenti mediatici.

Era più sorprendente il fatto che lo studio rivelasse un'aperta dissociazione fra i nester e i manager. Su 10 marche sostenute dalla pubblicità e citate spontaneamente, i nester ne consumavano soltanto 3, contro 6 dei manager.

Abbiamo voluto approfondire questo problema, prima di trarne una doppia constatazione:

- Primo: i nester fanno più zapping fra le catene radiofoniche e televisive che non i loro "fratelli maggiori". Essi frequentano anche un po' di più il cinema, ma leggono un po' meno le riviste e i quotidiani. La loro esperienza mediatica li pone di fronte più spesso a produzioni pubblicitarie emozionali e creative; l'effetto della ripetizione (il "lavaggio del cervello") li segna poco, malgrado l'ipersollecitazione. Questo fatto, d'altronde, è ben noto: il target dei 25-35enni è il più caro in termini tecnici di costo per contatto.
- Secondo: i manager, che appartengono anche loro a una generazione abituata alla pubblicità (l'hanno sempre avuta davanti, soprattutto in televisione), tendono a decodificare meglio i messaggi, a "leggere tra le righe". Sono più rapidamente infastiditi e indispettiti da campagne magari "creative" ma le cui promesse appaiono irrealistiche, impossibili o semplicemente non adattate ai loro bisogni. Grazie anche all'esperienza, dimostrano un senso critico più affilato, e anche più corrosivo. Cosa che, d'altronde, troverà conferma tra i senior, ancora più diffidenti e irritabili.

Questa conclusione a due livelli è molto interessante. Essa sottolinea che il crescere dell'età modifica il rapporto del consumatore con la comunicazione commerciale: egli diventa meno passionale, ma anche più "difficile". Quando è nester, accetta l'argomentazione, pur senza lasciarsi abbindolare; quando è manager, memorizza e preferisce campagne espressamente destinate a lui e in grado di apportare alla sua vita un vero valore aggiunto. A buon intenditor...

Se si considerano le cose da questa prospettiva – e contrariamente a quanto generalmente si suppone – investire su un target un po' più esperto si rivela più efficace. Ma anche più difficile, perché l'errore costa l'eliminazione. Bisogna mirare nel modo giusto e, per convincere, tenere un discorso pertinente. Naturalmente, resta il grande dibattito sull'impatto a lungo termine. Se genera un contesto forte, la pubblicità incide realmente e crea le condizioni per una valorizzazione sostenuta e sostenibile della marca. Così stanno le cose, e molte imprese che commissionano annunci pubblicitari e si preoccupano soprattutto del consenso farebbero bene a ricordarlo, quando impongono alle agenzie correzioni che porteranno inevitabilmente a messaggi edulcorati e privi di vera forza d'urto. Quando si cerca di colpire tutti, non si interessa nessuno.

Come si spiega il successo di certe campagne

Nel corso del nostro studio, abbiamo anche voluto indagare quali fossero i segreti del successo di quelle campagne pubblicitarie risultate gradite a livello di percezione e allo stesso tempo generatrici di maggiori vendite (abbiamo visto che non sempre le due cose vanno a braccetto). Senza dubbio, le dimensioni del campione e il numero delle marche prese in considerazione erano limitati, ma ciò nondimeno sufficienti per porre in evidenza l'importanza dell'adeguamento alla generazione di appartenenza, all'età e al ciclo di vita.

Da una generazione all'altra, le differenze compaiono molto presto. I nester abbracciano ancora uno stile giovanilistico (da 20-25enne), mentre i manager s'identificano di più con i 50-55enni. Perciò, le realizzazioni stile Mtv, basate sui videoclip e piuttosto artificiose, tendono a irritare chi ha superato i 35. La prima reazione è un'impressione di vuoto: «Non mi dice niente», «Non capisco»... Un altro punto che emerge molto rapidamente: il modo di usare la lingua. I manager, specialmente i figli del baby-boom che hanno compiuto gli studi in un contesto classico, restano molto legati al senso e al valore "normativo" delle parole. I loro riferimenti, quando si parla di deviazioni dalla norma, sono soprattutto letterari, aspetto invece in gran parte ignorato dai nester, che infarciscono spesso i loro discorsi con termini gergali o inglesi, mentre la loro ortografia ha perso la bussola. La loro cultura dello zapping li ha portati a saper decodificare soprattutto messaggi brevissimi. Hanno anche sviluppato un'altra forma di umorismo, meno locale e più internazionale e visiva, e anche meno retorica. Stessa storia sul versante cinematografico, dove *Matrix* ha sostituito *Guerre stellari*. Capitolo musica: la world music e il rap hanno sostituito il rock e il pop. Diventa quindi sempre più difficile sviluppare una campagna che motivi due gruppi i cui gusti e le cui abitudini di consumo mediatico sono radicalmente differenti. Siccome la creazione si realizza sovente attraverso un ringiovanimento o attraverso la trasgressione dei codici, per funzionare essa utilizza spesso i valori dei nester. Il che spiega perché questi ultimi percepiscano le campagne innovative con maggiore immediatezza rispetto ai manager. Questo a prescindere da qualsiasi considerazione sugli acquisti. Si torna sempre alla domanda fondamentale: a chi ci si vuole rivolgere?

Sul piano dell'età, le trasformazioni fisiche e psicologiche modificano i bisogni e, di conseguenza, la percezione dei messaggi pubblicitari. Così, i giovani dall'adolescenza fin oltre i 20 anni, siccome praticano attività sportive più regolarmente rispetto ai manager, sono più sensibili alle campagne della Nike o della Reebok, mentre è più probabile che i quarantenni si interessino a campagne che promuovono tenute sportive più raffinate ed eleganti. Beninteso, l'influenza generazionale è importante, ma non è l'unica. Per molte marche, essa agisce più al livello dell'esecuzione creativa che a quello della vendita del prodotto: Mars e Coca-Cola restano da decenni marche destinate a chi ha meno di 25 anni, mentre i loro primi acquirenti sono ormai passati fra i senior. Le firme sono cambiate, così come i consumatori. Ma il target rimane. Ecco un tipico fattore che influenza la percezione dei messaggi. Di fronte alle migliaia di pubblicità che quotidianamente bombardano il consumatore, non c'è da stupirsi se il suo cervello registra innanzi tutto i messaggi che, più o meno, gli sono espressamente destinati. È il criterio di preferenza che guida la scelta fra le decine di informazioni più o meno consciamente registrate. Nel nostro studio, per esempio, il bellissimo spot della Cnp, *La via della vita*, con il walzer di Šostakovič come colonna sonora, è stato citato fra i primi dai manager, mentre non compariva neppure fra i primi dieci dei nester. Questione di gusti o di scelta inconscia?

Il caso del marketing infantile (baby marketing)
Sul piano del ciclo di vita, la principale differenza di percezione divide le persone che hanno figli da quelle che non ne hanno. Affrontiamo il tema del marketing infantile, prima tappa di un cambiamento di atteggiamenti che avrà ripercussioni immediate su tutte le abitudini di consumo. Bertrand Tiburce, fondatore dell'agenzia BabyADgency e primo specialista francese di questo tipo di marketing, ha istituito un osservatorio sulle famiglie giovani (soprattutto nester) e ne ha ottenuto un insieme di conclusioni operative. Le riassumiamo a grandi linee.

In Francia ci sono poco più di 2100 nascite al giorno, ossia circa 800.000 all'anno. Ognuna coinvolge direttamente un milione e mezzo di genitori e indirettamente da 4 a 5 milioni di parenti (nonni, padrini e madrine ecc.). Nonostante il calo della natalità, le nascite sono all'origine di un immenso mercato di generi di consumo. Tre indici: se un celibe (o una nubile) senza figli spende 100, una coppia senza figli spende 190 e una coppia a cui è nato un figlio spende fino a 360 (*tabella 3.10*). L'insieme degli acquisti dovuti ai neonati si aggira intorno ai 3 miliardi di euro. Nessun altro avvenimento nella vita provoca un aumento così brusco dei consumi (e infatti in quest'occasione il credito al consumo quasi raddoppia). Parallelamente, si devono assumere nuove responsa-

Tabella 3.10 **Andamento delle spese: persona sola, coppia, coppia con figli**

Famiglia	Indice di consumo
Celibe o nubile (1 persona)	100
Coppia senza figli (2 persone)	190
Coppia con bambino piccolo (3 persone)	360

Fonte: B. Tiburce, BabyADgency.

bilità e i valori femminili hanno la meglio su quelli maschili, una trasformazione che favorisce la stabilità e, in un certo qual modo, la serenità. I genitori, e anche i parenti, divengono più sensibili, più critici nei confronti dei prodotti e delle campagne che vengono loro proposti. Svalutare, con umorismo o inconsciamente, la gravidanza, la nascita, i genitori o la famiglia è un messaggio che viene immediatamente sanzionato. Stessa reazione nei confronti delle marche che non rispettano totalmente le regole o le indicazioni dei pediatri: perché i genitori, e soprattutto la giovane madre, s'informano moltissimo e sviluppano una prudenza inattesa. Dovunque, in tutte le società e in tutte le generazioni, i sentimenti materni e paterni sono simili. Il marketing infantile, perciò, è universale e transgenerazionale.

Tutto induce a credere che la rottura provocata dalla nascita sia il prodromo di un comportamento duraturo. Via via che i figli crescono, sono sempre più numerosi i settori merceologici che sfuggono all'influenza dei genitori, benché questi ultimi restino coloro che effettuano l'acquisto e, fino a un certo punto, lo decidono. Per esempio, anche se sono già molto indipendenti, gli adolescenti accompagneranno, in genere, il papà e/o la mamma nelle vacanze fino ai 15 anni, se non oltre. Il che obbliga a scegliere il periodo, la durata e la destinazione del soggiorno in funzione di questo impegno. La rigidità delle vacanze scolastiche riserva ancora dei bei picchi di lavoro alla polizia stradale e ai redattori di trasmissioni come *Onda verde*.

Oltre alla questione dei figli, è evidente che il decollo nella vita professionale, il primo appartamento o il (primo?) divorzio sono altrettanti punti di rottura nel corso dell'esistenza in grado di influenzare notevolmente la percezione delle campagne pubblicitarie. I divorziati e i vedovi, per esempio, di fronte alle immagini radiose di famiglie unite, hanno un'immediata reazione di disagio, fino a un istintivo rigetto. Chi potrebbe biasimarli? Noi stessi abbiamo potuto constatare un rapporto chiarissimo fra la situazione personale e l'impatto dei messaggi diffusi. Sono rari i pubblicitari che osano uscire dai sentieri battuti per confrontarsi direttamente con questi segmenti, ritenuti marginali, e che invece rappresentano la metà dei major.

I media

Quando si pensa ai segmenti e al marketing infantile, il primo vettore che viene in mente per raggiungerli sono i media mirati sui target, ovvero il marketing diretto. Per quanto riguarda i major, il canale migliore, ovviamente, è costituito dall'insieme dei supporti o veicoli specifici destinati ai genitori giovani. In Francia se ne contano in tutto 36. E non bisogna dimenticare l'influenza dei ginecologi e di ostetriche, reparti maternità, asili nido, pediatri e, più tardi, delle scuole. Sono altrettante opportunità per raggiungere il target in modo ultraselettivo. È chiaro, però, che questa lista riguarda soltanto i genitori (e, in misura minore, i nonni), cioè soltanto una parte dei 25-50enni, e unicamente nella prospettiva intergenerazionale.

Tutti i media classici sono buoni... e cattivi
A parte questo caso specifico, la questione dei media mirati pone sistematicamente dei problemi. I 25-50enni sono considerati il grande pubblico e costituiscono anche la fascia "di default". Pressoché tutto li riguarda, senza che si operi una vera distinzione di età o di interessi. I rotocalchi femminili, orientati *a priori* in modo molto selettivo verso le donne fra i vent'anni e la trentina, reclutano lettrici di età sempre maggiore. Il che, d'altronde, è logico, visto che, nel complesso, questa stampa si è sviluppata su basi generazionali, e le generazioni, inevitabilmente, evolvono (crescono) in termini di età. Succede lo stesso con le riviste di informazione e con i settimanali televisivi; per non parlare, poi, dei quotidiani, letti soprattutto dai senior, malgrado innumerevoli tentativi di ringiovanimento. Conseguenza: questi supporti offrono spazi a costi molto elevati, ma hanno curve di lettura relativamente piatte. Situazione ideale per un marketing di massa, ma nettamente meno favorevole per un marketing mirato.

La soluzione, per i pubblicitari che vogliono concentrarsi sui nester o sui manager, consiste quindi nel giocare sulle affinità tra i contenuti di questi supporti e le componenti chiave dei loro target. Oppure nell'orientarsi su riviste di nicchia, meno prestigiose ma anche, in proporzione, meno care, come quelle dedicate, per esempio, al mercato immobiliare o a quello dei veicoli d'occasione. Il che, beninteso, non è l'ideale... Vari supporti, generalmente recenti, ottengono buoni risultati su un segmento major particolare, perché gioca di nuovo l'affinità generazionale, anche se, questa volta, "post baby-boom". Per esempio, *Technikart*, o anche la nuova stampa maschile, in piena espansione da qualche anno (*Fhm*, *Men's Health*, *Max* ecc.).

Le radio, invece, funzionano bene quando sono molto mirate e selettive. Infatti, oltre alle grandi generiche o "generaliste" (in Francia, soprattutto Europe 1, France Inter, Rtl e Rmc; in Italia, le reti Rai ed emittenti private come Radio Capital o Radio 24), che hanno un pubblico non più giovanissimo, molte stazioni si dedicano interamente a generazioni specifiche, a partire, ovviamente, dai minori di 25 anni. Sui major puntano, in Francia, almeno tre catene importanti – Nostalgie, Chérie Fm ed Europe 2 – che attirano in particolare molti manager (bisogna ricordare che i 25-50enni sono le persone che trascorrono più tempo in automobile). Ma anche in questi casi, la selettività è ben lontana dalla perfezione. Probabilmente perché le scelte musicali proposte riscuotono un consenso molto ampio, al contrario di quanto fanno le stazioni destinate agli adolescenti. La musica ingentilisce i costumi? O si diventa un vecchio ascoltatore fin dall'età di 25 anni?

Per raggiungere i major, comunque, la radio resta uno strumento mediatico ideale. Messaggi brevi, veloci, diretti, offerte chiare... Ottimo, a condizione di garantire un livello di frequenza elevato. Bisogna quindi giocare la carta della ripetizione, per sperare che la persona a cui ci si rivolge sia riuscita a sentire il messaggio e, se possibile, a memorizzarlo. Soprattutto quando gli si aggiunge un controcanto di marketing diretto, come si fa sempre più spesso. Problema: i numeri telefonici sono molto più difficili da trasmettere, così come l'indirizzo di un sito web, che non si sa mai come si scrive (e con le mani sul volante, per giunta). Fortunatamente, con la diffusione del cellulare e degli Sms (e ora anche degli Mms), si possono proporre codici semplificati, il che dovrebbe favorire sempre di più la radio.

Il mezzo di comunicazione più potente e più usato per contattare i major è, inevitabilmente, la televisione, come dimostra il costante incremento degli investimenti, nonostante il numero crescente di emittenti in concorrenza (e relativa minaccia di zapping). Il target, però, è carissimo, perché, per essere sicuri di raggiungerlo, bisogna privilegiare la prima serata, cioè le ore di maggior audience, come le 20.30. In quell'orario, la dispersione è particolarmente forte, perché l'allungamento degli intermezzi pubblicitari fino all'overdose favorisce un livello di zapping da record: si calcola, infatti, che lo zapping arrivi a coinvolgere l'80% dell'audience e l'analisi degli indici di ascolto dimostra che i 25-50enni sono i primi a spazientirsi di fronte alla moltiplicazione degli spot. I programmi più seguiti si rivolgono al grande pubblico nella sua accezione più ampia e tutti propongono tariffe scoraggianti per la maggior parte degli inserzionisti. Quanto alle emittenti più mirate, il loro uditorio è costituito in maggioranza da junior e da senior. I major sono i principali abbonati ai servizi via satellite (come Canal+) e via cavo, e perciò sono coloro che hanno accesso al maggior numero di programmi, ma sono anche quelli che dedicano meno tempo alla televisione: in tale situazione, i costi utili diventano decisamente proibitivi. Tutto ciò spiega, probabilmente, le alternative che si profilano, come l'inserimento di pubblicità nei video e nei Dvd.

In realtà, nel paesaggio dei media il paradosso è dovuto al fatto che tutti i leader vogliono essere "generalisti" e, quindi, commisurano i loro contenuti sui gusti di un ipotetico target familiare che è sempre più frammentato e che di fatto esiste sempre meno. I major, e in particolare i nester, sono i peggiori consumatori sia di televisione sia di quotidiani, di riviste e, anche, di cinema. Resta l'affissione, a cominciare dai megacartelloni 4×3, che ha il vantaggio di giocare sulla mobilità del pubblico. È evidente che una persona che si reca tutti i giorni in ufficio in auto passa davanti a decine di cartelloni e li vede più volte, finché, eventualmente, li fissa nella memoria. Ma come convincere una popolazione frettolosa, stressata e con alto livello d'istruzione che il tale prodotto o il tale servizio sono utili, usando un messaggio che non supera le quattro o cinque parole? Per di più, il caos urbano è tale che ne risente perfino la visibilità dei manifesti.

L'irresistibile ascesa dei media elettronici

Quando si tratta dei major, anche gli altri vettori di comunicazione – dalla vendita per corrispondenza al telemarketing, dal punto di vendita alla pubblicità contingente, connessa con certi avvenimenti – hanno un rapporto costo/efficacia dubbio. E sempre per la stessa ragione: proprio quando tutto viene fatto per loro, loro – i major – non hanno tempo e si organizzano secondo altre priorità. Raggiungere l'insieme dei major non è più praticabile. Troppi concorrenti, troppo di tutto e di qualunque cosa. Soltanto gli inserzionisti più potenti possono ancora imporsi. Gli altri si accontenteranno delle briciole o dovranno trovare soluzioni alternative, più mirate, più rapide, più efficaci. Che sia forse, semplicemente, il tempo di ripensare il concetto stesso di *generalista*?

Internet offre una prima opzione. I major sono i suoi utenti principali, perché lavorano spesso al computer e possono utilizzare sempre più sovente una connessione a Internet, magari a banda larga. Inoltre, i nester fanno parte di una generazione che, se non è "nata con un Pc tra le mani", in ogni caso ha adottato rapidamente l'informatica. La fascia d'età superiore ci arriva, ma più lentamente, e quelli più giovani la usano (quando ne hanno i mezzi) in modo più ludico e molto meno redditizio per gli investitori pubblicitari. Malgrado la crisi del web, il numero degli utenti continua ad aumentare, più rapidamente che per qualunque altro mezzo di comunicazione e per qualunque altra tecnologia. E ci sono ancora margini, visto che Paesi come la Francia e l'Italia, in questo campo, non fanno parte del gruppo di testa (per fare soltanto due esempi comparativi: in Scandinavia e in Olanda le persone connesse a Internet sono il doppio).

Naturalmente, Internet è una giungla in piena deforestazione, un labirinto pericoloso per un committente di pubblicità. Ciò nonostante, l'istituzionalizzazione del web è ineluttabile. In pratica, si potrebbe paragonare la sua situazione a quella della televisione negli anni Sessanta. A quei tempi, la maggior parte degli specialisti, McLuhan in testa, predicevano che nel decennio successivo la televisione sarebbe divenuta il mezzo di comunicazione per eccellenza, mentre la maggioranza dei professionisti del marketing la snobbava. Alla fine, chi se l'è cavata senza brutte figure? Le grandi imprese americane, che avevano capito molto prima dei loro omologhi europei che il successo di una marca sarebbe passato inevitabilmente per il piccolo schermo. Tutti gli inserzionisti che oggi investono nel web in modo strategico, senza agire a caso e senza andarci "proprio perché bisogna farlo", stanno prendendo una buona lunghezza di vantaggio. Questo è vero, in particolare, in vista di un rapporto con i major, i primi consumatori e i migliori utenti di questa tecnologia. Che siano nester o manager, hanno fretta, vogliono soluzioni finanziariamente vantaggiose, molto accessibili e, possibilmente, personalizzate. Quale altro mezzo di comunicazione risponde altrettanto bene a tutti questi criteri? Nessuno. Ora che comincia a essere combinata con altri, la rete istituisce ineluttabilmente una nuova cultura del consumo. Nei prossimi anni, perciò, si vedranno spot televisivi abbinati a siti personalizzati, che permetteranno, con un semplice clic del mouse, di confermare un'ordinazione, di approfittare di un'offerta, di iscriversi a un viaggio ecc. L'istantaneità: ecco che cosa chiedono i major ed ecco che cosa può offrir loro Internet.

Non dimentichiamo poi la posta elettronica, soprattutto in un contesto professionale. Purché non se ne abusi. Si dovrebbe stabilire una regolamentazione, per evitare che le caselle siano intasate in permanenza da offerte pubblicitarie provenienti dai quattro angoli del mondo. E ci sono anche gli Sms e gli Mms, che non sono riservati agli adolescenti, contrariamente a quanto sembra credere la maggior parte degli specialisti di marketing. Sono due vettori di contatto regolare ideali, perché raggiungono pressoché tutti quasi all'istante. Le possibilità di sottosegmentazione sono praticamente infinite, seguendo le informazioni immagazzinate nelle basi di dati per il marketing. Sms, Mms, e-mail e web, combinati, formano il nucleo del marketing virale, di cui abbiamo trattato nel capitolo precedente: è una sorta di "turbo" delle campagne pubblicitarie largamente popolare negli Stati Uniti ma chiaramente sottoutilizzato da noi. Benché il marketing virale sia ancora poco in sintonia con i bisogni specifici dei major, che spesso non si concedono il tempo di scaricare i messaggi ricevuti, scommettiamo che avrà un boom fra poco, soprattutto grazie ai nuovi modelli di telefonia mobile. Il Wap è stato un fallimento e l'Umts stenta a decollare, mentre gli operatori e i costruttori propongono altre opzioni accessibili a tutti, in particolare il Gprs, che permette già di accedere al web, di scambiare e-mail ecc. Un esempio concreto: certe imprese mandano ora sui display dei telefonini codici a barre che possono essere decodificati tali e quali in tutti i negozi attrezzati. Si può immaginare un'azione promozionale più individualizzata, più immediata negli effetti, più misurabile nei risultati? C'è di che mandare in visibilio tutti quei major frettolosi, mentalmente poco disponibili, che non chiedono di meglio che di disporre di una comunicazione semplice, personale, che arriva al momento giusto e, soprattutto, che punta diritto all'essenziale. Chissà che il multimediale, inteso nella sua accezione etimologica, non elimini in tempi non lontani il marketing di massa, offrendo tutti gli strumenti per la segmentazione... Ci siamo quasi.

4. Il marketing senior

Eravamo in riunione con la direzione generale di una grande banca. L'ufficio marketing aveva già approvato il nostro piano d'azione, sostenuto da cifre che ne garantivano la validità. Tutto dimostrava in modo palese che i senior erano proprio il target chiave per gli sviluppi programmati. La discussione andava già avanti da un pezzo, quando fu precisato che la nozione di senior si riferiva a persone di 50 anni e oltre. Il direttore generale, che aveva 56 anni e sembrava approvare le nostre argomentazioni, si offese immediatamente. Nella sua mente, quali che fossero i dati, le immagini presentate, gli esempi evocatori, egli non ammetteva assolutamente di essere identificato come un senior. In cinque minuti, il programma era morto e sepolto. La banca si concentrò su un ennesimo ringiovanimento dell'immagine del suo marchio. Un anno dopo, un'altra istituzione finanziaria acquisì il marchio e lanciò con successo il programma consigliato l'anno prima.

Un altro aneddoto significativo. Lo stesso blocco apparve, dopo vari mesi di sforzi e di ricerche, con una grande multinazionale alimentare. La direzione generale (si parla qui del livello europeo), composta da membri che avevano tutti raggiunto sicuramente la cinquantina, accettava il programma a condizione che ci si concentrasse sui pensionati. Ora, il buon senso consigliava di mirare su persone un po' più giovani. Il nostro intermediario, allora, ebbe l'ottima idea di cancellare dal suo vocabolario la parola *senior* e di parlare invece di *boomers* (i figli del baby-boom). Quando si fece la presentazione successiva, per spiegare bene chi fossero questi *boomers*, fu proiettato un film che evocava la giovinezza del target, soprattutto gli avvenimenti felici degli anni Sessanta. Questa volta, il progetto fu accettato senza difficoltà.

Come è possibile che professionisti esperti, specialisti riconosciuti del marketing, possano essere così reticenti di fronte al marketing senior? Che il problema sia dovuto alla parola? «Puah... un senior!» Ma allora, quale alternativa usare? *Maturo*? L'età della maturità civile è fissata a 18 anni. Un po' giovane. *Terza età*? Peccato che, nel frattempo, se ne sia aggiunta una quarta. D'altronde, un detto divertente dice che nella vita ci sono quattro età: quella in cui si crede a Babbo Natale, quella in cui non si crede più a Babbo Natale, quella in cui si è Babbo Natale e quella in cui si somiglia a Babbo Natale. Se i senior come noi li consideriamo sono rappresentanti di questa terza età, tutto va benone. Ma è evidente che i professionisti li collocano piuttosto nella quarta.

Bisogna imparare a dire pane al pane e vino al vino. E un senior, chiamarlo... senior. È il termine più esatto sul piano etimologico, nonché quello sul quale sono quasi tutti d'accordo quando si tratta di appiccicargli una definizione più o meno coerente. E poi, soprattutto, perché è il termine nel quale i cittadini con più di 50 anni si riconoscono meglio.

Che cos'è un senior

In origine, l'appellativo *senior* si riferiva ai soldati più esperti delle legioni romane. A lungo andare, la parola ha assunto significati diversi da cultura a cultura: il senior divenne semplicemente un signore in italiano e in spagnolo, mentre in francese si trasformò in Signore divino o feudale. Quanto alla lingua inglese, essa rimase senza dubbio la più fedele all'accezione latina, poiché lo mantenne come distintivo di maturità e di competenza. D'altra parte, nelle nostre professioni, che ricordano i gradi degli eserciti messicani, entra in tutte le salse: *Senior account executive*, *Senior brand manager*, *Senior vice-president*...

Oggi, la parola *senior* designa, per la maggioranza, la popolazione di 50 anni e oltre. Perché persone così giovani? Sarebbe molto rassicurante abbinare il termine al concetto di pensionamento o, meglio ancora, alla casa di riposo. Ci si potrebbe anche domandare: perché persone così anziane? Del resto, i grandi sportivi vanno in pensione verso i 30 anni.

Ci sono un paio di ragioni oggettive:

- In primo luogo, per chi lavora nel marketing, i 50 anni sono l'età della morte del consumatore di massa. In effetti, quando si tratta di grande pubblico, non si parla forse di "casalinga di Voghera"? Orribile espressione, peraltro snobisticamente spregiativa, alla quale gli anglosassoni preferiscono il molto tecnico *principal responsible of purchase aged from 18 to 49*.
- In secondo luogo, a detta degli esperti demografici, vi sono eventi importanti che intervengono in successione intorno alla cinquantina e che, senza dubbio, cambiano la vita. A 49 anni, in media, le donne diventano nonne per la prima volta. Tre anni dopo, in genere, sono in piena menopausa e il marito si sente dire che è giunto il momento di smettere di fumare e di controllare l'alimentazione. A 50 anni, le coppie finiscono di rimborsare il mutuo sulla residenza principale e a 52 anche i figli più giovani lasciano il "nido" familiare. Qualche anno dopo, moriranno i loro genitori. La triste notizia è seguita spesso da un'eredità non trascurabile (in media, verso i 57 anni).

Indipendentemente dalle stranezze del lessico commerciale, è evidente che tutto induce a considerare i 50 anni come un'età cerniera. L'età che è più comodo prendere come punto di partenza per le strategie di quello che chiamiamo *marketing senior*. Ovviamente, non bisogna sostituire un dogmatismo con un altro: ogni impresa, ogni prodotto possono avere la propria età cerniera. Così, per una gazzosa si può benissimo diventare senior a 25 anni... In fondo, non è molto importante, perché è facile capire che non è che prima dei 50 anni ci sia tutta una vita e dopo... nient'altro. Quanto a noi, restiamo e resteremo dell'idea che sia comunque utile avere un punto di orientamento.

Che cosa un senior non è

Con Senioragency abbiamo avuto l'opportunità di organizzare centinaia di seminari nelle imprese e non abbiamo mai presentato i senior come una falange compatta; al contrario, insistiamo sistematicamente sulla necessità di utilizzare criteri di segmentazione coerenti, alla luce delle specificità dell'impresa coinvolta. Ci sono diverse opzioni, e le presenteremo più avanti, ma una cosa è certa: i senior così come li si presenta nella maggior parte delle pubblicità non esistono. Sì, ci sono persone di oltre 50 anni che vengono sistematicamente trascurate dalle politiche commerciali dell'immensa maggioranza delle imprese, una popolazione ricca di esperienza, più esigente, nel complesso finanziariamente agiata e che spesso ha più tempo libero. Ma non esiste ún unico grande gruppo di "vecchi" che si addormentano serenamente su una sedia a sdraio sorseggiando lentamente un'acqua di selz.

La cosa può far sorridere, ma non si dimentichi che quando si tratta di età, si scatenano gli stereotipi. È stupefacente constatare fino a che punto divergano, su questo tema preciso, le prospettive del cittadino comune e dello specialista di marketing. Il primo vede benissimo che i suoi genitori, giovani pensionati, scorrazzano per la riviera in motocicletta; il secondo, invece, si ricorda soltanto i film in bianco e nero come *Gli allegri veterani*, che gli trasmettono un'immagine distorta e fuori del tempo di presunti nonni, mentre il mondo passava a Sean Connery e a Catherine Deneuve.

Perché tanti freni?

- La vecchiaia è l'anticamera della morte. Guardare in questa direzione fa sempre paura, in special modo nella cultura giudaico-cristiana, soprattutto se consideriamo il fatto che la maggior parte di coloro che decidono nel campo del marketing e della pubblicità hanno largamente meno di 50 anni. In termini relativi, la vecchiaia comincia molto presto quando si tratta di consumi, visto che "la vecchiaia è sempre 15 anni dopo la nostra età". Ricordatevi dell'impressione che vi facevano i trentenni, quando eravate adolescenti. Questa regola è universale. Se si dovesse indicare una barriera "oggettiva" che segni l'inizio della vecchiaia, sarebbe comunque ampiamente al di sopra dei 50 anni. Uno studio internazionale, condotto su persone di tutte le età, l'aveva fissato a 78 anni.

- Dopo la moda e lo sport, la pubblicità, probabilmente, è la professione in cui si è vecchi più presto. A 30 anni, un creativo è ben presto liquidato come un *has been*, una vecchia gloria: se non diventa in fretta direttore creativo o non si ricicla rapidamente nel cinema o non si mette a scrivere romanzi, è spacciato. Se in un'agenzia pubblicitaria incontrate qualcuno con più di 40 anni, è probabile che sia il padrone... o un visitatore. In un mondo in cui il diktat della gioventù *trendy* fa e disfa le fortune, non c'è da stupirsi che i senior ispirino un interesse tanto scarso.
- La responsabilità di questa distorsione della realtà non è solo dei pubblicitari. Incide anche un fenomeno demografico che, 35 anni dopo la sua scomparsa, continua a ossessionarci: il baby-boom. Da 55 anni è la gioventù a mobilitare tutte le energie. All'inizio era normale: bisognava pur creare asili nido e scuole, inventare divertimenti e ragioni per lamentarsi. Soltanto che, alla lunga, la volontà di creare è diventata paralisi. Si è trasformata nella tirannide del *sempre giovane*, fino all'assurdo. E adesso tutti si alzano al mattino con l'idea di farsi un buon lifting.
- Eccolo, il grande terrorista del pensiero del marketing: lo spettro del ringiovanimento. «Tutto ciò che dite sui senior è giustissimo e vale senza dubbio per praticamente tutti i casi. Tranne che per la mia marca. Perché, capirete, la mia marca soffre per l'età dei suoi clienti. La mia marca deve reclutare

Chi mangia marmellata?

Durante una presentazione presso un grande produttore di marmellate, ci fu ribadito il solito argomento dell'esigenza di ringiovanire la marca per spiegarci che tutti gli sforzi dovevano restare concentrati sulla conquista dei consumatori giovani. L'indomani dovevamo fare una conferenza in una grande scuola. Erano presenti alcune centinaia di studenti. Alla domanda: «Chi di voi mangia marmellata?» praticamente nessuno alzò il braccio. E allora dove sono finiti i risultati di anni di sforzi per "ringiovanire"? E se, semplicemente, non ci fossero speranze, perché la nuova generazione di adolescenti non mangerà mai la marmellata? E se, alla fin fine, l'ossessione del ringiovanimento fosse un errore strategico?

consumatori giovani. La mia marca ha bisogno di vitalità. La mia marca s'indebolisce. La mia marca rischia di scomparire...» Di fronte ad argomenti così schiaccianti, la ragione si addormenta.

- Come si è visto nel cap. 1, il marketing generazionale fornisce un'indicazione chiara: l'ossessione del ringiovanimento è un vero e proprio errore strategico con effetti molto spesso controproducenti. Ritenere che una marca non possa vivere a lungo se non acquisisce nuovi consumatori con meno di 30 anni d'età, significa ignorare nello stesso tempo la demografia, i cicli di vita e perfino la biologia umana. Il fatto che un adolescente non mangi marmellata, non vuol dire che non ne mangerà mai. Analogamente, non comprerà una station wagon prima della trentina, non apprezzerà i grandi vini prima della quarantina, non vedrà la necessità di leggere un quotidiano prima della cinquantina, non gusterà cioccolatini ripieni prima della sessantina e così via.
- Come se questo non bastasse, la tirannide del giovanilismo è aggravata da una seconda piaga: il rapido invecchiamento dell'immagine di marca. È diventato automatico per tutti questi figli del baby-boom (e perciò in età adatta per decidere) pensare che c'è un conflitto generazionale e quindi che i "giovani" non accetteranno mai l'idea che chi ha più anni di loro possa – orrore! – consumare i loro stessi prodotti. È chiaro che tutto ciò è falso. È da molto tempo che i figli si sono comodamente installati nel morbido nido rappresentato dalla dimora familiare (è quella che abbiamo definito "generazione canguro"), in un rapporto di complicità in cui papà e mamma sono più degli amici che dei veri genitori. D'altronde, una recente ricerca dello Ied condotta da Joël-Yves Le Bigot indica molto chiaramente che i giovani adulti non considerano più scandaloso il fatto che i genitori consumino le loro stesse marche (*tabella 4.1*).

Tabella 4.1 **Come è percepito il rapporto tra senior e marca (dati relativi alla Francia)**

«Sempre più spesso, le imprese presentano prodotti o servizi, e anche campagne pubblicitarie, destinati ai senior (50-70 anni). Lei che cosa ne pensa?»	
«Trovo che sia normale che le marche s'interessino dei senior»	36%
«Penso che le marche diventino più simpatiche, se si rivolgono a tutte le generazioni»	27%
«Per me fa lo stesso, è una cosa cui non do importanza»	32%
«Ritengo che dia un'immagine di "vecchio" alla marca»	2%

Fonte: Institut de l'Enfant (Francia), luglio 1997. Studio realizzato su 400 giovani adulti dai 18 ai 25 anni.

Il marketing senior è una realtà

I giovani sono il passato!

Ancora oggi, i prodotti che si rivolgono ai senior sono detti "di nicchia". Strana questa nicchia, che nei Paesi industrializzati non contiene meno di un terzo della popolazione. È noto che ormai nel mondo sviluppato vi sono più persone oltre i 50 anni che giovani al di sotto dei 20. La piramide demografica della nostra società si sta capovolgendo e l'invecchiamento si accelererà ulteriormente nei prossimi anni. Prima del 2040, in Europa i senior rappresenteranno la metà della popolazione. Allora ci meriteremo davvero l'appellativo di "vecchio continente" (*tabella 4.2*).

La combinazione di tre fenomeni

Questo capovolgimento è spiegato da tre fenomeni ben noti: l'allungamento della speranza di vita, la caduta del tasso di natali-

Tabella 4.2 **Incidenza percentuale sul totale della popolazione delle fasce < 20 anni e > 60 anni (dati relativi alla Francia)**

	1962	**2000**	**2010**	**2020**
< 20 anni	32,0%	25,6%	23,8%	22,5%
> 60 anni	17,0%	20,6%	23,1%	27,3%

Fonte: Ined, da Insee (proiezioni con un tasso di natalità pari a 1,8).

tà nei Paesi sviluppati e l'arrivo in massa alla soglia dei 50 anni dei figli del baby-boom.

1) Nei Paesi sviluppati gli uomini vivono in media fino a quasi 76 anni e le donne oltre 82. Questo significa che nel XX secolo abbiamo guadagnato quasi 30 anni di vita, ossia più che in tutti i secoli precedenti messi insieme. E, probabilmente, non è ancora finita. Ogni anno, alla nascita, guadagniamo altri 3 mesi. La maggior parte degli esperti, d'altronde, ritiene che ogni 3 bimbe nate oggi, una raggiungerà i 100 anni. Non dimentichiamo, fra parentesi, che si tratta della speranza di vita alla nascita e che, quindi, include gli incidenti di percorso... In altre parole, più avanziamo in età, più possibilità abbiamo di diventare ancora più vecchi. Così un uomo che ha raggiunto i 60 anni vivrà in genere fino all'alba degli 80, il che gli garantisce una ventina d'anni di pensione. Dov'è il limite? Attualmente, il miglior punto di riferimento è Jeanne Calment, deceduta all'età di 122 anni.
2) Nell'autunno del 2001, un titolo della rivista *Marianne* parlava della ripresa della natalità in Europa e, soprattutto, in Francia. È vero che in due o tre anni abbiamo recuperato un po' del nostro "vigore procreativo". Ma in ogni caso, da Dublino ad Atene e da Lisbona a Helsinki, le cifre della natalità restano largamente al di sotto della soglia di mera riproduzione della popolazione, cioè 2,1 figli per donna. E nessuna politica di incremento delle nascite né alcun fattore nuovo viene a puntellare la tesi di una possibile ripresa più decisa nei prossimi anni. Tanto più che i figli compaiono sempre più tardi nella vita (in Europa, in media, a 29 anni), il che limita inevitabilmente il periodo di fecondità. Cosicché attualmente, in Francia e in altri paesi, si contano più decessi che nascite.
3) Il baby-boom è ormai un fenomeno lontano nel tempo, tanto che i suoi esponenti più anziani hanno ormai superato la cinquantina e alcuni si godono già la pensione. Si tratta di una generazione che ha scampato guerre ed epidemie, anzi, godendo per prima dei grandi progressi del dopoguerra in campo alimentare, sanitario, medico e sociale, ha raggiunto i 50

anni generalmente in ottima forma, dando vita a quello che non è altrimenti definibile se non come boom dei nonni. Un inedito capovolgimento della piramide demografica che fa nascere un nuovo senior ogni 30 secondi.

Grazie alla combinazione di questi tre fenomeni, l'aumento del numero dei senior è spettacolare. Si potrebbe parlare perfino di un terremoto che non ha precedenti nella storia dell'umanità. Non ha precedenti non foss'altro perché un tempo la speranza di vita, semplicemente, non raggiungeva nemmeno i 50 anni (in media, nel 1900 era di 45 anni). Questo è probabilmente uno dei motivi chiave che spiegano perché non si conosce il target: ci manca la prospettiva sul passato, la profondità storica. In pratica, non sappiamo neppure che cos'è l'invecchiamento. Gli stessi senior sono i primi a stupirsi di arrivare in buona forma alla sessantina. E neanche la classe medica è preparata. D'altronde, fra tutte le specializzazioni, la geriatria è la meno popolare. Un aneddoto molto rivelatore in proposito: in una pubblicazione peraltro di alto livello, un articolo si preoccupava per l'aumento del numero di tumori del seno nelle donne. Il buco dell'ozono? L'inquinamento? Gli organismi geneticamente modificati? Fra tutte le ipotesi, la più evidente e verosimile non veniva mai prospettata: oggi ci sono più tumori del seno semplicemente perché è più grande la popolazione femminile in età a rischio. In un contesto di ignoranza di questo genere, come stupirsi della cecità degli addetti al marketing e alla pubblicità?

Una salute di ferro

Riconosciamolo: l'idea stessa dell'invecchiamento è sgradevole.

Morire non è niente, ma invecchiare... ah, invecchiare!

Jacques Brel

Con l'avanzare degli anni, il corpo si degrada e, naturalmente, ne sono colpiti tutti gli organi. È quindi normale vedere i senior come persone fisicamente meno valide. Ma su questo punto particolare, più ancora che sugli altri, le idee preconcette sono ben lontane dalla realtà. Fortunatamente per tutti noi, il prolungamento della speranza di vita è stato accompagnato da un importante miglioramento della salute, con il risultato che gli indicatori delle malattie legate essenzialmente all'età (come cancro, infarto, Alzheimer, osteoporosi) sono quasi tutti in discesa. Si stima, del resto, che dei 28 anni di vita guadagnati dopo il 1900 18 siano da ascrivere ai progressi della medicina.

Se, come si dice, l'organismo umano è programmato per vivere all'incirca 120 anni, è probabile che la speranza di vita continui ad aumentare, insieme al perdurare di una salute relativamente buona. Non dovremo quindi stupirci quando vedremo ottuagenari praticare intensivamente uno sport, partire per lunghi viaggi o occuparsi attivamente dei loro pronipoti. D'altra parte, già oggi c'è qualche esempio sorprendente: basti pensare al mitico Compay Segundo, il chitarrista-cantante del Buena Vista Social Club recentemente scomparso, che a più di 90 anni continuava le sue tournée di concerti in giro per il mondo, con il suo avana perennemente fra le labbra.

Siccome la maggior parte dei progressi connessi con la salute è intervenuta dopo la seconda guerra mondiale, per giudicare ci manca evidentemente la prospettiva storica. I pensionati giovani si ricordano bene che i propri genitori, alla loro stessa età, erano molto meno validi. È un grande motivo di stupore per loro, ma anche per le generazioni professionalmente attive, che hanno ancora ben presente l'immagine dei loro nonni, nati prima della guerra.

L'assenza di profondità storica comporta senza dubbio conseguenze devastanti per il marketing senior. Quando il concetto di una pensione vissuta sostanzialmente in buona salute sarà diventato senso comune, è probabile che le campagne pubblicitarie dinamiche e positive dedicate ai senior si moltiplicheranno.

Si badi, comunque, a non cadere in un eccesso di ottimismo. Anche se si vive più a lungo in buona salute, non stiamo per diventare immortali. Prima o poi, «l'intendenza non seguirà», per riprendere una frase del generale De Gaulle. Giunti a un'età avanzata, dovremo sempre essere controllati dal punto di vista medico, dovremo disporre di un aiuto per la manutenzione della nostra residenza, ci toccherà perfino andare ad abitare con i figli o ritirarci in una casa di riposo. Grazie all'evoluzione demografica, gli specialisti di questo tipo di servizi avranno ancora una bella carriera davanti a loro. Essi constateranno, semplicemente, da un lato che l'età dei clienti continua costantemente ad alzarsi e dall'altro che le loro esigenze in materia di qualità della vita sono sempre più importanti. Non è un caso che si vedano sbocciare le *sun cities*, i villaggi per senior anziani in cui è riunita tutta la logistica necessaria, all'insegna della comodità e senza ostacoli per la mobilità. Queste innovazioni, come quelle relative ai servizi a domicilio (soprattutto via Internet) dovrebbero conoscere un boom nei prossimi vent'anni.

> Secondo il ministero del Lavoro e della Solidarietà, in Francia il 9% delle persone che hanno superato gli 80 anni e un terzo delle persone che hanno raggiunto i 90 sono confinati a letto o in poltrona, oppure devono imprescindibilmente farsi aiutare per la cura della persona e per vestirsi. Nel 1975 si stimava che le persone di oltre 65 anni decisamente non autosufficienti fossero 700.000 (ossia l'8%). Nel 2000, il deputato sindaco di Orléans calcolava in 1,3 milioni il numero degli anziani non autosufficienti, circa 900-950.000 dei quali vivevano in casa propria. Si pensa che l'incremento del 60% nel numero degli ultrasessantenni previsto per il periodo 1990-2020 potrebbe far raddoppiare il numero dei casi di Alzheimer nello stesso periodo.[1]

La salute relativamente buona e la capacità di essere indipendenti hanno conseguenze tangibili sull'attività dei senior. Si è già visto come pratichino di più gli sport. Tra loro, inoltre, sono sempre più numerosi quelli che viaggiano, che affinano la propria cultura,[2] che aiutano gli altri,[3] che reimparano un mestiere... Altro che pensione in pantofole!

[1] R. Rochefort, *Vive le papy-boom*, Odile Jacob, Paris 2000.

[2] Le università della terza età hanno diverse centinaia di migliaia di iscritti.

[3] Quasi un pensionato su tre è impegnato in attività a favore della comunità.

"It's where the money is!"

Il mito della vecchietta che vive, fra mille sacrifici, della sua magra pensione di vedova è duro a morire. È pur vero che conserva ancora un fondo di verità, giacché nelle fasce più anziane della popolazione sono rare le coppie in cui entrambi i coniugi avevano un lavoro retribuito e i mezzi per prepararsi un vero piano di risparmi finalizzati alla pensione. Fortunatamente, a partire dal dopoguerra, l'evoluzione della mentalità ha permesso di cambiare rapidamente le carte in tavola: assicurazioni integrative, lavoro femminile, accesso alle scuole superiori... Oggi, grazie a tutto questo, la maggioranza dei pensionati è costituita da cittadini che godono di una situazione finanziaria accettabilmente solida. Che cosa c'è di strano? A ben guardare, hanno lavorato per più di quarant'anni e spesso hanno tirato la cinghia per rimborsare il mutuo ipotecario (il 70% vive in una casa di proprietà) e assicurare un'istruzione ai figli. Nel frattempo hanno anche pagato le tasse e versato i contributi alla previdenza sociale. Se tutti questi sforzi non conducessero a qualche miglioramento nella situazione materiale, si avrebbe il diritto di porre serie domande sul nostro modello di società.

Potere d'acquisto...

Come mostra la *tabella 4.3*, i pensionati godono del reddito disponibile più elevato. D'altronde, è soltanto a partire dai 50 anni che l'indice di reddito diventa positivo. Il che significa che i più giovani, il target verso cui si indirizzano tutti gli sforzi del marketing, dispongono di meno denaro, spesso di *molto* meno, rispetto ai meno giovani. Un divario che tende ad approfondirsi. In Francia, per esempio, nel 2002 i senior, cioè un terzo della popolazione, detenevano la metà del potere d'acquisto; nel 2040 dovrebbero detenerne i due terzi. Si può deplorare l'impoverimento dei giovani, ma ignorare il benessere dei meno giovani non modificherà quella realtà.

D'altra parte, non dimentichiamoci che i senior adottano di regola un comportamento finanziario nettamente più "sano" rispetto ai giovani. Non soltanto hanno, nel complesso, meno de-

Tabella 4.3 **Distribuzione del reddito disponibile secondo l'età (dati relativi alla Francia)**

Età	Reddito disponibile per unità di consumatori (%)
< 26 anni	81,8
26-30	92,5
31-40	97,0
41-50	99,4
51-60	104,9
61-65	107,8
66-70	112,5
> 70 anni	103,8

Fonti: Cerc e Insee.

biti (è indebitato il 17,5 degli ultrassessantacinquenni, contro il 78,5% dei 35-44enni) – il che è normale, visto l'aumento dei redditi disponibili –, ma anche i loro conti correnti vanno in rosso molto più raramente ed essi dispongono di consistenti riserve finanziarie investite in Borsa, nel mercato dell'arte, in quello immobiliare ecc. (*tabella 4.4*). Insomma, nel loro insieme sono buoni pagatori. Quale miglior profilo di acquirente potrebbe sognare un'impresa?

Tabella 4.4 **Tasso di possesso (%) di attivi patrimoniali (dati relativi alla Francia)**

	Libretti di risparmio	Prodotti di risparmio	Mutui casa e simili	Obbligazioni o titoli di Stato	Sicav	Azioni
< 50 anni	51,2	84,2	45,5	2,7	6,6	10,3
50-59 anni	15,9	82,0	47,6	5,6	12,6	16,7
60-69 anni	13,4	81,7	38,4	7,2	14,6	16,4
> 70 anni	19,5	85,2	26,3	9,6	16,4	14,4
Totale dei > 50 anni	*48,8*	*82,9*	*37,4*	*7,5*	*14,5*	*15,8*

Fonte: Le marketing book seniors, Secodip, Paris 2002.

... e consumo
Ovviamente, il benessere finanziario non è una garanzia di consumo. Sono ancora molti i pubblicitari che pensano che gli ultracinquantenni immobilizzino il proprio denaro nel libretti di risparmio, se non addirittura sotto il materasso. L'idea più diffusa è che, visto che in effetti gli impegni diminuiscono con l'età, le spese facciano lo stesso. Il senior tipico sarebbe previdente. Fatta eccezione per la salute, avrebbe irrimediabilmente il profilo dell'avaro e lascerebbe, in compenso, una bella eredità ai suoi discendenti. Un consumatore anziano avrebbe pochi bisogni e pochi desideri, e sarebbe soddisfatto sempre dello stesso prodotto, possibilmente il meno caro. I fatti, sicuramente, sono ben diversi. Il benessere finanziario si traduce davvero nella volontà di godersi la vita, a qualunque età, orientando in tal modo il proprio agire come consumatore. Con la "presa del potere" delle generazioni del dopoguerra, nettamente meno segnate da un'epoca di privazioni, i senior diventano i principali clienti di un gran numero di prodotti e di marche. Così essi rappresentano i primi acquirenti di veicoli per uso privato, di acque minerali, di prodotti lattiero-caseari, di cosmetici, di viaggi di lusso, di elettrodomestici, di capi firmati ecc. Le *tabelle 4.5* e *4.6*, d'altronde, mostrano in modo evidente che i senior sono consumatori positivi e dinamici.

Quanto al principio del "consumo ibernato", esso è smentito da tutte le cifre e da tutti gli studi. È evidente che a 50 anni un buon numero, se non la totalità, delle dotazioni di base è già stato acquistato, come è evidente che con gli anni i gusti tendono a consolidarsi e diventano più difficili da modificare. Il buon senso indica che, quale che sia la loro situazione finanziaria, i

Tabella 4.5 **Oltre 65 anni: acquisto per piacere o per necessità? (dati relativi alla Francia)**

Tipo di acquisto	Complessivamente	Oltre i 65 anni
Necessario	33%	34%
Voluttuario	9%	15%

Fonte: Credoc, gennaio 1995.

Tabella 4.6 **Evoluzione della sensibilità ai prezzi (%) dei 18-24enni e degli oltre 65enni (dati relativi alla Francia)**

	1993	**1994**	**1995**	**1996**
18-24 anni	79,0	81,5	85,3	84,5
65 anni e oltre	74,8	73,0	76,7	65,3
Sensibilità dei giovani al prezzo	*+4,2 punti*	*+8,5 punti*	*+8,6 punti*	*+19,2 punti*

Fonte: Credoc, 1998.

senior avranno un comportamento più razionale rispetto a chi è più giovane di loro. Ma questo non impedisce affatto ai senior di consumare. Solo, in modo più esigente e con maggior discernimento (*tabella 4.7*).

Le *tabelle 4.5*, *4.6* e *4.7* ben ci evidenziano il lato razionale dei senior: esse non indicano nessuna fedeltà assoluta né un atteggiamento conservatore a oltranza. Anche se i senior, è vero, sono un po' più fedeli (ma di una fedeltà che esige motivazioni serie), grazie all'esperienza e all'abitudine, non per questo sono meno aperti al cambiamento. Secondo un'inchiesta pubblicata nel 2002 dalla rivista inglese *Saga*, il 72% degli ultracinquantenni è costantemente alla ricerca di prodotti di qualità superiore e il 59% è sempre pronto a provare nuove marche.

Secondo uno studio realizzato da Goldring & Co. sui consumi degli ultracinquantenni, nell'arco di 12 mesi il 45% aveva prova-

Tabella 4.7 **Atteggiamenti d'acquisto (%) per classi d'età (dati relativi alla Francia)**

«Mi prendo sempre il tempo per riflettere, prima di decidere»	
15-24 anni	29
50-64 anni	54
«Sono disposto a comperare prodotti nuovi, purché siano utili»	
50-59 anni	58
60-74 anni	64
75 anni e oltre	81

Fonte: Démoscopie, 1999.

to una nuova marca di cereali, il 34% una nuova marca di gelati, il 30% una nuova marca di minestre, il 30% una nuova marca di bevande analcoliche, il 22% una nuova marca di succhi di frutta surgelati.

Dietro ogni senior c'è un acquirente per conto terzi
Abbiamo già affrontato in un capitolo precedente la questione del marketing intergenerazionale. Senza tornare in modo specifico sui suoi principi e sul suo funzionamento, ricordiamo comunque che i giovani senior sono al centro di una "catena" di famiglie, essendo per oltre l'80% genitori e nonni; contemporaneamente, circa il 70% ha ancora almeno uno dei genitori in vita. Nel momento in cui godono, finalmente, di una certa agiatezza economica, si ritrovano nell'obbligo (generalmente accettato di buon grado) di fornire un aiuto tangibile alle generazioni che li circondano. Non c'è da stupirsi che spesso li si indichi tutti insieme con l'appellativo di "generazione sandwich".

I nonni sono particolarmente sensibili all'educazione e al benessere dei loro nipotini. Essi quindi destinano fino a un mese di reddito all'anno (più di 3 miliardi di euro) in regali vari, piani di risparmio, dotazioni scolastiche ecc. Notiamo, per esempio, che i senior incidono per più del 30% nell'acquisto di giocattoli per bambini, considerando questo mercato nel suo insieme. Oltre all'aiuto materiale, si dovrebbe valutare il tempo dedicato ai figli e ai nipotini: custodia, divertimenti, educazione e quant'altro. Al contrario di quanto sostiene un luogo comune, la grande maggioranza dei membri di una stessa famiglia vive in zone geografiche limitrofe e si incontra regolarmente. I nonni, perciò, possono assumere pienamente il ruolo attivo che desiderano svolgere. Secondo l'Insee, il 49% delle persone fra i 68 e i 92 anni aiuta finanziariamente i figli e i nipoti.

> In generale si constata che i tre quarti degli aiuti ricevuti dai figli e dai nipoti scendono lungo le generazioni, cioè partono dai genitori e dai nonni, avendo come destinazione famiglie di figli e di nipoti. I senior svolgono il ruolo di donatori. Prima dei 40 anni, grazie a questi aiuti, il livello di vita migliora del 7%. Dopo i 40 anni, diminuisce del 3%. [...] A 60 anni, una coppia destina in media il 6% del suo

reddito ad aiutare i suoi discendenti, mentre a partire dagli 80 anni questo tasso raggiunge il 12%.[4]

Tutti questi aiuti contribuiscono a fare dei giovani senior il gruppo più importante nel campo del consumo. Si dimentica sempre che essi sono compratori, decisori o almeno prescrittori per l'acquisto di una grande quantità di prodotti in famiglia. Questo perché ne hanno i mezzi, la credibilità e, ben presto, il tempo. È inutile dire che con l'arrivo del "boom dei nonni" questo gruppo sarà ancora più influente: nell'arco di qualche anno, esso sarà diventato senza dubbio – demograficamente, economicamente e culturalmente – la clientela più importante di quasi tutti i prodotti e i servizi esistenti.

Non conta soltanto il denaro

Quando si analizzano le spese per marketing e comunicazione, si constata che meno del 10% di esse ha veramente come target i senior. Per il resto, o sono destinate ai giovani oppure, nel caso migliore, si indirizzano a uno pseudo "grande pubblico" (la "casalinga di Voghera"), al quale si suppone che i senior, per estensione, siano collegati.

Alcuni diranno che non è poi così sbagliato trattare i nostri "fratelli maggiori" come qualunque altro consumatore più giovane, o addirittura lasciarli in pace. Ma questo argomento non sta in piedi. In primo luogo, l'idea che "agganciarli" ai segmenti più giovani eviti loro di sentirsi emarginati in un ghetto è un grave errore di giudizio nei confronti delle conseguenze dell'invecchiamento. Qualunque sia la generazione di appartenenza, l'evoluzione fisica e psicologica è continua, e a sessant'anni le esigenze e i gusti non sono più gli stessi dei vent'anni (e questo a prescindere dalla successione dei cicli di vita, che già di per sé impone comunque circostanze materiali determinanti in tutti gli atti di consumo). Inoltre, credere che la promozione commerciale sia in grado di toccare simultaneamente sia i senior sia quello che essa considera come suo target primario, più giovane, significa

[4] R. Rochefort, *Vive le papy-boom*, cit., p. 203.

sovrastimare largamente la forza della pubblicità. Ogni giorno ci troviamo di fronte centinaia di prodotti, di manifesti, di spot televisivi. La scelta è automatica, continua e inconscia. Il nostro cervello è costretto a scegliere ciò che tratterrà o meno. Tanto più che è evidente che la pubblicità è una delle nostre priorità meno importanti, soprattutto se è sovrabbondante e se non ci riguarda direttamente. Infine, ignorare una popolazione tanto esperta come i senior vuol dire rischiare di vedersela rivoltare, prima o poi, contro la marca. Non necessariamente per spirito di rivalsa, ma più spesso, semplicemente, per tedio o perché quel tal altro concorrente ha avuto l'intelligenza di proporre meglio il suo prodotto (*tabella 4.8*).

Trascurare la popolazione senior, perciò, ha conseguenze negative sui progetti di marketing di molte imprese e fa pesare su parecchie di loro un vero rischio a lungo termine. Ma questa negligenza è fonte di problemi anche dal lato dei consumatori: è raro che i prodotti e i servizi siano adattati ai loro bisogni, di modo che gli utenti devono cercare continuamente dei palliativi e raramente sono soddisfatti della loro situazione di consumatori. Non avete mai sentito, tra i vostri conoscenti, un senior che si lamenta di quel videoregistratore troppo complicato, di quell'automobile scomoda o di quella posologia incomprensibile? E che cosa vi dicono delle campagne pubblicitarie? Non sono forse urtanti, stravaganti, addirittura idiote?

Tabella 4.8 **Che cosa ci si attende dalla pubblicità, a seconda dell'età (dati relativi alla Francia)**

Da una campagna pubblicitaria mi attendo che:	25-34 anni (%)	50-64 anni (%)
sia chiara, facile da capire	28	47
mi informi su un prodotto nuovo	35	33
mi informi sulle caratteristiche del prodotto	32	33
sia divertente	47	25
sia bella	21	22
sia creativa	31	20

Fonte: Sofres.

Certo, la dittatura dei valori di Borsa impone risultati a breve termine. Certo, chi decide nelle grandi multinazionali si sente sempre di più una spada di Damocle sulla testa. Ma il rifiuto cinico di ridiscutere le proprie scelte e di guardare con obiettività all'invecchiamento della popolazione non è soltanto una negligenza economica: è una colpa sociale. Prima o poi, questo errore si dovrà pagare. Non dimentichiamo che noi facciamo parte dei futuri senior. Un giorno, i presunti "marginali" del consumo saremo noi. Accettare la tematica dell'invecchiamento e lavorare per il benessere dei nostri genitori permettono quindi, nello stesso tempo, di rendere più facile la loro vita e di preparare il nostro futuro. Cerchiamo di essere egoisti nel senso buono. Apriamo gli occhi!

Un'opportunità ancora tutta da cogliere

Fortunatamente, da quando si è cominciato a parlare di marketing senior le cose hanno avuto il tempo di migliorare. Si è partiti negli Stati Uniti, con la spintarella data dall'American Association of Retired Persons (Associazione americana dei pensionati) che, nell'interesse della sua rivista (*Modern Maturity*), aveva istituito corsi di iniziazione al tema per la comunità degli operatori di marketing. A partire dagli anni Ottanta, quindi, si sono visti apparire confezioni più pratiche (Tylenol, Good Grip), prodotti tecnologicamente adattati agli anziani (i telefoni AT&T, la videocamera Sharp con schermo-mirino) e perfino campagne pubblicitarie mirate al target senior da parte dei grandi emblemi della giovinezza (McDonald's, Nike, Coca-Cola, Kellogg's ecc.).

L'Europa, come spesso succede quando si tratta di pragmatismo commerciale, ci ha messo molto ad adattarsi. Ma negli anni Novanta, diversi inserzionisti pubblicitari, che fino a quel momento si accontentavano al massimo di una timida apparizione su media mirati, cominciarono a ripensare profondamente la loro strategia. Ed ecco che in Gran Bretagna, per esempio, Ford aveva studiato con attenzione la morfologia delle persone d'età per realizzare il suo modello Focus. In Germania, una delle prime grandi svolte era venuta da Beiersdorf, con il lancio della gamma Nivea Vital, la cui icona – il colmo dell'orrore per un cosmetico

– era una donna di 53 anni. Possiamo citare anche Ratp, la società che gestisce i trasporti urbani di Parigi, che ha fatto un grosso sforzo sui problemi dell'accessibilità e della sicurezza; Avis, che ha creato una Carta Senior; Bongrain, che ha lanciato Fine Bouche, un formaggio leggero di qualità, e altre aziende ancora.

Iniziative del genere restano poco numerose, ma, in ogni caso, sono almeno l'indizio di una certa sensibilità verso la questione. Cinque anni fa, il marketing senior era relegato in un cantuccio e si occupava dei prodotti per i deboli d'udito o per gli incontinenti, delle assicurazioni sulla non autosufficienza e delle convenzioni per le esequie. Per le imprese "generaliste" il punto caldo delle discussioni era se ci fossero motivi per occuparsi dei senior; oggi, invece, il dibattito si concentra sui mezzi migliori per convincerli. Detto questo, per passare dalla comprensione alla messa in pratica resta molta strada da fare.

Le direzioni generali, in realtà, ordinano studi, riflessioni e proposte d'azione, ma, ahimè, sono rare le imprese che ne traggono davvero profitto. Quante task force abbiamo messo in campo in questi ultimi anni, con grandi spese, senza che ne risultasse nulla di concreto? Come se la questione non esistesse che per pura curiosità intellettuale, o come se fosse complessa al punto da meritare anni di ricerche a 360 gradi. Eppure, nel paese dei ciechi, chi è orbo è re. Ci sembra quindi evidente che trasformare in azione concreta, anche in modo imperfetto, dati che non fanno altro che confermare il buon senso sarebbe già un grande passo avanti. Tanto più che i senior si sono talmente abituati a essere trascurati che sono diventati molto più indulgenti di quanto si pensi. «Oh! Finalmente un'impresa che pensa a me...» è una frase che ritorna continuamente nei sondaggi che conduciamo per conto delle società che hanno deciso di lanciarsi.

È l'ossessione di muoversi a piccoli passi a offrire le maggiori opportunità a chi decide di "buttarsi". I loro concorrenti sono ancora lì che fanno pubblicare timidamente un annuncio stile "grande pubblico" su riviste di nicchia, eventualmente usando caratteri un po' più grandi. Perché non approfittarne per occupare lo spazio lasciato vacante? E diventare così i primi sul target, una posizione inespugnabile, non lo si dimentichi. Che siano

Axa Belgique

Un esempio interessante che vale la pena citare a questo punto: Axa Belgique, la società di assicurazioni che si è posta l'obiettivo di conquistare la leadership nel settore dei fondi pensione privati. Per far questo, la compagnia ha riunito tutti i suoi prodotti di capitalizzazione e di rendita sotto un unico ombrello di prodotto, denominato Happy Life, destinato a proporre piani finanziari onnicomprensivi e personalizzabili. Per garantire al suo discorso pubblicitario un contenuto reale, la compagnia si è preoccupata di formare una forza di vendita *ad hoc* e di fornirle nuovi strumenti di simulazione. Inoltre, come suggerisce il nome Happy Life, Axa ha deciso di piazzare il concetto sotto la formula di «campione della qualità della vita», una novità inedita in questo campo. Infine, per garantire un'efficacia ottimale, Axa ha segmentato le sue campagne a seconda che s'indirizzino ai giovani senior, non ancora in pensione, o a persone più avanti negli anni, generalmente già pensionate. È inutile precisare che Happy Life ha avuto subito un enorme successo. Ha ricevuto, inoltre, diversi riconoscimenti, tra cui quello di proposta finanziaria più innovativa dell'anno 2000. Nel frattempo, il giro d'affari di Axa Belgique sui suoi prodotti finanziari è volato alle stelle. Una coincidenza?

Nivea o Avis, Ratp o Ford, tutte le imprese che hanno sviluppato prodotti, servizi o strategie di marketing veramente dedicati ai senior sono riuscite a costruire successi commerciali importanti. Sono queste le imprese che bisogna prendere come modello. Non quelle che sono rimaste ancorate agli schemi di pensiero degli anni Ottanta.

Capire i senior

Una popolazione eterogenea

Perché un programma di marketing senior sia efficace e abbia successo, è necessario, innanzi tutto, rendersi conto che una popolazione senior propriamente detta in realtà non esiste. Gli ultracinquantenni, in effetti, rappresentano un gruppo troppo numeroso e diversificato perché lo si possa racchiudere in uno stereotipo. Senza giungere fino al rapporto mirato con la singola persona (*one to one*), un ideale del marketing lontano da venire, bisogna almeno perseguire la logica della segmentazione, già presentata in dettaglio in precedenza. Una delle opzioni è l'approccio generazionale, che offre il vantaggio di essere dinamico e di valorizzare la comprensione degli aspetti socioculturali. Potremmo quindi riparlare ora delle generazioni *maggio '68* (nata fra il 1945 e il 1965), *Algeria* (nata fra il 1935 e il 1945), *Liberazione* (nata fra il 1925 e il 1935), *Crisi* (nata fra il 1915 e il 1925), *Anni folli* (nata fra il 1905 e il 1915) e *Verdun* (nata fra il 1895 e il 1905). D'altronde, è una visione delle cose che noi, per parte nostra, sosteniamo con sempre maggior insistenza, soprattutto perché riteniamo che il fattore generazionale spieghi la differenza di comportamento fra i nuovi senior e quelli di maggiore età.

Ma ci sono molti altri modi di segmentare, e ognuno ha i suoi meriti: salute, attività, tempo disponibile, classe sociale e via classificando. Beninteso, nessuno è perfetto e ognuno può servire a integrare gli altri. Per parte nostra, in genere, come base di segmentazione scegliamo l'età. È vero che si tratta di un approccio alla realtà limitativo, ma offre alcuni vantaggi da non trascurare.

- La *semplicità*. Tutti capiscono il suo principio e il suo contenuto. Il che già non è poco, quando si tratta di un tema misconosciuto come quello dei senior. Si pensi a quanti metodi di segmentazione più esatti e più originali non hanno ottenuto il successo che meritavano perché non erano stati capiti.
- L'*applicabilità*. L'età è una nozione che si ritrova al centro di quasi tutti gli studi di mercato e di tutti gli strumenti di pianificazione. È quindi compatibile, per esempio, con gli strumenti mediatici, il che è fondamentale.
- L'*universalità*. L'età è una variabile il cui impatto è simile e relativamente obiettivo, quali che siano il settore o il Paese interessati. Ha a che fare in misura determinante con i cicli di vita e con le generazioni. Si tratta quindi di un metodo di segmentazione approssimativo, ma meno parziale e spesso più obiettivo della maggior parte delle altre alternative.
- La *validità nel tempo*. La generazione è un concetto seducente e molto dinamico. Ma, siccome le generazioni sono in mo-

vimento, è impossibile gestirlo in modo stabile attraverso il tempo. Così, una persona di 50 anni di oggi è diversissima, sul piano generazionale, da un'altra persona che avesse la stessa età vent'anni fa.

- L'*efficacia*. La segmentazione per età è applicata da anni in molti programmi commerciali. Mentre gli altri metodi si succedevano l'uno all'altro e venivano posti in dubbio, l'età continuava a imporsi quasi ovunque. E allora, è proprio il caso di reinventare la ruota?

Per Senioragency abbiamo creato e denominato quattro segmenti d'età per la popolazione senior (*figura 4.1*). Vengono utilizzati con risultati positivi da più di otto anni ed è probabile che restino immutati ancora per qualche anno. Sono i seguenti:

1) i *master* (persone tra i 50 e i 59 anni - *tabella 4.9*);
2) i *liberati* (persone tra i 60 e i 74 anni - *tabella 4.11*);
3) i *placidi* (persone tra i 75 e gli 84 anni - *tabella 4.13*);
4) i *grandi vecchi* (persone di 85 anni e oltre - *tabella 4.14*).

Figura 4.1 **Segmentazione della popolazione senior (dati relativi alla Francia)**

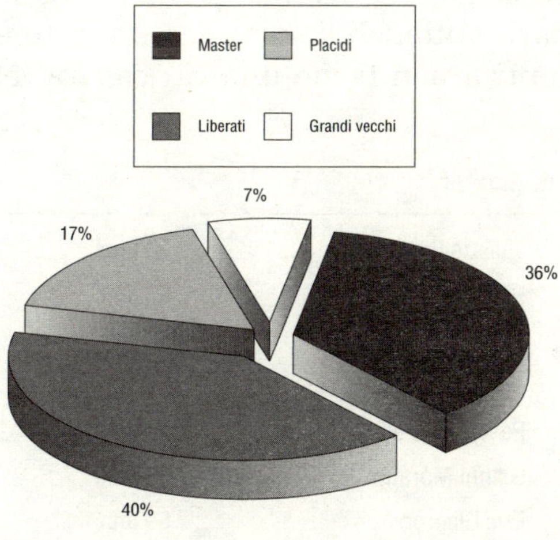

I master

Secondo la nostra terminologia, i master sono persone che si collocano fra i 50 e i 59 anni. In Francia sono più di 7 milioni, e si tratta di un segmento in rapida crescita. Oggi sono per oltre la metà figli del baby-boom e rappresentanti della generazione sessantottina. La maggioranza di loro lavora ancora, nonostante la Francia sia uno dei Paesi in cui il tasso di attività dei 50-60enni è più debole (28,9% nel 2000). D'altronde, i giovani senior francesi considerano i 58 anni l'età ideale per andare in pensione. Siccome non sono ciechi, sanno molto bene che l'invecchiamento della popolazione imporrà, invece, uno spostamento in avanti dell'età pensionabile. Così in Svezia, Paese peraltro considerato un modello sociale, per gli uomini essa è già stata posticipata dai 65 ai 68 anni.

Avendo doppiato il capo fatidico della cinquantina, non hanno più, salvo casi eccezionali, figli a carico né mutui casa da pagare. Anche se il corpo non "esegue gli ordini" con la stessa facilità dei bei tempi della gioventù, sono in discreta forma e scoprono nuove energie; e in più possono offrirsi, finalmente, le cose che sognavano qualche anno prima e che allora parevano inaccessibili (*tabella 4.10*). Visto che hanno già quasi tutto il necessario, possono permettersi il superfluo. Non c'è da stupirsi, quindi, che siano i principali acquirenti di prodotti di lusso: cosmetici, vini di classe, elettronica di alto livello, mobili e accessori di buon design, abiti firmati, automobili superaccessoriate ecc. Detto questo, stiamo attenti a non farne una caricatura. Non tutti i ma-

Tabella 4.9 **Esempi di master**

Juliette Binoche	50 anni
Phil Collins	53 anni
Stephen King	57 anni
Richard Gere	55 anni
Pascal Sevran	58 anni
Gianni Morandi	59 anni
Eric Clapton	59 anni

Tabella 4.10 **Dotazioni dei master (% - dati relativi alla Francia)**

	Popolazione complessiva	Insieme dei > 50 anni	50-59 anni	60-69 anni	> 70 anni
Lavastoviglie	40	41	55	41	22
Tv a colori	95	97	97	98	97
Videoregistratore	72	59	78	59	37
Congelatore	57	62	68	65	51
Forno a microonde	59	50	64	52	31
Computer	21	12	24	8	1

Fonte: Credoc, inchiesta *Conditions de vie et aspirations des Français*, 1998.

ster sono ricchi e spendaccioni. Anzi! Ma, in ogni strato sociale, sentono di stare meglio di prima, di essere meno stressati, e si rivolgono di più alla ricerca di un piacere immediato. Inoltre, siccome diventano il perno familiare su cui gli altri contano, assumono una nuova dimensione, edonista e responsabile nello stesso tempo.

Contemporaneamente, dato che hanno avuto il tempo di trarre profitto dalla vita e di accumulare esperienze, spesso i master si sentono disincantati, "vissuti". Se si dovesse attribuire loro una sindrome, sarebbe quella della mancanza dell'inedito: «Non ci sarà mai più una prima volta» è una frase appropriata per definire il *mood* dei giovani senior, quella che condiziona maggiormente la loro percezione della qualità della vita. Essi, perciò, sono molto meno conservatori di quanto in genere si pensi, semplicemente perché provano, esistenzialmente, un bisogno di novità. Naturalmente, fra tutti i prodotti che potrebbero migliorare la qualità della loro vita è d'obbligo scegliere oculatamente, perché sono già ben forniti.

D'altro canto, la cinquantina è anche un giro di boa difficile sotto diversi punti di vista. Innanzi tutto, c'è la sindrome del nido vuoto. Ritrovarsi in coppia, dopo che si è stati tutti presi dall'educazione dei figli e forse dalla necessità di costruirsi una carriera, è spesso un duro colpo. Poi, c'è la vicinanza della pensione. Fino a quel momento, non ci si pensava affatto, era soltanto un'ipotesi teorica; ora è una certezza. A 50 anni, la maggior parte delle persone fa il bilancio dei suoi risparmi e dei suoi oneri, cerca di prevedere su quali redditi potrà contare entro una decina d'anni. Generalmente, si rendono conto che bisognerà essere ancora un po' formiche, nel momento in cui speravano, finalmente, di poter diventare cicale a tempo pieno. Infine, c'è la salute: Le donne arrivano alla menopausa, gli uomini si sentono dire che è davvero giunta l'ora di mangiare meno grassi o di smettere di fumare. Il mobiletto delle medicine comincia a riempirsi e l'alimentazione cambia.

A questi colpi si aggiungono quelli provocati dalla pubblicità, improvvisamente meno adattata e più pessimista. Un giorno, un cliente ci raccontava che i 50 anni erano stati il suo compleanno peggiore. Non tanto per il peso simbolico della cifra, quanto piuttosto per colpa delle e-mail che aveva ricevuto nei giorni seguenti: assicurazioni su un'eventuale non autosufficienza, convenzioni per le esequie, negozi per la terza età... Tutto gli confermava che era diventato un senior e, cosa che rientra nella cultura pubblicitaria, che non sarebbe stata una scampagnata.

È evidente che un discorso del genere con i master funziona sempre meno. La nuova generazione si sente ancora molto più giovane della precedente e non ha nessuna voglia di vedersi ricordare l'età. Certo, la pensione si avvicina; certo, la salute diventa un capitale prezioso da difendere a ogni costo. Ma le ambizioni sono ancora molte, e ognuno desidera restare mentalmente giovane ancora per parecchi anni. Si assiste quindi a una radicalizzazione dei comportamenti alimentari, che nei master diventano sempre più innovativi. Parallelamente, le medicine preventive, generalmente "alternative", conoscono un vero boom, e lo stesso succede per i cosmetici anti-invecchiamento, perfino per la chirurgia estetica. Ecco un fenomeno impensabile dieci anni fa: le creme per la pelle maschile matura proliferano e generano successi commerciali mai visti. Quei master sono senior perché hanno l'età delle loro arterie, ma contano di invecchiare in modo diverso dai loro genitori. *There is no age for rock 'n' roll*: il rock 'n' roll non ha età!

I liberati

Avevano già i mezzi, d'ora in poi avranno anche il tempo. Lo stress del lavoro, gli imbottigliamenti, le code alle casse... finiti! A 60 anni, l'immensa maggioranza delle donne e più dei due terzi degli uomini sono già andati in pensione. In Francia sono circa 8 milioni (un po' più donne che uomini), hanno fra i 60 e i 74 anni e si sentono ancora e sempre in buona forma. Ormai, nulla più si oppone alla possibilità di dedicare tutto il tempo che desiderano a quello che sta loro a cuore: hobby, viaggi, nipotini, spettacoli, perfino a una seconda carriera, come quell'uomo d'affari francese che, appena in pensione, ha assunto il controllo di una catena di hotel in Asia, o come quell'altro che, superati i 70 anni, ha creato una società di software.

Nati proprio prima della guerra, i liberati di oggi, rappresentanti della generazione *Algeria* e della generazione *Liberazione*, capiscono perfettamente che hanno avuto la fortuna di vivere il "trentennio glorioso". Hanno redditi disponibili superiori che in passato, è vero, ma conoscono il valore del denaro. Si ricordano molto bene, sia direttamente sia attraverso i racconti dei genitori, che la vita non è sempre comoda. Li si accusa di essere conservatori, mentre sono semplicemente prudenti. Non è che siano allergici alla novità o al cambiamento: chiedono semplicemente di esserne convinti.

Il fatto che il loro rispetto per le istituzioni sia superiore a quello delle classi d'età più giovani si traduce in modo del tutto naturale, nel campo dei consumi, in una preferenza per le gran-

Tabella 4.11 **Esempi di liberati**

Robert De Niro	61 anni
Catherine Deneuve	61 anni
Harrison Ford	62 anni
Tina Turner	66 anni
Luciano Pavarotti	69 anni
Sophia Loren	70 anni
Philippe Noiret	73 anni

di marche antiche, conosciute e ricche di reputazione («di padre in figlio», «dal 1732»...). Sono i più grandi cultori della nozione di marca (e, com'è del tutto logico, gli acquirenti più deboli delle marche anonime dei supermercati).

Per loro, l'"avercela fatta nella vita" è sinonimo di possesso di beni materiali (immobili o oggetti di qualità). Bisogna dire che hanno goduto dei progressi domestici apportati da una democratizzazione degli elettrodomestici, che sono venuti ad alleviare le fatiche delle madri di famiglie spesso numerose (*tabella 4.12*).

Al presente, i liberati costituiscono il gruppo più benestante sul piano del reddito disponibile. Come si è visto, è anche il gruppo che consuma con maggior piacere. Per la maggior parte ancora in coppia, sanno che nulla è eterno. È questa la sindrome che li distingue più nettamente dai master. Mentre i loro "fratelli minori" master pensano che «Non ci sarà mai più una prima volta», i liberati si dicono: «Potrebbe essere l'ultima volta». Fra cinque, dieci, forse quindici anni, la loro salute declinerà e non potranno più godersi attivamente la pensione. Le donne, in particolare, sono coscienti del fatto che probabilmente le attende un periodo di vedovanza, in un certo senso "programmato" (in media 11 anni). Questa coscienza della morte contribuisce a rendere mobili i liberati. È finita l'epoca in cui li si vedeva soltanto per le vie del loro quartiere: adesso popolano stazioni e aeroporti, i grandi centri commerciali e le boutique. E l'80% delle crociere viene venduto a pensionati.

Tabella 4.12 **Dotazioni dei liberati (% - dati relativi alla Francia)**

	1950	1960	1965	1970	1975	1980
Automobile	15	30	48	58	64	69
Lavatrice	8	24	41	57	72	80
Lavastoviglie				2	8	17
Frigorifero	5	26	59	80	90	95
Televisore	1	13	46	70	84	90
Telefono	6	8	12	15	30	66

Fonte: Bipe.

Eppure, la prima idea che hanno quelli che decidono una campagna di marketing, quando pensano agli ultrasessantenni, non riguarda il loro nuovo dinamismo, ma la lentezza eccessiva con cui prendono tutte le decisioni. Questo problema è autentico e lo abbiamo riscontrato in tutti i settori di attività per i quali abbiamo sviluppato campagne di marketing, come in quella banca che recuperava i moduli con cui si chiedevano informazioni più di due anni dopo averli distribuiti. È ovvio che per i responsabili del marketing è difficile attendere un'eternità per sapere se le loro azioni sul target sono state coronate da successo. E siccome viviamo in un mondo che ha fretta, in assenza di risultati rapidi la maggior parte degli operatori ne deduce che è stato un fiasco. Oppure si limitano a non fare nulla. Purtroppo per loro, per gli uffici vendite e per i *call center*, la lentezza dei senior non scomparirà con l'arrivo all'età della pensione della generazione del boom dei nonni. Grazie ai nostri studi, abbiamo potuto verificare che questo dipende essenzialmente da tre fattori universali e duraturi.

1) Il *rapporto tempo/rischi.* In realtà, non sono i pensionati a essere lenti a decidere, siamo piuttosto noi, gli attivi, a essere veloci. Siccome disponiamo di pochissimo tempo al di fuori del lavoro, della famiglia, del sonno e dei divertimenti, siamo costretti ad accettare le conseguenze di un consumo a rischio, che spesso ci porta a commettere errori. A volte rischiamo perfino quando dobbiamo decidere acquisti molto importanti, quali, per esempio, una casa o un'automobile. È evidente che, se disponessimo anche noi del tempo necessario per scegliere, adotteremmo, come loro, un comportamento più prudente. Soprattutto se, nel frattempo, avessimo potuto accumulare l'esperienza indispensabile per evitare gli errori.
2) Il *rapporto reddito/ambizioni.* Anche se il periodo della pensione viene vissuto dalla maggioranza nel benessere finanziario, è evidente che non per questo i senior diventano dei ricconi. Per cui, nella loro schiacciante maggioranza, sono costretti ancora una volta a spuntare le ali a molte delle loro ambizioni. Questa frustrazione è particolarmente visibile nei

senior cui è stata affidata la responsabilità della gestione del patrimonio familiare. Comunque sia, è una frustrazione che si vive quotidianamente a ogni età.

3) Il *rapporto necessità/gradimento*. Le diverse tappe della vita forniscono altrettante occasioni per dotarsi di elettrodomestici e altri beni di consumo. Passata la cinquantina, la maggior parte delle famiglie ormai dispone dell'insieme dei beni di cui ha effettivamente bisogno. Queste famiglie, perciò, possono destinare una parte del loro bilancio all'acquisto di prodotti per la vita quotidiana (alimentazione, abbigliamento, igiene e salute) di standard più elevato e un'altra parte al miglioramento della qualità delle dotazioni di cui dispongono già. Il che corrisponde senza dubbio a una modificazione del comportamento di consumo, che a sua volta implica un aumento delle esigenze. In breve, ogni consumatore che stia cercando una qualità superiore riterrà di essere del tutto giustificato se si prende più tempo per fare confronti... e per farsi servire meglio.

Tenendo conto dell'andamento demografico e quindi, nei prossimi anni, del boom del numero dei pensionati, tutte le imprese saranno costrette ad adeguarsi a un consumo più lento, più prudente, più meditato e meno impulsivo. Una sfida seria, se si pensa che la velocità è una delle colonne di questo inizio di millennio.

Come corollario del tempo che hanno a disposizione e dell'aumento delle loro esigenze, i pensionati si "fiondano" sull'informazione. Non soltanto nella ricerca di prodotti e servizi nuovi, ma anche – il che è molto più comodo per i pubblicitari – nella loro vita di cittadini. Tutti gli studi sul settore mediatico, d'altronde, dimostrano in modo lampante che i pensionati sono i primi consumatori di quotidiani e di televisione, e che, nello stesso tempo, fanno parte del plotone di testa per le riviste, la radio e la posta elettronica. Raggiungerli, quindi, è facilissimo e, spesso, molto economico. Si pensi, per esempio, alle ore di basso ascolto in televisione, specialmente di giorno, o a riviste ultramirate. E presto alla serie si aggiungerà Internet, che è in pieno boom tra i giovani senior. La verità, se si vuole uscire dal giovanilismo dogmatico, è che questo mezzo di comunicazione è ideale per i pensionati. Del resto, il successo di un portale come *seniorplanet.fr* conferma l'entusiasmo di questa fascia d'età: con 400.000 visitatori mensili, acquisiti in meno di due anni, e una durata media per visita di 11 minuti, questo portale si colloca allo stesso livello di alcuni dei migliori siti destinati ai giovani, che continuano tuttavia a essere considerati il target naturale della rete.

I placidi

I placidi hanno tra i 75 e gli 84 anni, e sono tutti in pensione (gli attivi sono meno dell'1%). Per molti di loro è l'inizio della vecchiaia. In Francia sono più di 3 milioni, ma il loro numero aumenterà rapidamente nei prossimi anni, soprattutto fra le donne, la cui speranza di vita supera mediamente gli 80 anni. A partire dal 2020, costituiranno un gruppo importante a sufficienza per imporsi all'attenzione del marketing. Per il momento, i placidi interessano soltanto alle imprese specializzate, come le case di riposo, i costruttori di apparecchi acustici o di sedie-ascensori sostitutive delle scale. In effetti, i 75 anni sono un'età cerniera, intorno alla quale il corpo comincia a degradarsi seriamente. La salute, quindi, è una preoccupazione centrale. Non si tratta più di proteggersi dagli effetti dell'età, ma di combatterli giorno per giorno. Molti gesti della vita quotidiana diventano sempre più difficili e, siccome il mondo non è stato pensato per loro, l'attività dei placidi e la loro mobilità ne risultano notevolmente limita-

Tabella 4.13 **Esempi di placidi**

Paul Newman	77 anni
Elisabetta II d'Inghilterra	78 anni
Andrea Camilleri	79 anni
George Bush (padre)	80 anni
Carlo Azeglio Ciampi	83 anni
Giovanni Paolo II	84 anni
Giorgio Bocca	84 anni

te. Secondo l'Ifop, le attività che divengono più difficili con l'età (oltre i 60 anni) sono: salire o scendere le scale, cucire o infilare la cruna di un ago, afferrare gli oggetti posti in alto, seguire la conversazione di più persone insieme, leggere i prezzi sulle etichette e trasportare a casa la spesa.

D'altra parte, i placidi di oggi sono figli della guerra. Nati negli anni Venti, hanno conosciuto una gioventù fatta di privazioni e di angosce, che li ha segnati per tutta la vita. Fanno anche parte di una generazione meno favorita e nella quale poche donne hanno avuto la possibilità di avere una vera carriera lavorativa. Naturalmente, il loro patrimonio è nettamente più esiguo di quello dei meno anziani e un buon numero di vedove dispone soltanto di una pensione di reversibilità, di molto inferiore ai 1000 euro mensili. I loro consumi, che sono sempre stati prudenti, si riducono progressivamente, per concentrarsi sull'essenziale. Nella loro maggioranza, i placidi hanno poche aspirazioni e ritengono di aver già realizzato tutto quanto desideravano o, almeno, tutto quanto era alla loro portata. Sono pienamente coscienti dell'incombere della morte e, anche quando sono ancora in buona salute, privilegiano soprattutto i progetti a breve termine. A parte la propria salute, le loro principali preoccupazioni per il futuro riguardano il coniuge, i figli e i nipoti.

Detto questo, si deve ricordare che i placidi sono una novità assoluta nella storia dell'umanità. In pratica, nell'approccio alla vecchiaia non abbiamo alcuna possibilità di riferirci a precedenti storici, perché la vecchiaia su grande scala non è mai esistita prima d'ora. Cosicché, senza volerlo, i placidi costituiscono nello stesso tempo la retroguardia allo sbando di un mondo scomparso e l'avanguardia del mondo di domani. Per questo, e anche per il fatto che sono i genitori dei senior giovani, il gruppo che, come abbiamo visto, è il più influente di tutti, i placidi in realtà dovrebbero interessare a molte più imprese di quanto non succeda. D'altro canto, bisogna notare che i limiti della vecchiaia vengono spinti continuamente in avanti e che ci sono sempre più persone dai 70 agli 80 anni che hanno un comportamento simile a quello dei liberati. E allora sarebbe forse utile non fissare più un'età limite per i programmi commerciali, al contrario di quello che fanno, per esempio, le compagnie di assicurazione, che in genere rifiutano di stipulare nuove polizze a chi abbia superato i 75 anni. Infine, è il caso di osservare che tutti noi desideriamo invecchiare bene e che i placidi in buona forma costituiscono veri e propri modelli per le generazioni più giovani. È un'altra buona ragione per riflettere sul modo di includerli nei piani di marketing e nella comunicazione, come ha fatto Unilever per il suo marchio internazionale Bertolli.

I grandi vecchi

In Francia gli anziani con 85 anni e oltre, una popolazione essenzialmente femminile, sono quasi 1 milione e mezzo e formano una nuova classe d'età che, nei prossimi decenni, conoscerà una crescita quantitativa ai limiti dell'incredibile. Fra il 2000 e il 2050, il numero delle persone con 60 anni e oltre sarà raddoppiato, quello dei 75enni e oltre sarà triplicato e quello degli 85enni e oltre sarà quintuplicato. Quanto al numero dei centenari, dovrebbe moltiplicarsi per 7 (nel 2000 erano 39.334). Se cesserà di aumentare l'età in cui si ha il primo figlio, allora le nostre cellule familiari passeranno da 3 o 4 generazioni coesistenti a 4 o 5. Questo fenomeno, d'altronde, è già stato studiato dal gruppo Novartis, che ha individuato 500 famiglie composte da 5 generazioni.

Membri di una popolazione che ha partecipato alla seconda guerra mondiale, in maggioranza fragili, se non dipendenti da cure altrui (il 70% delle persone che vivono in istituti ha più di 80 anni), i grandi vecchi rappresentano a pieno diritto un grup-

Tabella 4.14 **Esempi di grandi vecchi**

Giulio Andreotti	85 anni
Nelson Mandela	86 anni
Mario Luzi	90 anni
Michelangelo Antonioni	92 anni
Vittorio Foa	94 anni
Rita Levi Montalcini	95 anni

po specifico. Un gruppo del quale generalmente si fanno carico i figli, che sono sulla sessantina. Fra i grandi vecchi, quelli che hanno potuto conservare una relativa mobilità ritengono fondamentale adempiere da soli alle necessità della vita quotidiana, perciò rifiutano, finché possono, i servizi di consegna a domicilio o tutto ciò che potrebbe comportare una perdita della loro indipendenza.

Oltre alle questioni connesse con la mobilità, i grandi vecchi soffrono, per esempio, di una vista difettosa, che impedisce loro di leggere bene il giornale o di guardare la televisione (non è un caso che le iniziative che mirano a migliorare la comodità della lettura, non necessariamente destinate a questa classe d'età, hanno riscosso tutte un forte successo). Si noti che le persone più anziane si sentono talmente escluse dalla nostra società, che non esitano a prendere contatto con le imprese che cercano di migliorare la loro qualità della vita, non foss'altro che per ringraziarle.

Qualche trappola da evitare

Come si è visto, il marketing senior è ai suoi primi passi: soffre ancora di un numero incalcolabile di pregiudizi e la grandissima maggioranza di chi investe in pubblicità, nonché le stesse agenzie, non conoscono praticamente nulla di questo target. Conseguenza: proprio quando la nostra società si sbilancia verso il boom dei nonni, le troppo rare campagne rivolte ai senior in genere non sono adattate, quando non sono disastrose. Eppure, con un po' di buon senso e anche senza essere un esperto, è possibile produrre una comunicazione valida. Ecco sei trappole che bisogna assolutamente evitare se si vuole riuscire a "forare la corazza" di questi oculati clienti.

Confondere marketing senior e visualizzazione dei senior

Durante un'intervista per un programma televisivo di attualità, il proprietario di una grande agenzia parigina, interrogato sul marketing senior, spazzò via l'argomento con un gesto della mano affermando che «far vedere dei senior in una pubblicità funziona soltanto per un piccolo numero di prodotti». Un bell'esempio della cecità generale. Chi ha detto che il marketing senior equivalga al fatto di «far vedere dei senior»? Eppure molti pubblicitari credono che, per riuscire a convincere gli ultracinquantenni, basti mostrare qualche anziano di bell'aspetto e usare un carattere tipografico più grande. È inutile dire che nella maggior parte dei casi questo approccio produce soltanto delusioni.

Essere senior vuol dire innanzi tutto avere esperienza. Qualunque sessagenario ha dietro le spalle una buona cinquantina d'anni di consumi e sa decodificare molto facilmente la "creatività" che sta dietro alle campagne che gli vengono proposte. Date queste condizioni, come si può immaginare che il solo vedere i suoi pari sia sufficiente per sedurlo? Senza un'argomentazione valida, capace di dimostrare il vero valore aggiunto del prodotto, qualunque presentazione sarà condannata al fallimento. Potrà perfino pregiudicare l'immagine di marca, perché spesso sarà percepita come puro opportunismo. Nelle nostre inchieste qualitative, una frase che ritorna spesso è questa: «Adesso che hanno finito di spennare i giovani, tocca a noi».

D'altro canto, i senior si sono talmente abituati a non essere considerati dalla pubblicità che, quando nelle campagne pubblicitarie vedono persone della loro età, se il messaggio non è adattato in modo diretto continuano a interpretarle come promozioni destinate ai giovani. Si osserva quindi un notevole scarto fra ciò che essi ritengono simpatico, creativamente riuscito e i messaggi che sono effettivamente in grado di raggiungerli. Così il balletto acquatico dei senior di Evian, quale che sia la sua qualità filmica, non ha nulla a che vedere con il marketing senior. Un vero peccato, se si pensa che proprio a partire dai 50 anni si diventa i migliori clienti delle acque minerali.

Detto questo, attenti a non cadere nell'estremo opposto. L'impiego dei senior nella pubblicità, se è sostenuto da una solida strategia, può contribuire realmente a una campagna mirata, soprattutto se è diretta ai più anziani, che così potranno, nello stesso tempo, riconoscersi e capire immediatamente che il messaggio è destinato a loro. A questo proposito, è particolarmente efficace introdurre la testimonianza di un personaggio apprezzato dalla loro generazione, perché fornisce al messaggio una vera base di credibilità. Precisiamo che non si tratta in nessun caso di una panacea, ma, ancora una volta, solo di un percorso possibile.

Ignorare le conseguenze dell'invecchiamento

Che i creativi delle agenzie siano dei terroristi è cosa ben nota. Lo sanno soprattutto i copywriter, che si accaniscono a limare e ritoccare testi che poi saranno illeggibili, inaudibili, inguardabili. Eppure, se c'è una regola del marketing senior che tutti capiscono facilmente è proprio questa: l'invecchiamento ci colpisce tutti, qualunque sia la generazione cui apparteniamo e qualunque sia la nostra età. Vista, udito, gusto, tatto, mobilità... Tutte le funzioni del nostro corpo raggiungono l'apogeo nel terzo decennio dell'esistenza, per poi regredire lentamente, fino alla scadenza finale. Sapendo questo, perché tanti pubblicitari si incaponiscono a rendere le loro creazioni inaccessibili? Forse perché sopravvalutano il loro mestiere? Eppure dovrebbero sapere che la pubblicità è sempre soltanto una forma di inquinamento, al massimo una distrazione fra le previsioni del tempo e il telegiornale.

Ai senior non piace il nostro mestiere, perché abbiamo loro promesso troppe cose che non si sono mai realizzate. E siccome oggigiorno di loro ci si interessa di rado, hanno chiuso le porte della mente. Se non si fa nessuno sforzo per andare loro incontro, è inutile attendersene un minimo di interesse. Una campagna, anche se strategicamente giusta, non avrà quindi nessuna probabilità di colpirli se non comincia dall'abc. Un esercizio divertente: procuratevi una rivista per senior e analizzatela. Resterete sorpresi nel constatare quanti sono gli annunci pubblicitari con caratteri tipografici minuscoli, con tagliandi troppo piccoli perché li si possa riempire, con testi in lettere rosa su sfondo celeste... Fate lo stesso esercizio davanti al televisore. Nella maggior parte degli spot, la voce è coperta dalla musica, il montaggio è troppo veloce, è impossibile annotare il numero di telefono ecc. Chi paga gli annunci è proprio obbligato ad accettare errori del genere?

Usarli come tema comico

Come ben si sa, gli anziani sono un ottimo tema per battute di spirito. Presentarli inaciditi, ridicoli, superati dagli avvenimenti non è un atteggiamento nato ieri. Si tratta, probabilmente, di un regolamento di conti con l'età. La pubblicità, in particolare, nel suo giovanilismo ossessivo, non perde occasione per farsi quattro risate alle spalle dei vecchi. Ovviamente, nella maggior parte dei casi, per centrare il target dei senior, non si usa un procedimento del genere. Sarebbe il colmo! Questo però non significa che i senior siano ciechi o insensibili. Oggi, dopo tanti spot, manifesti, annunci che li hanno presentati in questa prospettiva negativa, la misura è colma. No, davvero, tutto questo non li fa più ridere. I più anziani si sentono francamente respinti. Quanto ai più giovani dei senior, quei cinquantenni al culmine della vita, nel caso migliore sentono che la cosa non li riguarda, nel caso peggiore hanno l'impressione che si prendano in giro i loro genitori.

Mettere il dito sulla piaga

Quando si è sulla cinquantina, le conseguenze dell'invecchiamento sono più percepibili. La menopausa, la presbiopia, il colesterolo, il decesso dei genitori, l'avvicinarsi del pensionamento... Perché infierire? Eppure, ecco un altro gioco in cui i pubblicitari sono campioni: quello di colpevolizzare l'età. Con o senza un supplemento di canzonature, si mostrano comunque corpi sciupati, prestazioni ridotte, cervelli che funzionano al rallentatore. A volte si tratta semplicemente di far prendere coscienza di un problema. Ma a che serve un approccio negativo? I senior non sono guidatori pericolosi ai quali sia necessario ricordare che la strada uccide. Combattono l'invecchiamento ogni giorno con la massima energia. Ricordare loro che quella battaglia è perduta in anticipo non è forse il modo migliore per suscitare simpatia per questa o quella marca. Tanto più che la vita, fortunatamente, loro la vivono in modo positivo.

Sbagliare generazione

Gli errori che portano a confinare i senior nel gruppo omogeneo degli "anziani" sono relativamente facili da scoprire. Per esempio, si sa bene che, anche se poter leggere bene è importante per le persone che hanno superato i 50 anni, i più giovani di loro non hanno affatto bisogno che li si agevoli usando addirittura un carattere tipografico in corpo 18. Analogamente, ognuno può capire che far vedere un nonno che sale le scale senza difficoltà non è un messaggio particolarmente eloquente per chi abbia 55 anni. Un errore che, invece, è più difficile da controllare, perché si deve far ricorso a una conoscenza dinamica della popolazione dei senior, è la mancata applicazione dei principi del marketing generazionale. L'errore, talvolta, può essere sottile, poco percepibile, ma sul piano dell'adeguatezza del messaggio può costituire la differenza decisiva. Per esempio, credere che un master sia sensibile a un motivo di Édith Piaf, mentre è stato (è) un fan dei Beatles; oppure, all'inverso, sperare di "coalizzare" tutte le classi d'età intorno ai valori dei figli del baby-boom. I liberati di oggi non hanno preso parte al movimento sessantottino, né, più di trent'anni dopo, hanno o avranno mai la minima nostalgia per l'epoca hippy. Certo, l'emergere di una nuova generazione di senior fa andare in frantumi molte barriere. Ciò nonostante, le conseguenza dell'età e dei cicli di vita, così come le differenze culturali rispetto a chi è più giovane, non scompariranno. D'altronde, oggi si assiste alla comparsa di una nuova forma di conflitto fra i trentenni e i loro genitori, che pur si suppone che appartengano a una generazione molto aperta e "complice". È per questo che sulla rivista *Technikart* Patrick Williams, un trentenne, poté affermare qualche anno fa: «I cinquantenni che da giovani gridavano "vietato vietare" non sopportano più l'idea che ci si ribelli. Sono diventati reazionari e presuntuosi come i loro padri».

Controllare le variabili generazionali nel loro insieme, saper gestire gli elementi che avvicinano e quelli che rendono diversi, anticipare il modo in cui i consumatori cambiano a ogni età della vita: saranno probabilmente questi i fondamenti del marketing senior di domani. Ma, visto il ritardo che si è già accumulato sulle questioni più evidenti, è probabile che tutto ciò richieda ancora parecchi anni. Accontentiamoci per ora di comunicare in modo efficace con i senior di oggi.

5. Il marketing gay

L'insieme di tutti gli omosessuali, uomini e donne, che si riconoscono come tali, rappresenta soltanto una minoranza della popolazione totale e, dal punto di vista del marketing di massa, tale frangia, ovviamente, è trascurabile. Tanto più che l'omosessualità viene vissuta in modo molto diverso a seconda delle origini geografiche, sociali e culturali. Senza dimenticare che essa include i gay e le lesbiche, che in realtà non hanno molto in comune. D'altra parte, l'omosessualità maschile è molto più visibile rispetto al suo equivalente femminile, per ragioni che sarebbe troppo lungo esporre qui. Se si considera tutto ciò, si potrebbe supporre che l'interesse dei committenti di pubblicità a sviluppare programmi di marketing gay (diretto a omosessuali di entrambi i sessi) sia scarso, se non nullo.

Ma allora perché costruttori automobilistici importanti come Subaru, Mazda, Saab e General Motors, per vendere i loro nuovi modelli, scelgono anche di rivolgersi apertamente alla comunità gay e lesbica americana? E come mai Ibm, Apple, America Online, Levi's, Calvin Klein, AT&T, Continental Airlines, American Express, Ikea, Absolut Vodka, Perrier, Evian, Nike, Procter & Gamble, Citibank, Miller e tanti altri investitori pubblicitari fanno lo stesso nei loro settori? La pubblicità diretta agli omosessuali americani è promossa da marche sempre più importanti, che non ambiscono a far colpo sul piano mediatico, ma a mettere solide radici in questa categoria di consumatori.

La pubblicità che si pone come target i gay e le lesbiche non è propriamente una novità. Negli anni Settanta e Ottanta, gli omosessuali avevano richiamato l'attenzione delle imprese la cui attività era naturalmente connessa con il loro modo di vivere, orientato soprattutto verso la vita fuori casa e i viaggi. Ma da una dozzina d'anni il marketing gay è ormai un dato di fatto negli Stati Uniti e i grandi committenti di pubblicità non stanno più a domandarsi se investirci sia una buona idea o no: devono farlo, e al più presto.

L'impetuoso sviluppo della pubblicità sulla stampa omosessuale americana e nei siti Internet dedicati alle comunità gay e lesbiche non è più dovuto soltanto a inserzionisti pionieri, ma piuttosto all'arrivo in massa dei loro concorrenti, che costruiscono strategie difensive per recuperare un mercato che appare in qualche modo "ideale". Tutti sanno che il denaro "non ha odore" e, anche se non riesce a considerare i gay come cittadini a pieno diritto, la società sembra disposta a considerarli almeno dei consumatori. Anche questa è una forma di integrazione, e forse è meglio trarne vantaggio piuttosto che lamentarsene.

Nel mondo capitalista, il fatto di essere considerati un mercato di consumatori attraenti è una forma importante di riconoscimento da non sottovalutare. Kevin Ray, presidente di Aka Communications, un'agenzia di pubblicità e di relazioni pubbliche specializzata nel mercato gay, va perfino oltre, affermando: «I nostri affari sono entrati in una fase di boom, le imprese non vogliono più continuare a ignorare il mercato omosessuale con il pretesto che rischiano di essere boicottate dai consumatori eterosessuali. Oggi, al contrario, temono di essere boicottate dai gay, che le bollerebbero come aziende affette da fobia antiomosessuale».

È chiaro che i gay e le lesbiche sono, in maggioranza, consumatori piuttosto benestanti in cerca di riconoscimento e, tutto sommato, abbastanza facili da raggiungere, perché hanno una vita comunitaria relativamente ben segnalata, con luoghi di incontro, eventi e mezzi di comunicazione loro propri. Uno studio realizzato dal sito Citegay nel 2001 ha dimostrato che, per esempio, gli omosessuali connessi a Internet sono più numerosi della media, che godono di un reddito mensile superiore a 4573 euro e che appartengono a una categoria sociale e professionale elevata. Vengono riconosciuti sempre più come beneficiari di diritti nella società, e quest'ultima ormai li tollera ed è sempre meno restia ad ammettere la loro crescente influenza. La generazione dei 20-30enni, che è cresciuta insieme con queste lotte, è sempre vissuta in una società che accetta relativamente bene l'omosessualità. Questa generazione comincia a raggiungere posizioni decisionali negli uffici marketing e pubblicitari, e ritiene che porsi come target gli omosessuali sia normale come puntare sui giovani, sugli sportivi o su altri segmenti più convenzionali.

Un po' di storia

Non più di trent'anni fa, l'omosessualità era considerata, nel caso migliore, un argomento da evitare e, molto spesso, una perversione. Gli omosessuali erano scherniti, schedati, condannati, addirittura internati. Avevano dovuto trovare i modi per vivere la loro sessualità di nascosto. Quand'anche godessero di uno *status* sociale elevato, del privilegio del denaro o dell'arte era indispensabile non farsi notare né rivendicare il diritto alla propria omosessualità. Oscar Wilde, condannato nel 1895 a due anni di lavori forzati, fece l'amara esperienza di questo ostracismo in un'Inghilterra in cui le élite, educate negli stessi collegi unisessuali, condannavano più lo scandalo che i fatti in sé. In qualche anno, l'identità omosessuale è passata dallo statuto di problema individuale al riconoscimento come realtà sociale. Prendendo esempio dalla minoranza di colore, il movimento omosessuale americano ha fatto leva sulle mobilitazioni promosse inizialmente da un pugno di attivisti per dar vita a un movimento di massa a favore dell'uguaglianza dei diritti. Lo sviluppo delle comunità omosessuali in certe città, a cominciare da San Francisco, ha portato alla nascita di un particolare modo di vita omosessuale, con i suoi ovvi risvolti economici e commerciali. La vita comunitaria omosessuale divenne una realtà di massa negli anni Settanta. Il movimento americano è sfociato nella nascita di una cultura specifica, molto lontana dall'immagine tradizionale dell'omosessuale maschile effeminato stile *Il vizietto*. All'inizio degli anni Ottanta, una band dichiaratamente gay, The Village People, si piazzava addirittura in testa alle classifiche dei successi musicali con la sua canzone *Ymca*. Naturalmente, in un Paese in cui non si disprezzano i dollari di nessuno, tutto ciò non poteva non condurre in tempi brevi alla nascita del marketing gay.

Un'altra caratteristica molto tipica del movimento omosessuale negli Stati Uniti (come, d'altronde, di molti altri gruppi d'interesse) è la sua forte capacità di mobilitare e di esercitare pressione politica (il cosiddetto *lobbying*) per difendere le proprie posizioni nella società. Un buon esempio di questa potenza: qualche anno fa, l'importante Unione americana dei produttori di agrumi aveva affidato la promozione del suo succo d'arancia a Rush Limbaugh, un presentatore molto noto per le sue prese di posizione violentemente contrarie all'omosessualità. La lobby gay fece appello al boicottaggio e il verdetto del mercato fu rapido: caduta delle vendite di 38 milioni di litri nell'arco di qualche mese, fino a quando l'impresa promotrice non bloccò l'azione giudicata offensiva dalla comunità omosessuale. Non si può andare impunemente contro una categoria di consumatori che negli Stati Uniti è tanto potente.

La storia del movimento omosessuale francese è leggermente diversa. Molto legato all'estrema sinistra e al movimento sessantottino, in un primo tempo cercò di dare origine a modi di vita comunitaria "sperimentali", sotto la guida di gruppi come il Fahr (Fronte omosessuale d'azione rivoluzionaria). L'influenza del modello americano condurrà molto presto allo sviluppo in Francia di modi di vita e di rivendicazioni analoghe: diritto di vivere l'omosessualità entro gli stessi limiti di qualunque altra forma di sessualità e, per la coppia omosessuale, diritti equivalenti a quelli riconosciuti alle coppie eterosessuali sposate; infine, diritto al matrimonio. Lo scopo non è inventare un "altro mondo", ma godere pienamente dei diritti che la società riconosce all'individuo e alla famiglia.

Quanto alle coppie omosessuali, è doverosa una precisazione: non bisogna sopravvalutare il numero delle coabitazioni. Vari studi rivelano infatti una libertà sessuale maggiore che tra gli eterosessuali. Così, in un'ampia inchiesta sulle pratiche sessuali degli omosessuali, la maggioranza degli intervistati ammetteva di vivere da soli e senza un rapporto stabile; l'11% viveva un rapporto di coppia stabile ed esclusivo, ma abitava separatamente; il 16%, sempre abitando separatamente, viveva un rapporto di coppia stabile "con scappatelle"; il 16% conviveva con qualcuno in un rapporto di fedeltà e il 16% conviveva con qualcuno permettendosi "scappatelle". Le coppie stesse, quando ci sono, spesso durano poco: nella metà dei casi, meno di 26 mesi. Ma la vita sotto lo stesso tetto ha un certo fascino. Nel 2000 conviveva il 34% degli omosessuali, contro il 20% del 1980. Detto questo, facciamo notare che queste cifre riguardano essenzialmente la popolazione maschile, poiché non disponiamo praticamente di dati per la popolazione femminile, che sembra più stabile (ma anche più discreta) nelle relazioni affettive.

Negli anni Ottanta, il quartiere del Marais a Parigi diventa il centro di un'economia gay che ha i suoi luoghi d'incontro e la sua stampa, il cui risultato migliore è *Gai Pied*, lanciato nel 1979, che raggiungerà una diffusione di 30.000 copie.

Nel momento in cui l'omosessualità comincia a essere tollerata, fa la sua comparsa l'Aids. In un primo tempo, data la sua forte incidenza negli ambienti omosessuali (prima di scoprirne l'origine virale, se ne parlava come del "cancro gay"), si manifestano reazioni di fobia antiomosessuale, che certamente vengono controllate meglio negli Stati Uniti che in Europa.[1] Negli Stati Uniti il problema non viene negato, ma semplicemente ricondotto ai suoi caratteri reali: l'Aids è una malattia virale che si contrae in vari modi e non un "castigo divino".

In Francia, per il timore di gettare l'obbrobrio su una comunità appena uscita dall'ombra, si cercò, in un primo tempo, di eludere il problema, mancando però, in questo modo, di tutelare gli interessi sanitari delle comunità a rischio (omosessuali, tossicodipendenti, politrasfusi ecc.). Ciò nonostante, a partire dal 1984, l'azione di gruppi gay organizzati (in Francia, per esempio, Aides, Act Up e Arcat Sida) ha avuto un effetto benefico dentro e fuori la comunità omosessuale. L'Aids non ha ostacolato un movimento di fondo verso una maggiore tolleranza, pur con limiti che non bisogna sottovalutare.

[1] Cfr. F. Martel, *Le rose et le noir*, Seuil, Paris 1984.

Gli omosessuali: un target che giustifica un marketing specifico?

Ricordiamo che, se gli omosessuali non sono considerati a pieno titolo un target per il marketing, ciò non è dovuto soltanto al fatto che sono una minoranza. Si deve cercare una spiegazione anche nell'ostracismo che subiscono da secoli. Nonostante la liberalizzazione dei costumi, il peso dell'educazione è tale che i responsabili di marketing eterosessuali sono perlopiù restii a occuparsi di marketing gay, sia perché non fa tradizionalmente parte del loro campo d'interessi, sia per il timore di essere assimilati a una comunità giudicata un po' vergognosa. Un esempio rivelatore. Noi abbiamo partecipato alla prima conferenza sul tema, a Bruxelles, nell'autunno del 2001. A un certo punto, domandammo al centinaio di persone presenti chi fosse omosessuale. Non fu affatto sorprendente constatare che si dichiarava in qualche misura tale l'80% di costoro, mentre, statisticamente, fra uomini e donne, avrebbero dovuto rappresentare meno del 10%. Il che dimostra che, quando si tratta di marketing gay, l'inconscio tende a mettere la parola *OMOSESSUALE* in lettere maiuscole e la parola *marketing* in caratteri molto piccoli. È chiaro che ci vorranno ancora diversi anni di pressione politica e di "evangelizzazione" perché questo tema sia trattato con distacco.

L'esistenza di una comunità omosessuale

In gradi differenti, a seconda che si tratti di gay o di lesbiche, gli omosessuali hanno un modo di vita specifico, nonché una forte coscienza comunitaria, che praticamente non esiste fra gli eterosessuali. Questo si spiega soprattutto con il fatto che gli omosessuali, uomini e donne, passano attraverso tappe simili (a cominciare dal difficile *outing*, la "confessione" pubblica della propria omosessualità), un'esperienza che li avvicina notevolmente. Questo modo di vita specifico, benché non si manifesti nelle zone rurali con la stessa evidenza che assume nelle aree urbane, favorisce comunque rituali e codici che sono essenziali per qualunque piano di marketing gay.

La prima ragione che spinge gli omosessuali a raggrupparsi intorno a una vita comunitaria è la maggiore difficoltà, rispetto agli eterosessuali, a trovare dei partner. Durante l'adolescenza, quando lo scopo della maggioranza dei compagni di scuola è realizzare concretamente una sessualità eterosessuale, è difficile scoprire, poi accettare e, ancor più, dichiarare la propria diversità. Così, per ragioni pratiche, sono sempre esistiti, soprattutto nelle grandi città, luoghi d'incontro omosessuale dove vigono l'anonimato e una certa "complicità". Attualmente esistono zone in cui l'omosessualità si esprime apertamente, differenziandosi dal *modus vivendi* degli eterosessuali. È chiaro che vivere in un'oasi di tolleranza, lontano da pressioni sociali negative (quelle dei genitori, per esempio), per gli omosessuali è tranquillizzante.

- Un sondaggio Bva del febbraio 1995 indicava che il 78% dei francesi considerava i gay persone come le altre, il 72% era pronto a riconoscere alle coppie gay gli stessi diritti in materia di eredità e il 63% deplorava il fatto che la società non facesse di più per la loro integrazione.
- Un'inchiesta realizzata da Ipfol/*Le Monde* nel giugno 1996 indicava che il 48% delle donne e il 39% degli uomini avrebbe accettato l'omosessualità di un loro figlio... ma il 47% dei padri non erano al corrente dell'omosessualità del figlio, almeno quando viveva ancora sotto il tetto familiare.
- Un altro sondaggio Bva del gennaio 1999 rivelava che il 54% della popolazione non trovava sconvolgente che un membro della famiglia fosse omosessuale.
- Uno studio realizzato nel febbraio del 2002 affermava che il 73% dei cittadini non avrebbe trovato sconvolgente che un omosessuale diventasse presidente della Repubblica. Questa percentuale rappresenta un miglioramento del 27% rispetto al 1997. Citiamo *en passant* l'esempio di Bertrand Delanoë, eletto sindaco di Parigi benché avesse reso nota la sua omosessualità già molto prima delle elezioni.

In Francia, alcuni omosessuali contestano la fondatezza dell'esistenza di una vita comunitaria gay. Questo dibattito è alimentato dall'ideologia repubblicana, che rifiuta ogni corpo intermedio fra l'individuo e la nazione, e da una tradizione di sinistra molto forte tra gli omosessuali, ostili a quanto possa apparire mercantile relativamente a locali, ristoranti, giornali, discoteche, viaggi e tutto quanto costituisce la vita comunitaria gay. Ciò non riflette necessariamente il sentire della maggior parte degli omosessuali. Si tratta, innanzi tutto, di una scelta personale. Lavorare, vivere, uscire in un ambiente esclusivamente omosessuale può rassicurare alcuni e, per costoro, essere sufficiente. Altri omosessuali manterranno relazioni professionali, familiari e di amicizia secondo le regole correnti e frequenteranno la comunità solo in momenti precisi. Questo, in genere, è quanto accade in Francia, in parte perché è tutt'altro che facile vivere in "autarchia" in una comunità molto più limitata rispetto a quella degli Stati Uniti, ma anche perché gli omosessuali, nel complesso, sono ben accetti nelle metropoli francesi.

La vita comunitaria omosessuale, anche quando sembra chiusa in un "ghetto", permette di trovare spazi privilegiati. Naturalmente, se un omosessuale vuole avere successo nella vita professionale, può affermarsi in un'impresa qualsiasi altrettanto bene che in un'impresa gay. La sua lotta sarà la lotta per un diritto: quello di non essere svantaggiato per ragioni extraprofessionali.

In Francia, d'altronde, esiste un'associazione imprenditoriale che raggruppa le imprese gay: lo Sneg (Sindacato nazionale delle imprese gay), che ha l'obiettivo di riunire in federazione e di difendere le aziende che rendono nota la loro "posizione gay". Nel novembre 1998, durante la trasmissione *Zone interdite* ("Zona proibita"), riservata al mercato gay, fu dedicato un servizio a un'impresa di ristrutturazioni e restauri edilizi che aveva sede nel quartiere del Marais a Parigi e si chiamava Grm (Gai Marais Rénovation). I suoi responsabili spiegarono il loro successo con la serietà della loro presa di posizione: «Per noi è naturale, quando si entra in un appartamento, trovare una coppia di uomini o una coppia di donne, e questo non provoca né strizzatine d'occhio né battute».

Citiamo ancora la pubblicazione, nel maggio 2003, per la prima volta in Francia, delle *Pagine arcobaleno*, il primo annuario commerciale per la comunità gay e per i suoi amici, sul modello delle *pink pages*, le "pagine rosa" nate negli Stati Uniti.

Non tutti i gay hanno però la "fortuna" di lavorare in un'impresa tollerante. In tal caso, l'appartenenza a una comunità apertamente omosessuale rende molto meno difficile la libera espressione dei propri sentimenti e idee.

All'inizio del XXI secolo si assiste a un'evoluzione spettacolare: la comparsa di una comunità che, per esistere, non ha più bisogno di un riferimento geografico (un "ghetto"). È uno degli effetti della rivoluzione elettronica, della capacità di riunire gli individui in tempo reale. Internet ha reso possibile incontrarsi collettivamente anche in assenza di un "luogo" fisico, dato che una circolazione immediata delle informazioni può far coagulare una comunità di persone apparentemente disperse. Forse Internet contribuirà a rendere obsolete le comunità circoscritte geograficamente, accrescendo nel contempo la frequenza e perfino l'intensità dei legami fra i membri della comunità. I siti Internet dedicati ai gay sono molto numerosi e in fortissima crescita: la gamma comprende siti di discussione e di e-commerce, siti letterari e pagine dedicate ai consigli sulla salute, oltre, naturalmente, agli "inevitabili" siti pornografici. Spesso si fa notare che i gay figurano tra i navigatori più numerosi e più dinamici: secondo uno studio realizzato dal laboratorio Simmons Market Research Bureau, il 51,5% dei gay americani userebbe regolarmente Internet, contro il modesto 15,8 del resto della popolazione.

Caratteristiche economiche e geografiche interessanti

Agli occhi degli specialisti di marketing, i gay appaiono sempre più un mercato potenziale che non si può trascurare. Le imprese americane hanno individuato tra loro un numero apprezzabile di *Dink* (*Dual income no kids*, "doppio reddito senza figli"), le cui disponibilità economiche, com'è logico, sono molto attraenti. Questa tipologia di consumatori, già giudicata a fortissimo potenziale quando si tratta di coppie eterosessuali, è ancora più interessante quando si tratta di omosessuali, in forza dei loro comportamenti di consumo.

Tradizionalmente, si valuta che il numero totale degli omosessuali, uomini e donne, sia pari a circa il 10% della popolazione, includendovi chi ha tendenze omosessuali o ha avuto esperienze in tal senso: una stima che indicherebbe la presenza in Francia di un mercato di circa 6 milioni di persone. Detto questo, però, per prendere in considerazione l'omosessualità come criterio specifico di appartenenza a una comunità, è necessario essere più restrittivi. Uno studio che viene considerato un classico, realizzato all'università di Chicago, ha calcolato che il 2,8% degli uomini rientrerebbe in un modo di vita omosessuale. Negli Stati Uniti, si conterebbero quindi da 6 a 9 milioni di omosessuali di sesso maschile; in Francia, quest'ipotesi più limitante equivarrebbe a circa 1,6 milioni di uomini esclusivamente gay.

È una popolazione target ben definita dal punto di vista geografico. In Francia, dal 70% all'86% degli omosessuali vivrebbe in città con più di 100.000 abitanti, con la capitale che attira la massima quota (un quinto del totale); perciò, Parigi ospiterebbe all'incirca 100.000 gay e altrettante lesbiche. È quindi, dal punto di vista quantitativo, la prima città omosessuale d'Europa. Si calcola che 35.000 di loro frequenti quotidianamente gli oltre 200 locali gay della capitale (per il 50% si tratta di ristoranti).

Il livello d'istruzione e i redditi degli omosessuali sono nel complesso superiori alla media nazionale. Tra loro sono sovrarappresentate le classi medie o superiori. Quanto al reddito, diversi studi commissionati dal più grande salone gay del mondo, l'Outloud di New York, accrediterebbero agli omosessuali americani redditi annui che nell'insieme superano i 500 miliardi di dollari. In Francia, secondo il centro studi Bsp, specializzato in ricerche sul mercato omosessuale, di cui fornisce un barometro annuale, il 31% dei gay e il 17% delle lesbiche godono di un reddito annuo superiore ai 25.000 euro.

Un'influenza che si estende ad altri ambienti

È incontestabile il fatto che la nostra società accetti con sempre minori remore gli omosessuali, la cui influenza peraltro cresce in modo nettissimo, al punto che si parla di "potere gay". Molti omosessuali ricoprono posizioni professionali di rilievo e sono inseriti in reti di amicizie e di contatti che non si limitano alla comunità omosessuale (secondo la stampa gay, soltanto il 20% coltiva esclusivamente amicizie omosessuali). Il successo di certi luoghi di incontri omosessuali (diventati locali alla moda dove è elegante farsi vedere) o del Gay Pride supera ampiamente i limiti della comunità.

Da qualche anno si può assistere all'affermarsi di mode sorte negli ambienti omosessuali: il taglio degli abiti (aderenti al corpo in stile Calvin Klein) e il body-building non possono non ricordare apertamente aspetti della cultura gay. Così le caratteristiche del vestiario e il look storico dei gay veri, come la T-shirt che modella le forme del corpo, le scarpe da cantiere (Caterpillar o Timberland), il giubbotto bomber, il pizzo e il cranio rasato vengono imitati con sempre maggior frequenza. Dopo la vittoria della squadra di calcio francese ai campionati mondiali del 2002, il "look Fabien Barthès" innervosisce a volte gli ambienti gay, che lamentano nel portiere della nazionale una pedissequa imitazione del loro stile.

Disponendo di redditi più alti e di meno oneri, perché i figli sono rari, e occupando spesso posizioni elevate nelle imprese, gli omosessuali influenzano incontestabilmente l'opinione pubblica e hanno consolidato élite riconosciute. Settori come la moda, il cinema, il teatro, la musica sono molto influenzati da figure omosessuali: la coppia gay "mitica", composta da Yves Saint Laurent e Pierre Bergé, occupa un posto di primissimo piano. Ysl è nata, poco più di quarant'anni fa, dal "colpo di fulmine" fra questi due uomini. La loro storia è emblematica per i gay di tutto il mondo: prima di loro, nessun creatore di moda o uomo d'affari aveva osato esprimere con tanta forza la sua omosessualità. Essi hanno posto la loro celebrità al servizio della difesa della causa gay, sostenendo un numero notevole di associazioni omosessuali, sponsorizzando il Gay Pride o, recentemente, schierandosi apertamente per il Pacs.

Altre personalità sono note per la loro militanza palese, come Christophe Girard (direttore generale di Ysl), Jean-Paul Gaultier, Jean Cocteau e Jean Marais, il gruppo dei Queen e il suo leader scomparso Freddy Mercury, Elton John, George Michael e molti altri. Anche se non è nata nell'ambiente omosessuale, la musica techno è molto ascoltata dai gay. Pioniera della techno, in Francia Radio Fg supera ampiamente i confini dell'ascolto puramente omosessuale; d'altra parte si è autoconferita nei suoi *jingles* il titolo di "fornitore ufficiale delle altre radio". Una sua omologa, la radio Voltage Fm, che non è un'emittente gay ma diffonde musica techno, ha un ampio ascolto nell'ambiente omosessuale e sponsorizza manifestazioni come il Gay Pride.

Campagne pubblicitarie redditizie

Il fatto di essere omosessuale e, soprattutto, di essere impegnato nella vita della comunità gay sono spesso sinonimi di consumatore molto attraente per le imprese. Come ben si sa, gli omosessuali escono, viaggiano molto e hanno più cura del loro aspetto di quanto faccia in media la popolazione. È nei settori connessi con questi comportamenti che si trovano i tradizionali inserzionisti sui mezzi di comunicazione gay. Ma anche nel quadro di una strategia "grande pubblico adulto", il livello del reddito, la scarsità degli oneri familiari e l'apertura mentale dei gay ne fanno un target di grandissimo interesse anche per molti altri settori.

Notiamo di sfuggita che molti programmi che includono la comunità omosessuale non sono propriamente strategie di marketing gay, ma piuttosto di *gay-friendly marketing*, come lo chiamano gli anglosassoni, ossia di marketing diretto non solo agli omosessuali ma anche a chi ha un atteggiamento tollerante e di apertura nei loro confronti. Ciò permette alle campagne di raggiungere un pubblico più ampio, introducendo, nello stesso tempo, una dimensione di apertura mentale tale da connotare una politica di modernizzazione. Così una compagnia di assicurazioni belga ha prodotto un filmato incentrato su una coppia gay, nell'ambito di una campagna che proponeva una serie di temi connessi con diverse minoranze e che aveva come slogan: «Noi assicuriamo la vita così com'è». Anche se questa compagnia ha messo felicemente a segno un gesto molto apprezzato dagli omosessuali, l'obiettivo principale cui essa mirava era innanzi tutto dimostrare che non restava indietro rispetto all'evoluzione dei tempi.

Prima di presentare qualche esempio di programmi totalmente mirati al target, è quindi utile insistere sul fatto che ci possono essere due grandi tipi di marketing gay: da un lato, quello che formula messaggi esplicitamente gay o lesbici; dall'altro, quello che include messaggi in codice, valori o, semplicemente, strizzatine d'occhio che vengono capiti innanzi tutto dalle persone omosessuali. E ognuno dei due tipi può avere come target sia la comunità omosessuale sia il grande pubblico. I canali mediatici saranno forse differenti, così come la percezione del messaggio, ma il risultato sarà coerente con il livello d'immagine dell'impresa. Più il prodotto o il servizio proposti faranno leva sui legami tra i membri della comunità gay, più sarà logico mirare al target dei gay in quanto tale.

Bar, ristoranti, club

Essendo i principali luoghi di vita comunitaria, sono i committenti di pubblicità più ovvi e più importanti. È la pubblicità locale che permette alla maggior parte dei media gay di sopravvivere. Bar, ristoranti e club costituiscono anche ottimi centri di diffusione per le campagne pubblicitarie organizzate da marche di alcolici o di articoli da fumo. Il loro ruolo di promotori di pubblicità si sdoppia in una funzione di mezzo di comunicazione e in una di intermediario per settori come le bevande, le sigarette, la musica, i prodotti alimentari, Internet, la telefonia mobile ecc. Molti bar e ristoranti sfoggiano le loro inclinazioni nei nomi (*Il gaio buontempone*, *Il gaio mulino*), o nella denominazione dei piatti serviti nel menù (*Insalata con vizietto*), oppure appendendo la bandiera arcobaleno (*freedom flag*), segno internazionale di riconoscimento della comunità omosessuale, o anche esponendo gli adesivi delle guide turistiche gay.

L'alcol è un prodotto piuttosto diffuso nella comunità omosessuale: del resto, il suo consumo è privilegiato da persone che escono molto, alla ricerca di luoghi d'incontro. Gli alcolici che puntano a target giovani sono naturalmente molto interessati a farsi conoscere dalla popolazione omosessuale. Così, è ben noto che negli Stati Uniti il lancio della vodka Absolut si è fatto a partire dal target gay. Siccome non aveva ancora conquistato nessuna quota di mercato, e quindi doveva creare un marketing dal nulla, Absolut non aveva niente da perdere: ha puntato fin dall'inizio su un marketing fondato sulla segmentazione, per giungere a crearsi un nucleo di clienti fedeli. Uno studio del 1992 ha dimostrato la straordinaria efficacia di questa strategia: dopo 12 anni di presenza pubblicitaria sulla stampa gay americana (soprattutto su *The Advocate*), la marca è presente nel 49% delle case degli omosessuali americani. Di fronte a tale folgorante successo, dovuto sia alla pertinenza della scelta del target iniziale, sia al brio di una campagna pubblicitaria che rivela rare doti di intelligenza e di creatività, altri concorrenti hanno analizzato gli ingredienti dei suoi buoni risultati, prima di sviluppare autentiche strategie di marketing gay: citiamo il gin Tanqueray e la tequila Sauza; Marie Brizard ha perfino lanciato la gamma Rainbow Spirit, riferendosi alla bandiera arcobaleno.

Bevanda "festosa" per eccellenza, la birra permette, oltretutto, di "reggere più a lungo" durante le lunghe serate di conversazioni nei bar. Certe marche si sono interessate abbastanza presto a questo mercato di consumatori cui piace uscire e ritrovarsi in gruppo. I gay non sono indifferenti all'immagine "virile" della birra. Anheuser-Busch, Mexico Pacifico, Miller Brewing fanno pubblicità da lunga data in questa comunità; un'altra birra, la Wilde's, è stata lanciata specificamente per il mercato gay. In Francia, Kronenbourg sponsorizza il Gay Pride fin dal 1997 per promuovere le sue birre e il suo nuovo prodotto, il sidro X-cider.

Dato che i gay, in media, sono più istruiti degli altri americani e viaggiano di più, sono consumatori molto più forti di vini, stranieri o meno, e di birre estere (il 46% dei gay contro il 26% della popolazione americana nel suo insieme). Secondo il Wine Market Council, il 59% dei lettori della rivista gay *The Advocate* consuma vino, contro il 15% degli americani adulti; il 24% dei gay beve abitualmente champagne, contro soltanto il 4,4% degli americani adulti. D'altronde, il cartello Food and Wine from France fa pubblicità su un'altra rivista gay, *Out*, così come il produttore di vini italiani Bolla. In Francia, il consorzio vinicolo di Bordeaux commissiona regolarmente annunci su Radio Fg.

Arti, spettacoli, prodotti culturali

I gay hanno fama di essere più colti della media. Vanno a teatro il doppio degli altri, in particolare i lettori dei giornali omosessuali. La quarta parte del contenuto editoriale delle riviste gay americane è dedicata alle arti e anche i titoli francesi danno ampio spazio alla cultura. Negli Stati Uniti, i gay assistono 5 volte di più a concerti e 4 volte di più a spettacoli di danza. Per un'impresa che voglia costruire un rapporto con la comunità gay, sembra del tutto pertinente sponsorizzare eventi artistici che le permetteranno di farsi notare e di penetrare a poco a poco in questo segmento.

Fnac è presente costantemente con annunci pubblicitari su Radio Fg. Ricordiamo il successo commerciale nella comunità gay di certi Cd classici, come *Classics Out* (Tower Record) o *Sensual Classic, Too* (Teldec/Atlantis Records), che propongono brani di compositori omosessuali come Čaikovskij, Schubert, Bernstein, Ravel, Poulenc.

Turismo: il carattere particolare dei viaggiatori gay

Gli omosessuali viaggiano di più che gli eterosessuali, soprattutto all'estero: secondo Mulryan/Nash, il 61% dei gay americani avevano fatto un viaggio all'estero nei 12 mesi precedenti l'inchiesta, per un totale di 7 milioni di soggiorni turistici all'estero e di 28 milioni di soggiorni turistici sul territorio americano. In Francia, il 68% dei gay intervistati da Bsp ha dichiarato di aver viaggiato all'estero negli ultimi 12 mesi. In compenso, vogliono viaggiare in luoghi in cui la loro presenza sia accettata (il 90% preferisce soggiornare in città note per la loro tolleranza).

Ovviamente, esistono destinazioni privilegiate dalla comunità gay: in primo luogo le grandi metropoli che ospitano comunità o luoghi di villeggiatura tradizionali, come San Francisco, Key West in Florida o Sydney in Australia (la seconda capitale omosessuale dopo San Francisco, con oltre 400.000 omosessuali, ossia il 10% dei residenti), dove si organizza tutti gli anni il Martedì grasso gay e lesbico, il più grande carnevale del mondo dopo quello di Rio. In Europa, è molto ricercata Ibiza, e l'isola greca di Mikonos, nelle Cicladi, viene spesso chiamata il "paradiso dei gay": ogni estate vi si recano a farvi festa in migliaia, e si tollera di tutto.

È logico, quindi, che gli operatori turistici s'interessino della comunità degli omosessuali, visto che la maggior parte di loro preferisce i viaggi gay organizzati. Esiste una rivista mensile internazionale del viaggio gay e lesbico, intitolata *Our World*, che ha anche un suo sito Internet. Moltissimi siti gay si occupano anche di viaggi. In Inghilterra, Silversea propone crociere gay (secondo *Our World*, il 12,5% dei gay e l'8,5 delle lesbiche hanno fatto una crociera nei 3 anni precedenti); negli Stati Uniti, il Club Méditerranée affitta già con successo i suoi villaggi e anche il suo veliero *Club Med One* all'operatore turistico Atlantis per settimane esclusivamente gay. Shades si è specializzata nelle formule "all inclusive" per le isole Baleari, Torrenohues si consolida come specialista dell'Algarve, nel Sud del Portogallo. In Francia, citiamo come esempio Virgin Vacations o l'agenzia Bambou, specializzata per l'Australia e il Martedì grasso di Sydney.

Sempre in Francia, nel gennaio del 1997 aveva fatto sensazione la prima settimana di sci gay, organizzata per iniziativa dell'operatore turistico inglese Alternative Hollygays (oggi Eurogays) ad Arcs 2000, nell'ambito del Club Aquarius. Si trattava di trasferire in Europa l'iniziativa della stagione di sci gay della celebre stazione di Aspen in Colorado (Annual Aspen Ski Pilgrimage). La campagna, condotta sui principali titoli della stampa gay in Europa e affiancata da dépliant distribuiti nei bar a forte clientela omosessuale, aveva consentito di dichiarare il tutto esaurito (350 posti) in una stagione di solito morta, benché il costo (686 euro) fosse relativamente elevato. Di fronte alla forte domanda, l'organizzatore aveva perfino dovuto dire di no a 250 persone. Con rappresentanze di una ventina di nazionalità diverse, un'età media di 36 anni e una sovrarappresentazione dei quadri, dei medici e delle professioni liberali, quest'iniziativa si è rivelata molto redditizia per l'ex consociata del Club Med. Da allora, sono stati organizzati vari eventi, sia estivi sia invernali, destinati a un pubblico specificamente gay.

Vettori aerei americani come United Airlines o Continental Airlines hanno individuato con precisione il numero elevato di viaggi effettuati dagli omosessuali: 127 milioni di spostamenti professionali, 28 milioni di viaggi di piacere negli Stati Uniti e 7 milioni di viaggi di piacere all'estero. Queste compagnie sono diventate grandi inserzionisti sui canali mediatici gay. La riduzione sulle ferrovie francesi "Scoprire in due con Sncf", accordata indifferentemente a tutte le coppie, è stata vista come un segno precursore del riconoscimento, da parte delle grandi imprese pubbliche, della trasformazione della nostra società. Naturalmente, non senza suscitare qualche polemica.

Servizi finanziari e assicurativi

Banche e assicurazioni manifestano un evidente interesse per le persone che dispongono di redditi elevati, così per gli omosessuali americani è stata creata e diffusa un'apposita carta di credito: la carta arcobaleno (*rainbow card*), lanciata con una campagna pubblicitaria di cui era portavoce Martina Navratilova, una delle poche personalità sportive che abbia mai reso manifesta la propria omosessualità. American Express presenta il prodotto "Conto congiunto" mostrando le firme di due uomini o di due donne. Secondo uno studio pubblicato da *gay.com* nel gennaio del 2002, il 46% degli omosessuali francesi sarebbe disposto a cambiare la propria banca per passare a un'altra *gay friendly* e il 76% sarebbe disposto a sottoscrivere un fondo etico gay. Esiste quindi un effettivo potenziale di reclutamento per le istituzioni finanziarie che siano disposte a superare il loro tradizionale conservatorismo.

Tuttavia, è molto difficile "corteggiare" la comunità omosessuale senza soddisfare la sua esigenza di un trattamento uguale a quello offerto alle coppie sposate o conviventi eterosessuali. Alcune compagnie nordamericane hanno adottato questa politica: per le assicurazioni auto, Hartford accorda alle coppie omosessuali le stesse tariffe e gli stessi vantaggi di quelle eterosessuali; Blue Cross, nell'Ontario, fa lo stesso. Per il timore di perdere una clientela sensibile a questi aspetti, molte altre imprese si sentono sempre più obbligate a seguirne l'esempio, in modo da evitare il rischio di essere "boicottate" per aver compiuto una discriminazione. Un'arma davvero temibile in mano ai vari gruppi di pressione americani!

Salute e bellezza

Dopo i bar e i club, i prodotti farmaceutici sono diventati il secondo investitore per valore in annunci pubblicitari. La maggioranza degli omosessuali si rivela più attenta alla cura del corpo e pratica intensamente lo sport, compreso il body-building. Spesso sono anche consumatori di integratori alimentari. Per questo la società newyorchese Community Concept ha lanciato un profumo denominato Q, iniziale di *queer* o di *queen*, termini che indicano gli omosessuali maschi.

Su un terreno più angoscioso, l'Aids che colpisce duramente la comunità gay ha indotto i laboratori leader in questo settore (Smith Glaxo Kline, Wellcome, Msd) a intensificare la pubblicità sulle riviste e sui vettori di comunicazione gay. Fare pubblicità su questioni drammatiche è anche un modo per contribuire alla vita della comunità senza limitarsi a intascare i profitti della vendita di medicinali. Ovviamente, le marche di preservativi sono molto presenti sui canali mediatici gay.

Automobili e motociclette

Negli Stati Uniti, il 15% di gay e lesbiche possiede uno di quei veicoli detti "da svago" (tipo 4×4), contro il 7,5 della popolazione in genere. Il loro stile di vita più estroverso li porta in modo abbastanza naturale a dotarsi di quel genere di automobili. Anche il fatto di non avere figli li rende più sensibili a marche europee che puntano molto sull'estetica e propongono vetture più compatte: tra loro hanno infatti molto successo le spider e i coupé a due posti (per esempio, Mercedes Slk, Audi TT o Bmw Z4).

In Francia, se si tiene conto che i media gay e una comunità gay dinamica sono concentrati quasi esclusivamente a Parigi (dove girare in automobile non è un divertimento), non è detto che questo target sia molto interessante per i costruttori di automobili classiche; in compenso, un'auto "originale" come la Smart esercita sui gay un'attrazione sicura.

Nel mondo delle due ruote, è incontestabile che una frazione significativa dei gay è costituita da acquirenti decisamente interessanti: la virilità ostentata dal fatto di padroneggiare una grossa cilindrata non è priva di attrattive, sia per i gay sia per le lesbiche. Una marca culto come Harley Davidson conta una parte significativa dei suoi "tifosi" nelle file dei gay (specialmente tra i senior, che hanno i redditi alti necessari per acquistare questi "giocattolini").

High-tech

Gli omosessuali americani sono stati fra gli utenti precoci di Internet. La comunità gay dispone di moltissimi siti, che rafforzano i legami dei gay su scala internazionale. Per essere informati degli eventi che riguardano la comunità non c'è più bisogno di abitare in un quartiere gay. È perfettamente logico che fornitori di accesso come America Online o Infonie cerchino di dar vita a un rapporto specifico con la comunità omosessuale, che è riconosciuta come una clientela leader d'opinione nel campo delle nuove tecnologie.

Non si può non sottolineare quanto sia pertinente, in particolare, l'uso di Internet come veicolo di comunicazione per entrare in rapporti pubblicitari con i gay (si veda oltre).

Comunicare con gli omosessuali

Il fattore cruciale è l'azione di marketing mirata rispetto a un carattere peculiare della persona, giacché ogni individuo, per definizione, non possiede mai una sola dimensione sola. Perché dunque scegliere di rivolgersi a un consumatore in quanto omosessuale, invece di tentare di convincerlo con spot televisivi "generalisti"? O con cartelloni 4×3? Con annunci sul quotidiano nazionale cui è abbonato? Collegare la propria azione commerciale a un elemento che definisce la persona nella sua specificità significa voler creare con lei una sorta di "complicità". Una persona omosessuale che legge o ascolta un mezzo di comunicazione omosessuale, che partecipa a una festa gay o beve un bicchiere in un bar gay vive un momento fortemente connotato della propria esistenza, un tempo frutto di una scelta cosciente e deliberata. Si trova quindi in una disposizione psicologica favorevole. Un messaggio ricevuto in un contesto gradevole ha maggiori probabilità di influire sui comportamenti d'acquisto, in quanto associato a una situazione effettivamente apprezzata. È un segnale che si invia alla persona per comunicarle implicitamente: «Ti accetto, ti riconosco, so che appartieni a una comunità forte e influente».

Nella trasmissione televisiva *Zone interdite* che abbiamo già ricordato, molti gay dichiaravano esplicitamente la loro grande riconoscenza per la marca Yves Saint Laurent, per tutto quello che faceva (e fa ancora) a favore della causa omosessuale. Uno degli intervistati era arrivato al punto di farsi tatuare il logo Ysl sulla pelle. Naturalmente, ciò che interessa all'inserzionista è il potere d'acquisto dei gay, ma c'è anche il riconoscimento di un potere. Gli omosessuali si sentono una minoranza oppressa (le donne ancora più che gli uomini) e sono pertanto sensibili in misura straordinaria a tutto quanto si possa interpretare come un sostegno. Da parte di un'impresa non esiste un segnale più forte del sostegno commerciale condotto attraverso la sua pubblicità o operazioni di sponsorizzazione. Gli omosessuali sono particolarmente sensibili e ricettivi nei confronti della pubblicità: secondo la società di studi Ovelooked Opinions, 9 gay americani su 10 dichiarano di prediligere i prodotti di cui hanno visto gli annunci sui media gay; 8 su 10 comprano principalmente in conseguenza di quanto vedono sui media gay.

Visto il ritardo accumulato, è abbastanza logico che i committenti di pubblicità europei, invece, siano ancora terribilmente freddi nei confronti del marketing gay, nonostante il fatto che una comunità a lungo isolata in un ghetto "vergognoso" reagisca molto positivamente ai segnali di riconoscimento inviati nei suoi confronti.

Cittadini, ancora uno sforzo. Se non sono più i diritti umani a ispirarvi, pensate ai soldi che si possono fare.

Gai Pied, 1996

Comunicare con i gay attraverso i mass media: un delicato esercizio di equilibrio

Nella loro maggioranza, gli europei dichiarano di non essere urtati dal fatto che si riconoscano pari diritti agli omosessuali. Invece, accordare loro vantaggi specifici, cosa logica nel quadro di qualunque azione di marketing mirata su un target, può far sorgere critiche. Sncf, le ferrovie francesi, lo ha sperimentato quando ha concesso a chi si recava al Gay Pride una riduzione del 30%, ossia di più che per altre manifestazioni, come, per esempio, il Salone dell'agricoltura. Anche il "biglietto rosa" emesso per la stessa manifestazione dalla Ratp, la rete dei trasporti pubblici di Parigi, ha ricevuto la sua raffica di critiche acrimoniose.

Un paradosso? Anche se la tolleranza verso l'omosessualità è solida, in Francia sembra non riuscire a superare una certa soglia e altrove, come negli Stati Uniti, appare perfino in regresso. Così un annuncio su *Télérama*, che pur ha un pubblico di lettori ritenuto liberale, nel quale si mostrava una coppia di uomini con la didascalia: «Si amano. Stanotte hanno fatto l'amore», ha suscitato reazioni incredibilmente negative. Qui si vede tutta la difficoltà dell'esercizio di equilibrismo necessario per servirsi dei canali di comunicazione "normali" per parlare ai gay: probabilmente si soddisferanno i membri della comunità, ma si rischierà nello stesso tempo di urtare o irritare una porzione non trascurabile degli altri consumatori.

Qualche anno fa, aveva fatto sensazione nell'ambiente della pubblicità britannica una campagna di Guinness – la prima a mostrare una coppia gay –, benché si supponga che in Gran Bretagna l'omosessualità sia in genere più tollerata che in altri Paesi europei.

A lungo termine, l'effetto sugli omosessuali è sicuramente positivo, perché essi tendono ad apprezzare questo tipo di "accettazione del rischio" da parte dei grandi inserzionisti. Per esempio, Ikea Stati Uniti realizzò tempo fa uno spot in cui si vedeva una coppia gay che sceglieva i mobili in un negozio. Questo spot, benché sia passato molto tempo, sopravvive ancora nella memoria della comunità. Aveva anche ricevuto numerosi riconoscimenti pubblicitari internazionali, come attestazione del coraggio strategico e creativo dell'impresa. Un'altra campagna, questa volta di Nike, è stata accolta con favore dai gay: essa metteva in scena il maratoneta sieropositivo Rick Muñoz che, dopo tre anni di sconforto, ha ripreso a correre per combattere la malattia.

È chiaro che, se si vogliono usare i canali mediatici destinati al grande pubblico, è meglio dire le cose in modo non troppo diretto. Volkswagen, per esempio, ha presentato un filmato che mostra il guidatore e il passeggero di una nuova Vw in atteggiamenti di intimità, lasciando tuttavia allo spettatore un margine per "decodificare" lo spot a sua discrezione. Non bisogna cadere né nella demagogia, che viene immediatamente colta dagli omosessuali, né in atteggiamenti militanti, che urterebbero i non omosessuali. In uno spot per la Twingo, Renault si è riferita agli artisti Gilbert & George, il cui legame è noto agli omosessuali e agli appassionati di arte contemporanea, ma è pochissimo conosciuto dal grande pubblico. Analogamente, quando le assicurazioni Maaf hanno mostrato due uomini che vanno a pescare, gli omosessuali vi hanno riconosciuto una coppia che parte per le vacanze, mentre gli altri spettatori non hanno visto altro che due amici.

Fra le interpretazioni degli uni e degli altri, si corre sul filo del rasoio. Si fa in fretta a cadere sotto il tiro incrociato dei movimenti conservatori che continuano a non accettare i gay. Un articolo su *Libération* del 23 dicembre 1998, dedicato al consumo dei gay nel settore automobilistico e intitolato "Ai costruttori piacciono i gay, ma non lo fanno vedere", è abbastanza indicativo dei timori espressi dagli operatori del marketing di fronte ai rischi che corrono se si rivolgono in modo troppo chiaro ai consumatori gay. L'articolo dimostra che certi nuovi modelli di spider e cabriolet a due posti, come la Bmw Z4, la Fiat Barchetta e la Mazda Mx5, hanno una forte clientela gay. Un responsabile di marketing di una di queste marche comunica: «All'inizio, non erano destinate a loro in particolare, ma si è scoperto che queste auto hanno un successo enorme fra gli omosessuali». Il responsabile pubblicità di uno di questi modelli, intervistato dal quotidiano, risponde:

> Pensate a una marca come Bmw, che ha un'immagine molto sportiva, perfino sfrontata, ma terribilmente eterosessuale: una comunicazione diretta con i gay ed è la fine, in un momento si trova bollata come "auto da finocchi". Morale: se si vuol prendere una posizione politica o morale meglio non fare riferimenti a marche particolari.

Un responsabile della direzione marketing di Fiat approfondisce la questione:

> Il problema si pone soprattutto con i concessionari. Non è che siano retrogradi... ma poco ci manca. È molto difficile convincerli a montare una loro vetrina con la Barchetta circondata dalle bandiere arcobaleno del Gay Pride. Per il momento, ci si accontenta di accogliere questi nuovi clienti il meglio possibile.

Oltre un lustro dopo, a parte alcuni annunci e qualche spot in televisione, pochissime cose sono cambiate. Anzi, il XXI secolo inizia sotto il segno della freddezza e della marcia indietro.

Quello che negli Stati Uniti si chiama "riflusso conservatore" si traduce in un attivismo di massa che mira a contrastare i gruppi di pressione omosessuali che lottano per affermare i propri diritti. Campagne di pubblicità sulla stampa tentano di far ritornare gli omosessuali sulla "retta via". Michel Roux, presidente di Carillon Inc., distributrice esclusiva della vodka Absolut, è stato per molto tempo il principale inserzionista della rivista leader nella comunità gay, *The Advocate*. Già soltanto per questo, ha spesso subito pressioni: «C'è stato un mucchio di gente che ci ha scritto che non avrebbero mai acquistato la nostra vodka perché, secondo loro, incoraggiamo l'omosessualità».

Disney subisce una campagna di boicottaggio da parte della Chiesa battista del Sud (15 milioni di fedeli) per la sua politica a favore dell'uguaglianza dei diritti degli omosessuali. Le si rimprovera anche di aver condotto azioni commerciali rivolte ai gay e di possedere ancora la catena Abc, che trasmetteva il *serial*

Ellen. La crescita di movimenti antiomosessuali si percepisce in molti Paesi quando la proporzione di gay viene giudicata troppo "invadente". Così a Sydney uno studio parlamentare indicava che gli omosessuali venivano aggrediti fisicamente in media 5 volte di più che gli eterosessuali: in 8 anni, erano stati commessi contro i gay 33 omicidi che avevano come unico motivo l'odio per la loro diversità. Ciò ha indotto la polizia di Sydney a creare un'unità speciale, i Gllo (*Gay and lesbian liaison officers*), forte di 150 agenti, incaricata dei rapporti con la comunità omosessuale. Come prova della buona integrazione di quest'unità con l'ambiente gay, durante le parate del Martedì grasso decine di poliziotti partecipano sfilando sotto uno striscione che dice: «Aiutate la polizia a lottare contro la violenza antiomosessuale: fate denuncia».

I media gay: un modo efficace per costruire una politica a lungo termine

Patrocinare particolari eventi gay o introdurre annunci pubblicitari con coppie gay nei canali mediatici destinati a un pubblico indifferenziato può essere interpretato come una presa di posizione. Invece, usare i media specifici dei gay per inserirvi annunci pubblicitari non rischia di provocare reazioni ostili da parte dei consumatori non gay... Per principio, non se ne interessano.

Gli omosessuali hanno la caratteristica di costituire un target facile da raggiungere, molto selettivamente, attraverso i loro mezzi di comunicazione specifici. Esiste un'autentica vita comunitaria con i suoi media, le sue feste e i suoi luoghi d'incontro, dove le imprese possono, con le loro campagne, comunicare in modo efficacissimo.

La stampa

Negli Stati Uniti esistono più di 150 riviste per omosessuali, con un numero di lettori valutato in 735.000 persone. Di fronte all'atomizzazione dei consumi mediatici, le imprese hanno capito che hanno interesse a farsi conoscere sulla stampa gay.

I lettori gay sono sensibili alla pubblicità, e il fatto di far pubblicare annunci su una rivista omosessuale è percepito come un sostegno dai suoi lettori, che sono noti per essere abbastanza fe-

Pubblicità gay

Nel 2001, il mercato pubblicitario della stampa gay aveva un giro d'affari superiore ai 100 milioni di dollari e annoverava ormai grandissimi inserzionisti, come Ibm, United Airlines, American Express e Levi's. Quest'ultima ha impostato una campagna molto insistente sulla rivista *Out*. Per promuovere la gamma Khakis del suo marchio Dockers, ha investito in 12 pagine di pubblicità, scegliendo di onorare 10 personalità americane conosciute per la loro creatività, nonché per la loro omosessualità dichiarata: celebrità come Bruce Hayes, Guinevere Turner, Wilson Cruz e Eve Fowler. Mark Malinowski, responsabile della campagna di marketing senior di Levi's, a proposito di quest'iniziativa senza precedenti ha dichiarato: «Quando si tratta di porsi come target una categoria specifica della popolazione, è importante farlo in modo intelligente e rispettoso. Noi non volevamo semplicemente "usare" gli omosessuali per promuovere i nostri pantaloni: volevamo offrire loro qualcosa in cambio. È per questo che abbiamo realizzato questa campagna, che rende omaggio a personalità chiave della comunità omosessuale». Dockers ha investito, nell'arco di qualche mese, circa 100.000 euro in pubblicità sui media gay.

deli alle marche che si avvalgono di quella pubblicazione come veicolo di comunicazione.

Bisogna notare che gli omosessuali che sono coinvolti nella vita della comunità e che sono consumatori di media gay sono abbastanza giovani. Hanno una vita sociale attiva, senza dubbio più degli altri omosessuali o dei giovani non omosessuali. I lettori gay costituiscono un target "giovane" da non trascurare. La principale rivista gay americana, *The Advocate*, ha una circolazione di 175.000 copie; il suo maggior concorrente è *Out*. Altre riviste hanno una grande presenza in certe aree (*Q* a San Francisco, *Frontiers* in California, *Southern Voice* e *Houston Voice* nel Texas, così come il *Lavender Magazine*).

In Francia, il lancio nel 1979 di *Gai Pied* fu all'inizio un grande successo (fino a 30.000 copie vendute), poi insorsero difficoltà e la pubblicazione chiuse i battenti nel 1992. Da allora, i titoli si sono moltiplicati, il che li rende abbastanza fragili. Oggi, il leader della stampa gay francese è *Têtu*, un mensile tirato in più di 80.000 copie e con un contenuto incentrato sulla cultura. La rivista fu creata nel 1996 da due dei fondatori di Act Up, Didier Lestrade e Pascal Loubet, con finanziamenti principalmente di

Pierre Bergé, avendo come direttore Christophe Girard (ex direttore generale di Yves Saint Laurent).

Tétu non è l'unica rivista gay in Francia. Citiamo anche *Illico*, concentrato sugli spettacoli e i divertimenti e distribuito gratuitamente in 40.000 copie nei locali gay, *Idol* (del gruppo Illico), destinato ai 18-30enni, *Ex Aequo* (15.000 copie), una rivista di notizie gay, *3 Keller*, la rivista del Centro gay e lesbico di Parigi ecc.

Internet

Internet è, chiaramente, un mezzo di prim'ordine per stabilire un rapporto privilegiato con i gay: è "discreto" (per le marche che temono reazioni da parte degli altri consumatori), è perfettamente mirato sul target ed è quasi esente da dispersioni. La rivista principe del settore pubblicitario statunitense, *Advertising Age*, è stata la prima a individuare l'importanza di questo supporto, "facile" da usare per raggiungere i gay. Oggi, certi siti gay possono sostenere di avere una clientela ampiamente superiore a quella delle più diffuse riviste gay americane. Così *planetout.com*, recentemente fuso con *gay.com*, dichiara più di 4 milioni di utenti registrati, che trascorrono fra le sue pagine, in media, 40 minuti. Fra gli altri siti gay importanti ricordiamo *kleptomaniac.com* e *gaywired.com*. In Francia, i leader sono *citegay.fr* (900.000 visitatori) e *gay.fr*. Le cifre della crescita spettacolare del traffico su Internet inducono un numero sempre maggiore di gay a rivolgersi a questo mezzo di comunicazione privilegiato dalla loro comunità, tanto che si contano all'incirca 5000 nuovi utenti al giorno. Piazzare le proprie insegne sui siti Internet dedicati è un modo discreto, efficace e poco costoso per raggiungere la comunità gay.

La radio

A Parigi, Radio Fg è succeduta a Fréquence Gay; più musicale, la nuova stazione si concentra sulla musica techno. Questa scelta le assicura un vasto pubblico, con il corollario di avere un inconveniente: il suo uditorio non è composto esclusivamente da omosessuali e non è del tutto omogeneo.

Negli Stati Uniti, più di venti stazioni radio offrono programmi specificamente destinati ai gay e alle lesbiche, in genere di notte. A Chicago, la radio Les BiGay ha visto lievitare le sue fortune grazie alla grande notorietà (trasmette di giorno in quattro Stati un programma nell'ora di massimo ascolto). PlanetOut Radio, nata dall'acquisizione di GloRadio e collegata al sito Internet leader *planetout.com*, diffonde 35 ore di programmi alla settimana e dispone di una rete di stazioni su tutto il territorio americano. Fra i principali committenti di annunci pubblicitari troviamo Citibank, i produttori di birra Anheuser-Busch e Miller Brewing (pioniere della pubblicità gay), la casa automobilistica Ford, i caffè Starbucks.

La televisione
Da qualche tempo, a partire dagli Stati Uniti e dai Paesi nordeuropei, si sono moltiplicati i programmi realizzati specificamente per gay e lesbiche, un fenomeno che si va estendendo anche in Francia e nel resto d'Europa. Con ambizioni ancora maggiori, si comincia a parlare di emittenti via cavo e via satellite totalmente dedicate: Pink Tv e Pride Tv, in particolare. Benché il rapporto costo/audience sia poco favorevole quando si tratta di comunità limitate, nei prossimi anni la televisione potrebbe finire per imporsi come lo strumento mediatico per eccellenza del marketing gay. Resta da vedere fino a che punto le imprese saranno disposte a investire su produzioni specifiche.

Gli eventi e le occasioni particolari
Al di là delle manifestazioni di massa come il Gay Pride o i Gay Games, l'ambiente notturno omosessuale è uno dei più vivaci. A Parigi si contano un centinaio di ristoranti affiliati allo Sneg e poco meno bar e night club. La frequentazione media di questi locali si calcola in 40.000 persone per sera. Fare comunicazione in questi locali è un modo molto appropriato per raggiungere la comunità gay e non sembra avere influenze negative sulla clientela non gay. Certi locali, come il *Queen*, si sono costruiti una notorietà che supera di molto i confini della comunità omosessuale (per preservare la sua specificità, il *Queen* è stato costretto a riservare una serata alla settimana esclusivamente ai gay e alle lesbiche).

Il Gay Pride, che ha luogo in giugno, commemora i disordini dello *Stonewall*, il bar omosessuale newyorchese attaccato nel 1969 dalle forze di polizia decise a "rompere le ossa ai finocchi". È diventato un evento internazionale. Questo movimento di protesta, che ha al suo centro le rivendicazioni sulla parità dei diritti, rappresenta anche una tribuna per i movimenti di lotta contro l'Aids, il che dimostra a sufficienza la volontà di superare l'ambito gay. Patrocinare il Gay Pride significa impegnarsi a favore del movimento omosessuale e di tutte le sue rivendicazioni.

Per stigmatizzare l'intolleranza della società nei loro confronti e rivendicare il diritto a una sessualità diversa, i gay francesi organizzarono la loro prima marcia nel 1977, con 400 partecipanti. Nel 1995, la serata del Gay Pride di Parigi si svolge all'*Aquaboulevard*: migliaia di persone non riescono a entrare. L'anno dopo, gli organizzatori vogliono fare le cose in grande, affittando Bercy: 12.000 posti invenduti. L'anno successivo, dopo Berlino, Amsterdam e Copenaghen, toccò a Parigi ospitare l'Europride: in quell'occasione, un'organizzazione più seria permise un vero successo di massa. Vi furono ben 23 sponsor, e tra questi Sncf (riduzione del 30% a chi utilizzava il treno per raggiungere Parigi), Ratp, con il "biglietto rosa" valido tre giorni, il Municipio di Parigi; Avis faceva una scommessa sul futuro e sulla riconosciuta fedeltà del pubblico gay. Anche inserzionisti pubblicitari come Kronenbourg (il cui target tradizionale è giovane), Mcm, Fun Radio, *Libération* e Canal+ furono coinvolti nell'evento. Fnac, per parte sua, assicurò gratuitamente la biglietteria dell'operazione. In totale, su 1 milione di euro messi a budget, gli sponsor ne avevano apportato all'incirca un terzo. Gli organizzatori, invece, non riuscirono a convincere Disneyland Paris a chiudere il parco al pubblico corrente per organizzare una giornata esclusivamente gay, come si fa regolarmente negli Stati Uniti.

Il Gay Pride beneficia di ricadute mediatiche importanti: la stampa nazionale e le riviste di attualità, la televisione, le radio "coprono" l'avvenimento prima e dopo. Un'impresa decisa a protrarre il proprio impegno nel tempo potrebbe quindi ottenere una buona tribuna, proprio sotto gli occhi della comunità omosessuale e anche del grande pubblico. Attenzione, però: l'impegno sui valori omosessuali non può entrare in contraddizione con i valori delle altre clientele dell'impresa.

Secondo Michael Stuber, uno dei più autorevoli specialisti europei di marketing gay, avvenimenti come il Gay Pride, che uniscono sempre più omosessuali ed eterosessuali, giocano un ruolo positivo di primaria rilevanza nell'integrazione delle comunità e nell'evoluzione delle mentalità. Non c'è quindi da stupirsi che siano sempre più numerosi e popolari. Così, secondo la European Pride Organizers' Association, il numero dei Paesi organizzatori è più che raddoppiato tra il 1983 (10) e il 2001 (22), mentre quello degli eventi è quasi quadruplicato (da 19 a 68). Quanto al numero dei partecipanti e dei visitatori, è passato da 700.000 nel 1995 a quasi 4 milioni nel 2001.

Esistono anche olimpiadi omosessuali: i primi Gay Games furono istituiti nel 1982, gli ultimi si sono tenuti a Sydney nel novembre del 2002, i prossimi si svolgeranno a Montréal nel 2006. Ad Amsterdam, nel 1998, 12.149 concorrenti provenienti da 72 Paesi parteciparono alle prove in 31 discipline. All'evento assistettero più di 250.000 spettatori. Nonostante un successo crescente, tuttavia, non si è mai riusciti a raggiungere il pareggio finanziario. Bisogna dire che, a differenza del Gay Pride, i Gay Games si rivolgono in modo praticamente esclusivo alla comunità omosessuale. Vista la loro difficile situazione finanziaria, è chiaro che sponsorizzarli permette alle imprese di inviare un messaggio chiaro e diretto a tutti gli omosessuali del pianeta.

Il mecenatismo caritatevole

L'Aids continua a provocare danni, in tutto il mondo, tra le file della comunità gay, e le associazioni che si occupano degli ammalati e delle loro famiglie hanno bisogno di appoggio. Il fatto che si siano scoperti farmaci più potenti non risolve né tutti i problemi clinici, né tutte le conseguenze sociali di questo flagello. Sembra un atto di grande responsabilità che certe marche alla ricerca di un rapporto equilibrato con i gay si impegnino su questo tema. L'argomento, naturalmente, è delicato, ma la comunità gay vi è più sensibile che chiunque altro e sarà molto incline a rispettare e ricompensare le iniziative sincere in questo campo.

6. Il marketing etnico

Attenzione! Con questo capitolo entriamo nel "politicamente scorretto", specialmente per noi europei, in un periodo storico nel quale stanno emergendo in tutta la loro drammaticità i problemi dell'immigrazione e le difficoltà di integrazione degli immigrati, perfino di quelli di seconda generazione. E non dimentichiamo il permanere – quando non l'accentuarsi – di ampie sacche di intolleranza xenofoba e razzista, spesso fonte di esplosioni di violenza, che trova anche un'espressione politica (e talora un seguito non trascurabile): pensiamo a fenomeni come Jean-Marie Le Pen in Francia (un personaggio che nel 2002 è giunto inaspettatamente al ballottaggio per l'elezione presidenziale), la Lega Nord in Italia e analoghi movimenti, che fanno di una più o meno grossolana opposizione all'immigrazione la propria bandiera, in Austria, Germania, Olanda e altri Paesi.

Sull'altro versante, quello della resistenza all'integrazione, un Paese come la Francia, che l'ha sempre esaltata (e dato su questo tema lezioni al mondo intero), che ha sempre lottato contro ogni forma di ghettizzazione, anche volontaria, perché giudicata incompatibile con i valori fondamentali della Repubblica, si è svegliato a un certo punto con un paesaggio socioculturale più frammentato che mai, scenario d'azione di gruppi sociali ed "etnici" che esprimono rivendicazioni identitarie forti e tali da generare, in un clima complessivo caratterizzato dall'insicurezza e spesso dalla violenza, reazioni xenofobe (per non dire razziste) in una parte del corpo sociale francese. La Francia una e solidale, la Francia Paese della tolleranza, dell'uguaglianza e della fratellanza è ora diventata cosciente del fatto che non tutto è così semplice e consensuale in questo inizio di XXI secolo. E non si può che constatare, nelle varie comunità etniche, il crescere di forti sentimenti di "comunitarismo", che danno voce a una volontà di separarsi, di isolarsi, di combattere l'integrazione sulla base di identità legate a origini geografiche, ad appartenenze e pratiche religiose, a un'identificazione etnica, a culture con origini lontane.

La Francia (e con essa, in misura più o meno grande, la maggioranza dei Paesi europei) diventa sempre più una nazione meticcia, sotto la duplice influenza di una proporzione via via crescente di immigrati e di francesi di origine straniera (un'origine che a volte risale a diverse generazioni or sono) da un lato e, dall'altro, di una crescita inesorabile della cultura cosmopolita (la *world culture*) che fa scoprire, apprezzare, adottare culture, pratiche, musiche, codici di abbigliamento, cucine "differenti". Ci si rende via via conto, osservando le tendenze di crescita di certi gruppi della popolazione (soprattutto all'interno e intorno ai grandi agglomerati urbani), che l'immaginario storico trasmesso dalla pubblicità nella grande maggioranza degli spot televisivi (una coppia bianca con una o due testoline bionde) corrisponde soltanto a una parte, certo ancora maggioritaria (ma per quanto tempo?), delle famiglie. È davvero giunto il momento di rivedere questo archetipo della famiglia "media", per adattarlo alla nostra società moderna e renderlo pertinente anche per gli "altri" consumatori, il cui potere d'acquisto e d'influenza diventano un po' più importanti ogni giorno che passa. Al giorno d'oggi, se si tiene conto della feroce concorrenza fra i diversi attori economici e delle difficoltà che essi incontrano nel conquistare o semplicemente nel conservare la loro quota di mercato, non si dovrebbero più avere dubbi sul fatto che nessuna marca e nessun distributore possono evitare di condurre un'analisi approfondita sui propri clienti, per costruirne una "cartografia" il più raffinata possibile. È evidente che le imprese che commissionano pubblicità sono sempre più favorevoli a una segmentazione precisa delle operazioni di marketing, per evitare di gettare al vento il loro denaro: esse potranno così mettere correttamente a fuoco i potenziali rappresentati dai diversi segmenti di consumatori e constatare con i propri occhi il peso di quelli che non corrispondono all'archetipo convenzionale.

Mecca-Cola

Un esempio abbastanza spettacolare della strada che stiamo percorrendo verso un'offerta di marketing sempre più "etnicizzata" o "comunitarizzata" è il lancio in Francia, in occasione del Ramadan della fine del 2002, della Mecca-Cola.

Sull'etichetta, fin dalla prima occhiata, le cose sono chiare: «Smettetela di bere da stupidi, bevete da impegnati», scritto in arabo e in francese. Su un tondino verde (il colore dell'Islam) si può leggere: «Il 10% per la Palestina». Questo lancio non è passato inosservato: le bottiglie di Mecca-Cola vanno a ruba nelle città e diventano la bevanda onnipresente in ogni riunione familiare e in ogni evento della comunità musulmana. «Si vende come il pane. [...] Nei fine settimana, i clienti, sempre maghrebini, la comprano in confezioni da sei», testimonia un commerciante (*Le Figaro*, 19 gennaio 2003).

Quest'idea, che sembra destinata ad avere un bel successo, è venuta a un tunisino di 46 anni, Tawfik Mathlouthi, fondatore e direttore di Radio Méditerranée, che ha scorto l'esistenza di una buona opportunità di marketing nel piazzare un prodotto "anti", cioè contro l'egemonia americana, in una comunità che patisce di un certo rigetto da parte del resto della società: «In questi tempi, segnati da una particolare fobia anti-islamica, ci è sembrato importante disporre di un segno di aggregazione e di unificazione». Il nome della bibita è chiaramente collegato alla Mecca, città santa dell'Islam, ma si richiama, più ingegnosamente, al «martirio della tribù degli indiani d'America chiamata Mecca, massacrata dai pionieri bianchi e cristiani, fondatori degli Stati Uniti d'America». Questo per ricordare che gli Stati Uniti sono nati a partire da un «atto di terrorismo e che il signor Bush e soci non sono i più indicati per cantare in casti cori la volontà di lotta al terrorismo» (*ibid.*).

In ogni caso, il lancio del prodotto ha fatto centro, perché la nuova bibita non soltanto sembra aver raggiunto molto rapidamente lo statuto di bevanda "simbolo" per i musulmani di Francia, ma ha anche suscitato un'ondata di entusiasmo internazionale, al punto che affluiscono ordinazioni provenienti da tutto il mondo, così come le proposte di distributori locali che vogliono includere la marca nel proprio campionario.

Nel febbraio del 2003, la Mecca-Cola ha portato alle stelle la sua notorietà internazionale diventando lo sponsor della grande manifestazione pacifista di Londra. All'inizio di marzo dello stesso anno, un'altra marca concorrente ha annunciato il suo arrivo sul mercato: Muslim Up, che fa sapere che una parte dei suoi utili è destinata a «tutte le organizzazioni che lottano contro le ingiustizie».

Anche se forse non del tutto "politicamente corretto", è giunta veramente l'ora di interessarsi del potenziale di consumo rappresentato da coloro che non sono "bianchi" o etnicamente omogenei al Paese in cui vivono.

Gli Stati Uniti, pionieri del marketing etnico

È un fatto che non stupirà nessuno: è evidente che osservando la situazione degli Stati Uniti potremo chiarire nel modo migliore i caratteri di quello che è corretto chiamare marketing multiculturale o marketing etnico, nelle peculiarità che ha assunto in una società multiculturale con dimensioni demografiche tali da aver determinato da lungo tempo l'emergere di segmentazioni etniche. Negli Stati Uniti è sempre così: quando si individua un segmento di consumatori, si resta sbalorditi dalla dimensione della popolazione che lo compone; grandi numeri che, ovviamente, facilitano il *return on investment*, il rendimento dell'investimento nelle operazioni mirate sul target. Come succede spesso nel marketing, è indispensabile studiare il caso americano per trarne insegnamenti preziosi che ci permetteranno di avanzare più rapidamente, in Europa, nella realizzazione di un marketing multiculturale efficace.

La signora Walker

Il marketing etnico è nato senza dubbio negli Stati Uniti nel 1900, per merito di una certa signora C.J. Walker, di mestiere estetista e di pelle nera. Ella aveva constatato che le donne di colore dell'epoca, volendo "integrarsi" meglio nella società americana a prevalenza bianca, ricorrevano a ogni genere di metodi più o meno barbari per lisciarsi i capelli naturalmente crespi, tanto che alcune non esitavano a trattarli con il ferro da stiro. Ne seguivano molte delusioni, incidenti, ustioni, cadute dei capelli...

La signora Walker ebbe l'idea di lanciare un pettine riscaldante in grado di lisciare i capelli crespi delle donne di colore in modo del tutto sicuro. Senza disporre di dati sociodemografici sofisticati, senza un piano di marketing convalidato da studi sui consumatori, senza gli esperti degli uffici marketing, la Walker diede prova di un intuito incredibile riuscendo a mettere a punto un efficacissimo marketing mix per lanciare con successo il suo prodotto nel target delle donne afroamericane.

Quanto al prodotto, scelse un sistema semplicissimo da capire, semplicissimo da usare e privo di pericoli. Ebbe anche l'idea di mostrare il suo volto sulle confezioni, per mostrare che esso proveniva da una persona appartenente alla stessa comunità etnica. Il prezzo del prodotto fu calcolato abilmente, in modo da essere accessibile a un target in maggioranza abbastanza povero, pur essendo sufficientemente alto da dare un'impressione di qualità; le clienti si mostrarono disposte a fare uno sforzo finanziario per un prodotto di cui sentivano fortemente il bisogno. La Walker fece distribuire il suo pettine in istituti di bellezza ed ebbe l'idea di creare una squadra di vendita diretta che si recava a domicilio, per raggiungere tutte le donne che avevano pochi mezzi e non potevano permettersi l'estetista.

Sul piano della strategia di comunicazione, furono usati con intelligenza tutti gli strumenti per accedere alla comunità di colore americana, in particolare i quotidiani "neri", come il *Pittsburgh Courier* e l'*Amsterdam News*, nei quali fece inserire foglietti pubblicitari. La Walker ebbe l'abilità di far conoscere il suo prodotto a celebrità di colore, tanto che la cantante Joséphine Baker si fece arrivare in Europa il pettine stiracapelli per farne personalmente uso.

Una volta ottenuto un certo successo, la signora Walker decise di sostenere finanziariamente le organizzazioni di difesa della comunità afroamericana, come la Naacp (National Association for the Advancement of Colored People), l'associazione Colored Ymca, gli orfanotrofi per bambini di colore ecc. Fece costruire il suo stabilimento a Indianapolis, offrendo così a centinaia di operai di colore un lavoro in tempi particolarmente difficili per la loro comunità.

Alla sua morte, nel 1919, lasciò un patrimonio di un milione di dollari, una somma notevole per quell'epoca (fu la prima donna autodidatta degli Stati Uniti a diventare milionaria). Grazie alla sua iniziativa, era nato il primo grande successo del marketing etnico negli Stati Uniti.

È interessante rilevare che, sebbene il prodotto fosse destinato a una popolazione etnicamente differente dalla maggioranza bianca, era comunque al servizio di un'accanita volontà di integrazione: le donne di colore volevano "fondersi" nel codice fisico della maggioranza bianca, con lo scopo, stando a quanto credevano loro, di essere meglio accettate dalla società americana.

Crisco

Un altro esempio viene dal gigante industriale Procter & Gamble, che si interessa dei diversi target etnici e religiosi fin dal 1913. Così, per la sua marca di margarina

Crisco, lanciò una vasta offensiva diretta verso la comunità ebraica. Un annuncio proclamava: «La razza [*sic, n.d.r.*] ebraica ha atteso 4000 anni [...] per scoprire Crisco». La società diffuse anche un libro di ricette in yiddish e in inglese intitolato *Ricette Crisco per la madre di famiglia ebraica*. Questa campagna rappresenta uno dei primissimi esempi di marketing segmentato attuato per iniziativa di un grande nome dell'industria. Ma, proprio come nell'esempio precedente, l'obiettivo perseguito dalla marca era di permettere alle donne ebree di padroneggiare meglio le ricette tradizionali della cucina americana, in modo da essere in grado, grazie a quel prodotto perfettamente compatibile con i precetti della religione ebraica, di mettere in tavola i buoni manicaretti che ci si attende dalla perfetta casalinga americana. Con Crisco, si sarebbero potute fondere meglio nell'uniformità americana, invece di coltivare la loro differenza culinaria.

Dal "melting pot"...

Il fenomeno sociale vissuto dalle prime generazioni di immigrati negli Stati Uniti è stato etichettato con un'espressione famosa: il *melting pot*. Questo termine è stato usato per la prima volta nel 1964 da un sociologo, un certo Gordon, e significa "crogiolo": vuole indicare, a livello etnico e culturale, i processi di mescolamento e omogeneizzazione, proprio come avviene ai metalli diversi fusi insieme per formare una lega, in modo che le differenze individuali concorrano a rendere più solido il risultato finale.

Fino a un'epoca recente, la massima aspirazione di tutti i nuovi arrivati sul suolo americano era quella di fondersi nella cultura comune che si era creata, per accedere al più presto all'*American dream*, il sogno americano. Non si dimentichi che, per la maggior parte degli immigrati, gli Stati Uniti rappresentarono storicamente (ed è ancora così ai giorni nostri) l'occasione di fuggire da una condizione di povertà, di esclusione o di guerra presente nel loro Paese d'origine. Una volta insediatasi in terra americana, l'immensa maggioranza di costoro ha avuto l'ossessione di adottare al più presto possibile il modo di vita del Paese di accoglienza, per lasciarsi definitivamente alle spalle la drammatica situazione d'origine e diventare a pieno diritto cittadini americani.

È ben vero che gli Stati Uniti hanno sviluppato una notevole cultura del "tutto è possibile": in quel Paese gli esempi di *success stories* di ex immigrati pullulano senza dubbio in misura maggiore che in qualsiasi altra parte del pianeta. Per decenni gli immigrati hanno fatto di tutto per essere accettati dalla popolazione "bianca" largamente dominante ed è per questo che non cercavano di distinguersi nelle pratiche culturali, educative o alimentari. Il marketing etnico si limitava strettamente a creare o a valorizzare prodotti che permettessero di integrarsi ancora meglio nei codici e nei valori della maggioranza dominante, come ha dimostrato l'esempio del pettine stiracapelli della signora Walker, ideale per donne di colore intenzionate a diventare "bianche".

> Nei primi tempi, quando molti emigranti di origine europea giunsero qui per ragioni religiose o economiche, adottarono quanti più costumi americani potessero, e il più rapidamente possibile: i cibi di cui si nutrivano, il modo di vestirsi e di parlare, il modo di vivere e di divertirsi. Conservare la cultura d'origine, le lingue d'origine e le tradizioni della madrepatria non era una priorità per quegli immigrati, perché farlo avrebbe interferito negativamente sul buon esito dell'adattamento all'ambiente americano.[1]

Ma le cose sono cambiate ineluttabilmente sotto il peso crescente, nella demografia americana, di popolazioni "non bianche né anglosassoni" per origine, come dimostrano i censimenti e le proiezioni eseguiti dall'US Census Bureau (l'equivalente dell'Insee francese e dell'Istat italiano) che riportiamo nella *tabella 6.1*.

Tabella 6.1 **Incidenza percentuale delle diverse "etnie" sulla popolazione totale degli Stati Uniti**

	1960 (totale: 180 milioni)	1990 (totale: 249 milioni)	1998 (totale: 270 milioni)	2020 (totale: 322 milioni)	2050 (totale: 393 milioni)
Afroamericani	10,5	12,3	12,8	14,0	15,4
Latinoamericani	n.d.	9,0	11,0	16,3	24,5
Asiatici	n.d.	3,0	3,9	6,1	8,7

[1] Marye C. Tharp, autrice di *Marketing and Consumer Identity in Multicultural America*, Sage Publications, Thousand Oaks (CA) 2001.

Nel 2002 si contavano 37,7 milioni di ispanici, 34 milioni di afroamericani e 11,8 milioni di *Asian-Pacifics* (asiatici e oceaniani), per un totale di circa 84 milioni di persone. La crescita prevista dei membri di questi gruppi etnici è impressionante per ognuno di essi, poiché le popolazioni formate da immigrati continuano per un periodo abbastanza lungo ad avere tassi di natalità molto superiori a quelli delle popolazioni bianche anglosassoni, colpite, come in Europa, da una tendenza alla bassa natalità. Secondo le previsioni elaborate dallo studio Src in base ai dati del censimento del 2000, fra il 2002 e il 2007 le diverse etnie dovrebbero:

- bianchi: crescere del 4,1% e raggiungere i 237 milioni;
- ispanici: crescere del 16,7% e raggiungere i 44 milioni;
- afroamericani: crescere del 6,1% e raggiungere i 36 milioni;
- asiatici: crescere del 19,6% e raggiungere i 36 milioni.

Con il risultato che nel 2005 i non bianchi rappresenteranno 1 americano su 3 e nel 2050 dovrebbero rappresentare 1 americano su 2. Gli americani di origine afroamericana, ispanica e asiatica aumentano in media 7 volte più rapidamente dei bianchi.

La popolazione di origine latinoamericana (i cosiddetti *latinos*), che in soli 10 anni è passata da 22,4 a 37,7 milioni, è quella che dovrebbe crescere nel modo più spettacolare nei prossimi decenni, se si tiene conto della relativa vicinanza geografica con l'America centrale e meridionale e dell'immensa frontiera di 3000 km con il Messico (il famoso Rio Grande), che è impossibile rendere impermeabile all'ondata di *chicanos* che vogliono fuggire dal loro Paese e attingere all'opulenza americana. Questa zona cuscinetto è stata addirittura ribattezzata *Amexica*. I suoi abitanti ritengono che la frontiera non sia una vera separazione, ma, al contrario, un *trait d'union* fra l'America del Nord e l'America Latina: sui due lati si parlano indifferentemente le due lingue, si mangiano gli stessi piatti e si ascolta la stessa musica. Dal lato messicano, il vero obiettivo resta quello di passare al più presto possibile su quello americano, per accedere alle "delizie dell'American dream". L'ondata latinoamericana si estende ormai dalla Florida alla California: in quest'ultimo Stato, 1 abitante su 3 è di origine ispanica. In città come Miami si sente parlare più spagnolo che inglese, e le insegne commerciali e le diciture sulle etichette dei prodotti sono crescentemente bilingui (se non addirittura soltanto in spagnolo).

Di fronte all'enorme dimensione del fenomeno demografico, è ormai diventato impossibile, per le imprese americane che commissionano pubblicità, continuare a rappresentare nelle proprie campagne l'"americano medio" soltanto come un bianco. A tal proposito, i risultati del censimento del 2000 hanno agito come un formidabile acceleratore del marketing multiculturale:

> L'impatto del censimento del 2000 è stato enorme. I suoi risultati hanno influenzato la nostra attività più che 10 o 15 anni di sforzi da parte delle agenzie di pubblicità ispanoamericane. Il marketing ispanico non è una tendenza, un fenomeno di moda, ma una necessità.[2]

Altrettanto importante e meritevole di attenzione è la trasformazione radicale della mentalità e delle aspirazioni delle nuove generazioni di immigrati. Ormai, integrarsi nella società americana non è più sinonimo di abbandono o di ripudio della propria cultura precedente, anzi, nemmeno della propria lingua di origine.

A partire dalla fine degli anni Settanta, la nozione di omogeneità del *melting pot* ha cominciato a cadere in discredito: la "minestra-purea" così concepita aveva davvero un sapore troppo insipido: «L'assimilazione è un vero mito. Le persone non vengono assimilate. E non hanno intenzione di esserlo. È come mettere la gente in un frullatore e premere il bottone. Nessuno ama essere trasformato in una poltiglia».[3]

... al moderno "salad bowl"

L'era del *melting pot* storico è passata; oggi una nuova espressione, divenuta corrente fra i non bianchi anglosassoni, riassume in modo immaginifico il fenomeno: il *salad bowl*. In questa insalatiera si mescoleranno le diverse componenti (come per i cibi: pe-

[2] Ritchie Lucas, presidente di Creatability, agenzia di pubblicità ispanica.

[3] Amy Hilliard-Jones, specialista di marketing etnico, 1996.

peroni, pomodori, lattuga, olive, capperi, mais, spezie...), ma ogni elemento conserverà il suo sapore, il suo colore di origine, il suo apporto gustativo alla ricetta del piatto così elaborato.

> Nel *salad bowl* gli immigrati vogliono sempre adottare uno stile di vita americano, ma conservano le loro lingue e i loro valori originari. Oggi, per trovare un impiego, per guardare la televisione o per avere successo a scuola, agli immigrati non è più necessario sbarazzarsi della cultura materna. [...] Ciò che scoprono come nuovi arrivati negli Stati Uniti sono americani che ce l'hanno fatta, ma che hanno le loro facce e parlano la loro lingua. Insomma, esiste un altro modo per diventare un americano di successo. Vantando la loro etnicità, invece di nasconderla, gli immigrati possono sempre e comunque accedere alle promesse allettanti del sogno americano.[4]

Con l'emergere di queste nuove mentalità, compaiono anche nuove scelte identitarie: alcuni immigrati scelgono di identificarsi simbolicamente con retaggi etnici dei quali non sanno quasi nulla (e che i loro genitori e i loro nonni avevano totalmente occultato), tanto è forte ai nostri giorni la ricerca di radici. Così i vecchi figli di immigrati (a volte dopo varie generazioni nate in terra americana) e gli immigrati più recenti si ritrovano in massa intorno a grandi feste simboliche, che assumono una dimensione crescente ogni anno.

La ricerca sintetizzata nella *tabella 6.2* fornisce dati eloquenti: i membri dei segmenti etnici accolgono favorevolmente le operazioni condotte dalle imprese nei confronti delle loro comunità etniche. Non c'è da stupirsi del fatto che le risposte dei bianchi anglosassoni rappresentino i punteggi più bassi: essi hanno un senso di appartenenza etnica o comunitaria molto debole. I bianchi americani non si identificano con le loro origini etniche con la stessa forza degli afroamericani, degli ispanici o degli asiatici, perché hanno sempre rappresentato la maggioranza in una società culturalmente, politicamente ed economicamente dominata dai bianchi. Per loro l'etnicità non costituisce un criterio d'identità sociale fondamentale.

[4] M.C. Tharp, *op. cit.*

Feste etniche

Il *Cinco de Mayo*, commemorazione del 5 maggio 1862, data di una vittoria del Messico contro l'esercito francese invasore, è diventato la grande festa dei latinoamericani in tutto il territorio degli Stati Uniti (per la cronaca: è più celebrata negli Stati Uniti che nello stesso Messico). Le marche che cercano di attirare il favore degli ispanici non mancherebbero per nulla al mondo questa opportunità di comunicazione o di sponsorizzazione. Le poste americane emisero addirittura, nel 1998, un francobollo commemorativo. Per parte sua, Coca-Cola si è associata a una marca di salatini e ha offerto ai consumatori un "kit" per il 5 maggio.

La festa degli irlandesi, il giorno di San Patrizio (*St Patrick Day*), è diventata così popolare negli Stati Uniti che ormai si estende per un arco di tempo sempre più lungo, intorno al 17 marzo. È ben vero che, secondo certe ricerche genealogiche, circa 40 milioni di americani possono pretendere di avere nelle vene qualche goccia di sangue irlandese! Le marche, sempre pronte a conquistarsi la simpatia dei consumatori, non esitano a puntare in massa su ogni avvenimento etnico e festivo in grado di offrire un valido motivo per consumare i loro prodotti o servizi, esponendosi nello stesso tempo in modo favorevole all'occhio dei membri più sensibili o militanti delle diverse comunità etniche.

La festa ebraica *Hanukah*, che commemora la vittoria di un piccolo gruppo di ebrei contro l'esercito greco nel 165 a.C. e la riedificazione del tempio di Gerusalemme, è diventata a poco a poco una data importante per la comunità ebraica nordamericana. Conosciuta anche con il nome di Festival delle luci, la festa è celebrata per otto giorni e ogni sera si accendono candele su un candelabro chiamato *Menorah*. Le imprese non hanno perso tempo nel cogliere l'opportunità per attirarsi i favori (e i dollari) degli ebrei americani. Così, Disney ha creato non meno di 5 candelabri con Topolino e 3 con l'orsacchiotto Winnie, e Starbucks ha messo in commercio, per quest'occasione, un particolare servizio di tazze.

La festa della comunità nera *Kwanzaa* è celebrata dal 26 dicembre fino a Capodanno. Si immaginava che questa ricorrenza, creata negli anni Sessanta dal movimento di contestazione nero Black Pride, costituisse un'alternativa "non mercantile" agli eccessi commerciali del periodo natalizio tipici della comunità bianca. Naturalmente, è stata "recuperata" in quattro e quattr'otto da imprese d'ogni genere, che vi hanno trovato un'occasione formidabile per rafforzare la propria immagine e i propri affari con i membri della comunità afroamericana.

Tabella 6.2 **Atteggiamento (%) dei diversi gruppi etnici rispetto alle operazioni di marketing etnico. Scala da 1 (totalmente in disaccordo) a 5 (totalmente d'accordo)**

	Angloamericani	Afroamericani	Ispanici	Asiatici
Preferisco acquistare da imprese che fanno cose favorevoli alla mia comunità	3,68	3,86	3,94	2,83
Mi piace acquistare da imprese che sponsorizzano gli eventi (sportivi, festival) della mia comunità	2,79	3,52	3,57	3,34
Raccomando le marche delle imprese che sostengono la mia comunità	2,56	3,49	3,15	3,41
Sono più incline ad acquistare dalle imprese che sostengono aziende appartenenti a membri della mia etnia	2,15	2,94	2,77	2,84

Fonte: M.C. Tharp, *op. cit.*

Eppure, perfino tra i bianchi americani si assiste alla crescita di fenomeni identitari interessanti. Persone con origini etniche molteplici, per esempio, scelgono di identificarsi con alcuni aspetti del loro retaggio culturale e non con altri. Questo vale in particolare per gruppi percepiti negativamente dalla maggioranza religiosa o razziale del Paese, come gli ebrei, gli irlandesi o gli italiani. All'inizio del XX secolo, quando una parte numericamente importante di queste popolazioni emigrò negli Stati Uniti, i bianchi anglosassoni non li consideravano neppure dei "bianchi"; non c'è da stupirsi, quindi, se la maggioranza di loro decise di limitare l'espressione della sua etnicità alla casa e al luogo di culto, in modo da non inasprire le reazioni di rigetto o di emarginazione nei propri confronti.

È incontestabile che i nostri contemporanei tendano, in forma sempre più pronunciata, a cercare e rivendicare le proprie radici o la propria "differenza" (questo vale anche, in particolare, come abbiamo visto, per gli omosessuali). Tale fenomeno non è esclusivo degli Stati Uniti: è universale, anche se al di là dell'Atlantico, come sempre, assume proporzioni notevoli. È anche vero che la società americana è l'archetipo di una società troppo uniforme, troppo asettica, troppo standardizzata, è il Paese che ha spinto il conformismo al parossismo: per essere un "buon americano" bisogna consumare nello stesso modo, ridere alle stesse trasmissioni televisive, praticare le stesse attività di svago, mangiare le stesse cose, vestirsi alla stessa maniera... Tutto ciò ha portato inevitabilmente a esacerbare la ricerca di personalizzazione da parte di molti individui che soffrono di questa uniformità, o perché con un livello d'istruzione che permette loro di aspirare ad altro, o perché appartengono a una "minoranza etnica" e colgono l'occasione per differenziarsi, in forza del colore della pelle o dell'appartenenza religiosa. Per coloro che soffrono di un sentimento di esclusione, è anche un modo di "ribellarsi" contro la cultura dominante e di "segnare il proprio territorio": «Molti pensavano che ci saremmo fusi con la cultura che ci circondava, che avremmo abbandonato la nostra cultura e la nostra lingua per metterci a pensare come i nostri vicini anglosassoni. Avevano un velo davanti agli occhi».[5]

Consumando in modo diverso, rivendicando una cucina originaria, continuando a parlare la lingua materna, scegliendo in massa i media orientati verso le loro comunità etniche, mostrando con ostentazione i segni esteriori dell'etnicità con pettinature o codici di abbigliamento pronunciati, le comunità etniche assumono a poco a poco un posto di primo piano nel gran mondo degli affari e del consumo.

> I gruppi etnici tradizionali conservavano le loro tradizioni. I gruppi etnici postmoderni continuano a conservare il loro stile di vita. Non sono veramente interessati alle loro radici, quanto piuttosto all'immagine che hanno di se stessi. Come punto di riferimento non hanno veramente gli antenati, ma l'occhio con cui li guardano i loro contemporanei. Non cercano l'approvazione dei genitori, ma piuttosto la disapprovazione di una società che a loro non offre le opportunità di un'integrazione pienamente riuscita. Ciò che esprimono non è

[5] Norma Orci, dirigente di Orci Advertising, agenzia di pubblicità specializzata nel mercato *latino*.

tanto la loro differenza, quanto il loro rifiuto. Ciò che a loro interessa non è tanto il contenuto di una cultura, quanto le sue apparenze. L'etnicità è più che mai una questione di immagine e di stile.[6]

Il ben noto pragmatismo americano negli affari si è trovato di fronte a fatti che convergono nel dimostrare il peso dei segmenti etnici e il potere d'acquisto degli afroamericani, dei latinoamericani e degli asiatici: un potere d'acquisto che, secondo i calcoli, raggiunge l'inezia di un migliaio di miliardi di dollari. Inoltre, la maggior parte degli specialisti in materia sono concordi nel sostenere che ormai il potere d'acquisto delle minoranze aumenta più rapidamente di quello dei bianchi. Così, di fronte alla forza crescente delle aspirazioni identitarie di un numero sempre maggiore di cittadini, le imprese hanno cominciato a impostare strategie di marketing multiculturale. Lo dice senza giri di parole un dirigente d'impresa: «Come potete ignorare il flusso di reddito che proviene dai consumatori etnici? Non potete. Un dollaro è sempre un dollaro, e il suo bel verde non cambia con il colore della pelle di chi è disposto a spenderlo».[7]

Le strategie del marketing etnico

Le strategie più comunemente applicate
Studiando il mercato americano, si possono individuare tre grandi filoni strategici adottati dalle imprese che vogliono conquistare una posizione efficace nei segmenti etnici.

1) *La strategia dell'integrazione.* La prima strada consiste non già nel modificare radicalmente la propria strategia di marketing e nel cercare di imprimere specificità a un prodotto o a un messaggio per raggiungere i target etnici, ma nel limitarsi a includere sistematicamente, in tutti gli atti di comunicazione,

[6] Dominique Bouchet, docente di Marketing all'università di Odense, Danimarca, in J.A. Costa e G.J. Bamossy (a cura di), *Marketing in a Multicultural World*, Sage Publications, Thousand Oaks (CA) 1995.

[7] Un dirigente di un'impresa di giocattoli, citato in M. Halter, *Shopping for Identity*, Schocken Books, New York 2000.

accanto ai bianchi, testimonial di altra appartenenza etnica. È un po' l'immaginario delle prime campagne internazionali di United Colors of Benetton. Il messaggio sottinteso è che quel prodotto o servizio si rivolge a tutti, quale che sia l'origine etnica. Si può anche sorridere di fronte al semplicismo di questo "espediente", eppure la marca trasmette un forte messaggio di rispetto e di integrazione diretto ai target etnici: «Vi considero clienti importanti per me, allo stesso titolo del mio tradizionale target bianco». Questa strategia ha anche il merito di essere ancora relativamente recente (negli Stati Uniti opera da poco più di una quindicina d'anni) e di permettere, attraverso le pubblicità televisive, di rappresentare le minoranze meglio di quanto lo siano ancora oggi nei programmi o nei *serial* delle grandi catene televisive nazionali come Abc, Nbc, Cbs e Cnn.

2) *La strategia micromarketing*. È la strategia adottata da Procter & Gamble. Consiste nel modificare tatticamente un certo numero di elementi del marketing mix per una gamma di prodotti o servizi che l'impresa decide di presentare in forma più attraente per un determinato target etnico: metodi di promozione delle vendite diversi, scelta di reti distributive specifiche, riformulazione di certe pubblicità nelle lingue delle minoranze che si cerca di raggiungere, uso di media etnici mirati in aggiunta a quelli "generalisti" impiegati di solito ecc. Oltre a Procter & Gamble, numerose altre marche hanno fatto ricorso a questa strategia di approccio. È il caso, in particolare, di industrie cosmetiche come Avon e Mary Kay, che sono giunte entrambe al punto di costituire squadre di vendita etniche da impiegare per i diversi segmenti.

3) *La strategia multiculturale*. Una strategia di marketing multiculturale e globale su tutte le linee di prodotti e servizi, senza distinzione, è diventata la soluzione ultima adottata dai più grandi gruppi industriali americani. A partire dall'inizio degli anni Novanta, sono emersi numerosi specialisti di marketing e pubblicitari etnici (oggi sul territorio americano si contano all'incirca 250 agenzie specializzate, alcune delle quali di grandissime dimensioni), ai quali le imprese hanno fatto ricorso perché le aiutassero a introdurre al loro interno

una solida preparazione multiculturale. In molti uffici marketing esiste ormai un settore incaricato di vigilare affinché la strategia generale di marketing dell'impresa includa i diversi segmenti etnici. Così, nel gigante della birra Anheuser-Busch tutta la strategia di individuazione dei target è posta sotto la responsabilità di un "vicepresidente per i mercati emergenti", mentre in Levi's o Procter & Gamble esistono dei "vicepresidenti per i mercati etnici" che elaborano, in stretta collaborazione con il top management, la strategia di marketing multiculturale dell'impresa.

Esempi di strategie

Non è possibile descrivere qui tutte le iniziative promosse dalle marche e dai distributori americani per raggiungere le comunità etniche, perché da sole potrebbero costituire un libro voluminoso. Citiamo soltanto alcuni esempi significativi del grado di maturità raggiunto dalle imprese statunitensi nei loro approcci alle diverse comunità etniche.

J.C. Penney

Nel 1992, la catena di grandi magazzini J.C. Penney lanciò in una ventina dei suoi centri commerciali una boutique, chiamata Authentic African, orientata secondo i gusti degli afroamericani. Vi si trovavano abiti "etnici", oggetti decorativi, piccolo mobilio e accessori vari provenienti dai diversi Paesi africani d'origine degli antenati degli attuali afroamericani. Di fronte all'immediato successo dell'iniziativa, la catena ha deciso non soltanto di estenderla all'insieme della sua rete, ossia in centinaia di supermercati, ma anche di inserirla nel suo catalogo per corrispondenza. Sull'onda di questo successo, l'insegna ha creato la gamma di cosmetici Iman, elaborati appositamente per le donne di colore. Anche in questo caso la risposta è stata impressionante: oggi questa gamma rappresenta da sola il 20% delle vendite dell'offerta di cosmetici di J.C. Penney. Questo secondo successo ha avuto senza dubbio un'influenza notevole nella decisione dell'impresa di assumere in esclusiva la distribuzione del marchio Zhen Collection, lanciato nel 1966 da un'asiatico-americana, Susan Yee, per le donne asiatiche. La creatrice di questi prodotti li presenta così: «La linea Zhen è stata realizzata dalle mie sorelle e da me dopo anni di frustrazione spesi nella ricerca di tinte adatte ai colori cutanei delle asiatiche. La tavolozza delle tinte Zhen è scelta appositamente per accordarsi con colori che vanno dal giallo al malva, ed è stata sviluppata per colmare un vuoto nel mondo dei cosmetici».[8]

J.C. Penney, come la maggior parte delle grandi imprese americane che promuovono pubblicità, si è circondata di specialisti di marketing etnico, compresa l'agenzia pubblicitaria californiana Inter-Trend, che ha impostato, per le diverse gamme etniche, una strategia di comunicazione mirata sui target.

Ricordiamo anche il mondo dei giochi e dei giocattoli, che da una ventina d'anni si è deciso a includere personaggi etnici nelle varie gamme di prodotti o di figure. Gruppi come Mattel, Hasbro e Disney si sono adeguati a un mercato sempre più multiculturale.

Mattel e Lego

Il caso di Mattel e del suo fiore all'occhiello, la bambola Barbie, è particolarmente interessante. Già all'inizio degli anni Ottanta si poteva trovare nella gamma Barbie qualche esemplare di bambola nera, asiatica e latinoamericana, anche se si trattava, a ben guardare, sempre di Barbie bianche con la plastica più o meno ricolorata. Le campagne pubblicitarie dell'epoca non davano spazio a queste figure minoritarie. Si dovette attendere l'inizio degli anni Novanta perché fosse impostata una vera strategia coerente (in Mattel la si indica con la formula "go ethnic") e fossero concepiti e immessi sul mercato modelli che tenevano conto della morfologia delle diverse etnie. Questi modelli furono sostenuti da campagne mirate ai target sulle catene televisive e sulle riviste destinate alle comunità asiatiche, latinoamericane e afroamericane. I risultati di quest'offensiva concertata sono stati spettacolari: in un anno, le vendite della gamma delle Barbie di colore (Shani, Asha, Nichelle, Jamal ecc.) sono raddoppiate e il successo si è esteso alle varie gamme nate da questa strategia.

Nel gennaio del 2003, per la prima volta nella sua storia, la marca danese Lego, in occasione dell'accordo per la licenza con la Nba, ha realizzato una serie di 18 piccoli personaggi di colore.

Il crescente successo delle cucine etniche (soprattutto ispaniche e asiatiche) è insieme una conseguenza e un simbolo lampante di quella che alcuni hanno chiamato la "latinizzazione" dell'America. Una buona spia dell'ampiezza del fenomeno: da un

[8] Susan Yee, citata in M. Halter, *op. cit.*

anno, le vendite di Salsa (una salsa piccante messicana a base di pomodoro e cipolla) hanno superato quelle del ketchup. Il pericolo è stato perfettamente individuato dai giganti del fast food, che avvertono questa tendenza come una minaccia in grado di destabilizzarli fortemente.

I giganti del fast food

Da una ventina d'anni, McDonald's ha moltiplicato le campagne di marketing destinate ai *latinos*, per renderli fedeli alla sua insegna, seguito in questo dagli altri leader di questo mercato di alto valore finanziario e simbolico. Nel 2001 McDonald's ha investito 27 milioni di dollari in pubblicità dirette al pubblico ispanico.

Per parte sua, il rivale Burger King ci ha scommesso più di 20 milioni di dollari, la stessa cifra del concorrente Tricon Global Restaurant, proprietario delle insegne Kentucky Fried Chicken, Taco Bell e Pizza Hut.

Wendy's ha lanciato una vasta offensiva su tutte le catene televisive ispaniche, con molti filmati realizzati da una famosa agenzia di pubblicità etnica, sostenuta da un budget di 10 milioni di dollari.

Per tutte le grandi insegne del fast food la posta in gioco è grossa: non perdere l'enorme potenziale di consumo dei *latinos* e, per quanto possibile, bloccare la crescita inesorabile delle cucine etniche nel gusto americano.

L'alimentazione

Per far capire la portata di questa crescita, citiamo anche l'iniziativa dell'azienda leader nel settore degli alimenti per bambini piccoli, Gerber, che ha creato una gamma di 16 nuove varietà di vasetti Gerber Tropicals, destinati a tutte le famiglie di etnie differenti, con prodotti, per esempio, a base di mango o di papaya.

Gatorade ha lanciato una gamma di bevande con gusti come *tropical punch*, e un'altra bibita a base di mango.

Nel 2001 Kraft ha realizzato nuovi prodotti, destinati più specificamente alla domanda dei *latinos*, come la Mayonesa con Limón e la Gelatina de Leche. Linda Crowder, direttrice del marketing multiculturale di Kraft, dichiara: «Il nostro Paese sta cambiando radicalmente e, per trovarsi dove il consumatore ha voglia di andare, si è costretti a cambiare insieme con lui».

Il gigante dei gelati Häagen-Dazs, per parte sua, ha introdotto sul mercato una varietà ispirata a un famoso dessert sudamericano: Dulce de Leche.

Negli Stati Uniti, la cucina ispanizzante non è l'unica ad avere il vento in poppa. Citiamo l'incredibile successo di un ipermercato alimentare asiatico: Uwajmaya, nel centro della città di Seattle, che offre un assortimento senza precedenti di prodotti alimentari dell'Asia su uno spazio di oltre 50.000 m^2. Un'intera ala di questo innovativo centro commerciale è dedicata esclusivamente alla pasta.

Secondo la National Restaurant Association, infine, negli anni Novanta il numero dei ristoranti messicani e cinesi è aumentato di oltre il 25%.

Tutti i mercati, ormai senza eccezioni, si sono adeguati alle tecniche del marketing multiculturale. Gli stati maggiori di Hollywood non concepiscono più un film che nei ruoli principali non abbia la sua parte di attori di colore, *latinos* e asiatici. La musica di questi stessi film, ma anche l'industria discografica, si ispirano alla crescita del *latino sound*, che dilaga negli Stati Uniti (e in tutto il mondo). Le personalità etniche vengono scelte sempre più come testimonial pubblicitari, tanto è vero che lo star system e il suo potere di captazione funzionano perfettamente, soprattutto sulle minoranze, che vi trovano ragioni per sentirsi valorizzate attraverso il successo dei loro "eroi": sportivi, cantanti, attori.

L'abbigliamento

In una delle sue campagne per la linea Polo Sport, Ralph Lauren si è avvalsa di Mike Tyson e di Naomi Campbell. Una "rivoluzione" per la marca emblematica dei Wasp,[9] che le ha permesso di trasmettere un segnale forte verso gli afroamericani.

Il marchio Tommy Hilfiger ha iniziato la sua opera di conquista delle minoranze sponsorizzando e vestendo numerose band rap.

Anche le istituzioni finanziarie, banche e assicurazioni, fanno sforzi notevoli per trovare il tono giusto, per entrare in sintonia con le diverse aspirazioni dei consumatori "etnici".

[9] Acronimo di *White Anglo-Saxon Protestants*, i bianchi di origine anglosassone e religione protestante (*N.d.T.*).

Bank of America

All'inizio del 2002 la terza banca americana, Bank of America, ha quadruplicato il budget stanziato per la comunicazione etnica, portandolo a 40 milioni di dollari, ossia al 20% del suo budget totale, e ha impostato una strategia a 360 gradi diretta agli ispanici, agli afroamericani e agli asiatici, con piattaforme strategiche differenti, per essere il più aderente possibile ai loro bisogni.

- Per gli ispanici, sono stati concepiti 5 filmati diversi e numerosi annunci sulla stampa per chiarire in quali modi la banca possa aiutarli ad avere successo nella vita. Lo slogan proclama: «Crediamo in voi».
- Per gli asiatici, la promessa principale si concentra sull'aiuto che la banca può offrire loro per creare imprese in proprio (come si sa, gli asiatici sono particolarmente industriosi e intraprendenti). Lo slogan «La nostra banca» viene inserito in varie forme in molti annunci sulla stampa e in filmati girati in Cina, Corea e Vietnam che valorizzano il percorso seguito da quegli immigrati.
- Per gli afroamericani la strategia insiste sull'aiuto che la banca può offrire per «realizzare il vostro destino finanziario», con molti consigli semplici, come: «Mettetevi in moto fin da oggi».

È interessante notare come, per evitare di commettere errori in questo ampio piano d'attacco ai segmenti etnici, Bank of America abbia scelto di operare su ogni target con un'agenzia specializzata. Così, per gli ispanici lavora con Lopez Negrete Communication, che ha la sua base a Houston, per gli asiatici collabora con Kang & Lee Advertising di New York e per gli afroamericani ha scelto Uniworld di New York.

La pubblicità

Di fronte all'esplosione dei mercati etnici, tutti grandi investitori pubblicitari, per guadagnarsi i favori dei diversi segmenti, hanno posto in campo mezzi sempre più impegnativi, come indica la *tabella 6.3* (che pure si limita al mercato dei *latinos* degli Stati Uniti).

Naturalmente, di fronte a questo bisogno crescente di segmentazione delle operazioni di marketing, negli ultimi vent'anni il mercato delle consulenze e dei media non ha smesso di svilupparsi. Il settore delle agenzie di pubblicità etniche è in pieno boom: nel 2002 se ne contavano già più di 200. Per il solo mercato ispanico, se ne censivano 42, con un tasso di crescita, rispetto al 2001, del 17,3%, un dato decisamente superiore a quello delle agenzie di pubblicità generiche (o "generaliste"). Sul piano dei

Tabella 6.3 **I primi dieci investitori pubblicitari sul mercato ispanico negli Stati Uniti (2001, in milioni di dollari)**

Procter & Gamble	55
Ford	51
AT&T	42
Mci Worldcom	41
Sears, Roebuck & Co.	38
Americatel	30
Miller Brewing Co.	30
General Motors	29
McDonald's Corp.	27
Philip Morris	25

media, le cifre sono altrettanto eloquenti: soltanto per il target dei *latinos*, si contavano 75 catene televisive – 2 delle quali (Telemundo e Univisión) sono reti nazionali che trasmettono in spagnolo ventiquattr'ore su ventiquattro – e 400 stazioni radiofoniche, senza dimenticare più di 300 fra quotidiani e periodici. Nelle grandi città ispaniche, come Los Angeles, Miami e la stessa New York, invariabilmente, lo strumento mediatico più potente è sempre quello che trasmette in spagnolo. A Los Angeles, dove circa la metà della popolazione è ispanica, i telegiornali della catena KMex Channel 34 superano per ascolto quelli delle tre grandi reti nazionali.

Le ragioni di un successo

Prima di rivolgere lo sguardo alla nostra sponda dell'Atlantico, cerchiamo di capire le ragioni di un'integrazione delle minoranze che negli Stati Uniti, da una ventina d'anni a questa parte, appare sempre meno conflittuale. Il fatto che l'assimilazione sembri procedere tanto bene è dovuto all'impegno con cui, fin dal principio, i fondatori degli Stati Uniti si batterono per evitare di importare nel loro nuovo Paese i conflitti etnici o religiosi che infuriavano nei Paesi di provenienza degli immigrati. Per raggiungere quest'obiettivo, costruirono la società americana intorno a un'ossessione collettiva: "fare fortuna" o, perlomeno, guadagnare più denaro possibile per costruirsi condizioni di vita sensibilmente migliori, riuscendo in tal modo a evitare di cadere preda di "demoni del passato" come controversie religiose o conflitti etnici su vasta scala. A questo proposito, si cita volentieri la frase dell'autore inglese Samuel Johnson: «Gli uomini non sono mai tanto inoffensivi come quando sono occupati a guadagnare denaro».

È bene ricordare altresì che la grande maggioranza degli abitanti degli Stati Uniti odierni, fatta eccezione per gli ormai sparuti gruppi di nativi, discendono da milioni di immigrati più o meno recenti, i quali avevano raggiunto quel continente per sfuggire a condizioni di vita non gradite nei Paesi d'origine. Dinesh D'Sousa, autore di un articolo degno di menzione sul *Financial Times*, ha scritto:

> La logica fondamentale è che, quando si risparmia per abbellire la propria cucina, si fanno progetti per il fine settimana o per le vacanze, quando si ha lo sguardo fisso sul portafogli, non si perde tempo a litigare per questioni di religione o di etnia, o per il fatto che i propri antenati siano stati danneggiati da quelli di un'altra persona.

È anche utile ricordare che gli Stati Uniti, senza dubbio più di qualsiasi altro Paese, sono costruiti su una cultura pragmatica: quello che conta non sono tanto il livello sociale della vostra famiglia o i titoli di studio che avete ottenuto, quanto la vostra capacità di creare, di costruire, di immaginare... L'importante non è ciò che *siete*, ma ciò che siete capaci di *fare*. Non dimentichiamo quel che diceva Martin Luther King: «Gli americani giudicano le persone non per il colore della pelle, ma per la loro personalità».

Senza cadere in un ottimismo ingenuo, che descriva l'America come un Paese perfetto per le minoranze etniche, è doveroso constatare come in quel Paese, più che altrove, è comune il caso dei figli dell'immigrazione che conseguono successi notevoli in tutti i campi: politico, economico, scientifico, artistico.

Ovviamente, la situazione americana è molto differente dal contesto europeo. Non possiamo immaginare, nel nostro continente, uno sviluppo del marketing etnico simile a quello verificatosi in America, e questo per molte ragioni: l'origine delle etnie è radicalmente diversa, la dimensione quantitativa dei segmenti interessati è notevolmente inferiore, la cultura sociale europea è sempre stata restia ad ammettere l'esistenza al suo interno di *minoranze*, la volontà politica di integrazione è un leitmotiv. Tuttavia, ciò che succede negli Stati Uniti prefigura senza dubbio quelle che saranno nei prossimi decenni le strategie di marketing delle imprese europee, obbligate a rendere più raffinato il loro approccio ai diversi target di consumatori per consolidare o espandere la propria quota di mercato in un contesto di concorrenza sempre più esasperata. Come esempio della situazione europea consideriamo, come spesso in questo libro, il caso della Francia.

Il caso francese

Qual è il peso dei segmenti etnici nella società francese?

Quanti sono i figli dell'immigrazione antica o recente sul territorio francese? Domanda legittima, prima di procedere oltre, ma cui è difficile dare una risposta. Anzi, saperlo in forma sicura e ufficiale è quasi impossibile. Perché non è "politicamente corretto": la Repubblica francese, ufficialmente, riconosce soltanto francesi a pieno titolo, senza distinzione di razza, di origine o di scelta confessionale. Oggi – e non è casuale – non esiste nessun bilancio esauriente dell'integrazione degli immigrati nella società francese: non si dispone di alcuna statistica attendibile su questo argomento, ritenuto ad altissimo rischio. «In questo Paese c'è un tabù, che consiste nel dire: se create categorie in funzione dell'origine etnica, stigmatizzate il sentimento di appartenenza a una comunità e scatenate reazioni», ha significativamente affermato Philippe Bataille, presidente del consiglio di orientamento del Gruppo di studio sulle discriminazioni (Geld).

Soltanto nel 1992 una ricercatrice dell'Ined (l'Istituto nazionale di studi demografici), Michèle Tribalat, pubblicava un'inchiesta sull'immigrazione nella quale menzionava criteri nuovi, e in particolare quello dell'*appartenenza etnica*, fondata sulla lingua madre, e quello dell'*origine etnica*, definita dal luogo di nascita dei genitori. Infine, aggiungeva una categoria, quella dei *francesi di vecchia stirpe*. Che cosa le era saltato in mente? La polemica divampò all'istante, attizzata soprattutto da altri demografi, che insorsero contro la deriva "razzista" del suo studio. Hervé Le Bras, un altro ricercatore dell'Ined, scriverà qualche anno dopo che «in Francia la demografia sta diventando un mezzo d'espressione del razzismo».

Come conseguenza di tutto questo subbuglio mediatico e politico, da più di dieci anni non è stata effettuata quasi nessuna ricerca che permetta di ottenere dati obiettivi e ufficiali sull'integrazione dei figli degli immigrati. La Francia preferisce avanzare nelle nebbie: è lo strano comportamento di una democrazia che vuole continuare a negare l'esistenza sul suo suolo di gruppi etnici differenti, per paura di essere tacciata di razzismo. Nelle statistiche ufficiali si continuano a distinguere soltanto i francesi e gli stranieri che vivono in Francia.

Qualche definizione

E allora, come si può valutare l'incidenza dei diversi segmenti etnici in Francia? Per approssimazione, per estrapolazione, facendo riferimento alle cifre attendibili e parziali comunicate regolarmente dall'Ined o dall'Insee o da altri enti di ricerca che abbiano misurato un qualche aspetto di questa realtà.

Innanzi tutto, però, chiariamoci quali sono i termini usati dagli organismi ufficiali francesi.

- *Stranieri*: è considerata straniera ogni persona che abbia una nazionalità diversa da quella del Paese in cui risiede. Non tutti gli stranieri sono immigrati: per esempio, un portoghese può essere nato in Francia, ma aver mantenuto la nazionalità dei suoi genitori.
- *Immigrati*: un immigrato è una persona nata all'estero come straniero e poi immigrata in Francia. Dopo essere giunto nel Paese, un immigrato può diventare francese per naturalizzazione oppure mantenere la sua nazionalità.

- *Naturalizzati*: dopo 5 anni di residenza in Francia, gli stranieri possono richiedere la naturalizzazione. L'acquisizione della nazionalità si può ottenere anche in seguito a matrimonio con un cittadino francese. Infine, dopo l'entrata in vigore della legge Guigou del 1998, i figli nati in Francia da genitori stranieri diventano francesi quando raggiungono la maggiore età, salvo che non lo desiderino. Nel 2000, con questo dispositivo, più di 150.000 persone hanno acquisito la nazionalità francese. Si trattava per circa la metà di persone di origine maghrebina (nell'ordine: marocchini, algerini e tunisini), nonché di turchi e di portoghesi.
- *Rifugiati*: i rifugiati, che godono del diritto d'asilo, sono stranieri giunti, regolarmente o meno, sul suolo europeo, i quali chiedono la protezione di uno Stato. Il loro statuto è regolato dalla Convenzione di Ginevra del 1951. Chi chiede asilo è in situazione regolare per tutto il tempo richiesto dall'esame della sua pratica.
- *Clandestini*: queste persone non dispongono di un permesso di soggiorno valido in Francia. Tuttavia, potrebbero essere entrati nel Paese legalmente, per esempio con un visto turistico o invocando il diritto d'asilo o in occasione di un ricongiungimento familiare poi andato a monte.

La nozione di popolazione straniera è fondata soltanto sul criterio giuridico della nazionalità: ogni persona residente in Francia che al censimento abbia dichiarato una nazionalità diversa da quella francese è considerata straniera.

Qualche dato demografico

Il 31 dicembre 1997 la Francia contava 3,65 milioni di stranieri. I 4,2 milioni di immigrati forniscono il grosso di questa popolazione, perché, anche se 1,4 milioni sono diventati francesi per naturalizzazione, 2,9 milioni sono rimasti formalmente stranieri. I 2,4 milioni di persone nate in Francia e di cui almeno un genitore è immigrato hanno un accesso privilegiato alla nazionalità francese; tuttavia, 750.000 di loro hanno scelto di non avvalersi di questo diritto.

Esiste, in ogni caso, una difficoltà oggettiva di ottenere cifre precise. L'assenza di un registro della popolazione, che invece esiste nella maggioranza dei Paesi dell'Unione Europea, non consente di dare risposte certe, quantunque il dibattito appassionato che si è aperto sulla questione dell'immigrazione deformi spesso la realtà e porti a fornire dati a volte fantasiosi. Due ragioni spiegano l'impossibilità di presentare cifre sicure:

- da un lato, la differenza fra il concetto giuridico di straniero e la nozione generale di popolazione di origine straniera, che indicano realtà e quantità molto diverse;
- dall'altro, possono insorgere errori di computo che falsano, da un anno all'altro, l'andamento dei dati dei censimenti.

Perciò, in assenza di un registro della popolazione e di un calcolo preciso e analitico dei permessi di soggiorno, il censimento generale della popolazione resta l'unico strumento di computo demografico.

A partire dal 1975, la percentuale degli stranieri sulla popolazione della Francia sarebbe rimasta stabile. Nel corso degli ultimi 20 anni, la loro incidenza si colloca in una forchetta che va dai 3,4 ai 3,6 milioni di persone, che rappresentano all'incirca il 6,5% della popolazione totale.

Questo notevole rallentamento dell'immigrazione è legato alla contrazione delle opportunità di lavoro nell'industria e nelle costruzioni, nonché alle misure governative assunte a partire dal 1973 per limitare l'ingresso di nuovi lavoratori stranieri.

Eppure, l'opinione pubblica non cessa di far circolare l'immagine di un'immigrazione in costante crescita: il fatto è che, in un contesto di crisi economica, l'immigrazione genera maggior fastidio e apprensione. Inoltre, l'idea che i francesi si fanno della presenza straniera è costruita su equivoci e confusioni, soprattutto fra le nozioni di straniero, di immigrato, di popolazione straniera: quest'ultima, per la maggior parte dei francesi, include i discendenti di seconda e perfino di terza generazione.

Nella popolazione straniera si constatano modificazioni qualitative:

- cambia l'origine geografica degli stranieri: l'Europa, il continente di origine principale fino al 1982, cede il posto all'Africa. L'aumento riguarda soprattutto le nazionalità dell'Africa subsahariana, mentre i numeri dei maghrebini restano stazionari. Infine, la situazione politica di certi Paesi ha determinato l'arrivo in Francia, spesso in qualità di rifugiati, di comunità in altri tempi minoritarie (197.700 fra curdi e armeni di Turchia e 113.000 persone provenienti dal Sud-Est asiatico) (*tabella 6.4*);
- la struttura per età mostra che la proporzione dei giovani è leggermente più alta nella popolazione straniera che nella popolazione totale (la fascia 0-14 anni rappresenta rispettivamente il 21,1 e il 19%) e la ripartizione per sesso rivela che l'incidenza delle donne è vicina al 48% (*tabella 6.5*);
- la percentuale degli attivi sulla popolazione straniera totale torna ad aumentare: attualmente è del 45%.

Si possono accettare le cifre esposte nelle tabelle come totalmente attendibili? Ahimè, è lecito dubitarlo. In un articolo ben documentato, pubblicato su *Le Figaro* del 12 gennaio 2003 ("Demografia: la nebbia statistica"), Jérôme Dupâquier, storico demografo e

Tabella 6.4 **Origine della popolazione straniera in Francia**

	n.	%
Portogallo	649.714	18,1
Algeria	614.207	17,1
Marocco	572.652	15,9
Italia	252.759	7,0
Africa subsahariana	239.947	6,7
Spagna	216.047	6,0
Tunisia	206.336	5,7
Turchia	197.712	5,5
Paesi del Sud-Est asiatico	112.915	3,1

Fonte: G. Lemoigne, e A. Lebon, *L'immigration en France*, Presses Universitaires de France, Paris 2002.

Tabella 6.5 **Ripartizione per sesso degli immigrati, secondo i principali Paesi di nascita**

Paese di nascita	Totale	Maschi	Femmine
Totale	*4.308.527*	*2.167.936*	*2.140.591*
Europa	*1.934.758*	*902.619*	*1.032.139*
Portogallo	570.243	292.867	277.376
Italia	380.798	186.863	193.935
Spagna	316.544	143.275	173.269
Germania	125.227	48.127	77.100
Belgio	93.395	39.070	54.325
Africa	*1.692.110*	*929.173*	*762.937*
Algeria	575.740	323.092	252.648
Marocco	521.059	283.940	237.119
Tunisia	201.700	116.232	85.468
Senegal	53.859	31.321	22.538
Mali	35.978	23.161	12.817
Asia	*550.166*	*278.538*	*271.628*
Turchia	175.987	93.383	82.604
Vietnam	72.318	34.275	38.043
Cambogia	50.526	25.629	24.897
Laos	36.708	18.572	18.136
Cina	30.418	14.161	16.257
America	*127.344*	*55.745*	*71.599*
Stati Uniti	29.381	12.946	16.435
Haiti	19.159	8.550	10.609
Brasile	14.913	6.050	8.863
Canada	12.056	5.577	6.479
Colombia	10.983	4.844	6.139

Fonte: Insee, Censimento 1999.

membro dell'Istituto di Francia, tenta di chiarire le incoerenze e le zone d'ombra che circondano le statistiche ufficiali dell'Insee:

> Per misurare l'impatto reale dell'immigrazione, bisogna andare a cercare, tra le pieghe della pubblicazione ufficiale, la tabella che fornisce la popolazione delle famiglie nelle quali la *persona di riferimento* è un immigrato. Nel censimento del 1990, raggiungeva la cifra di 7.628.000, in quello del 1999 i 7.728.000. [...] Aggiungendovi le persone isolate (189.000), si scopre un totale di 7.918.000 persone provenienti dall'immigrazione, ossia il 13,5% della popolazione che vive nella Francia metropolitana. Siamo ben lontani dalle cifre ufficiali e dalle vuote parole dei politici!

Quanti musulmani ci sono in Francia? È un'altra questione difficile da chiarire, perché nei censimenti l'Insee non pone domande sul credo religioso. Circolano molte cifre, fornite dagli autori di ricerche o di libri dedicati a questa comunità, che ha una presenza importante sul territorio. Jeanne-Hélène Kaltenbach e Michèle Tribalat, autrici di un libro intitolato *La République et l'Islam*, propongono una cifra approssimativa, che si aggira intorno ai 4-5 milioni, pur riconoscendo che «in Francia non esiste nessuna fonte che consenta di conteggiare i musulmani e di studiare le loro pratiche religiose» (*Le Figaro*, 12 gennaio 2003).

Le comunità etniche in Francia

Visto che, per volere dei pubblici poteri francesi, mancano dati statistici sulle persone nate da famiglie di immigrati ma che hanno acquisito la nazionalità francese perché sono venute al mondo sul territorio nazionale, siamo ridotti a dover fare una stima delle persone che appartengono a "etnie" e "comunità" diverse incrociando informazioni e fonti molto disparate. Così si può calcolare che in Francia vivrebbero da 5 a 6 milioni di persone provenienti dai Paesi del Nordafrica (immigrati, stranieri e maghrebini, detti *beur*, nati in Francia) e almeno 3,5 milioni di persone con la pelle nera (africani e antillani, questi ultimi detti *dom-tom*). Altre fonti indicano 6,5 milioni di neri, di cui 2 milioni di *dom-tom*, sicuramente un po' più di 1 milione di persone di origine asiatica, alle quali bisogna aggiungere 2 milioni di origine europea (italiani, portoghesi, spagnoli ecc.); il che darebbe un totale stimato fra i 12 e i 14 milioni di individui su una popolazione totale di 60 milioni, vale a dire una percentuale approssimativa del 20-23% della popolazione: all'incirca 1 persona su 5. Un dato ben lungi dall'essere trascurabile e oltretutto in crescita regolare per il fatto, anche qui, che i tassi di natalità di questa componente della popolazione, come è noto, sono più "dinamici" di quelli della popolazione francese "di vecchia stirpe", perlomeno nei primi 10 anni di insediamento sul territorio nazionale. Un fenomeno non molto dissimile da quanto si riscontra un po' ovunque intorno a noi e negli Stati Uniti. È evidente, però, che è impossibile dimostrare "sul campo" (i reparti maternità) la verità di questa constatazione, perché un'informazione del genere potrebbe essere sfruttata da partiti politici xenofobi, che ne approfitterebbero per mettere in allarme l'opinione pubblica sui "pericoli" di un fenomeno di questo tipo. Tuttavia, si constata che i nomi statisticamente emergenti nella società francese suonano molto straniero (si vedano i siti Internet che ogni anno stilano l'albo d'oro dei nomi "di moda").

In Francia esiste un "comunitarismo" etnico?

La politica francese di integrazione

La politica francese di integrazione è riuscita ad assimilare i milioni di persone che hanno raggiunto il territorio nazionale nel corso della sua storia? Sì e no. È incontestabile che gli europei – portoghesi, italiani, spagnoli, polacchi ecc.: i primi immigrati storici –, dopo inizi difficili, si siano integrati bene nella società francese e siano stati accettati dalla comunità dei francesi "di vecchia stirpe". Ormai essi partecipano a tutti gli aspetti della vita sociale, economica e anche politica. Il fatto che siano "bianchi" e che le loro religioni siano in massima parte le stesse praticate in misura maggioritaria nel Paese ha facilitato fortemente l'assimilazione. Ciò non significa, tuttavia, che essi abbiano rinnegato del tutto le loro origini o abbiano abbandonato la loro lingua. Si osserva che in genere l'uso della lingua materna continua per le prime generazioni, poi tende a recedere a vantaggio del francese. Uno studio di ampiezza inconsueta ha permesso di interrogare 380.000 adulti residenti nella Francia metropolitana, i più anziani dei quali erano nati prima della guerra del 1914.

Lo studio, condotto dall'Insee in coincidenza con il censimento del 1999, riguardava la trasmissione delle lingue familiari. I risultati sono molto eloquenti: da piccolo, 1 adulto su 4 ha sentito i suoi genitori parlargli in una lingua diversa dal francese; 5,5 milioni di persone sono state cullate al suono di una lingua straniera e lo stesso numero al suono di una lingua regionale... Insomma, non meno di 11 milioni di francesi sono stati immersi in un'atmosfera multiculturale, almeno durante l'infanzia. Questo fenomeno, tuttavia, è in regressione costante, generazione dopo generazione. Tra le persone nate prima del 1930, più di 1 su 3 dichiara che i suoi genitori parlavano una lingua diversa dal francese; la proporzione scende a 1 persona su 5 per le generazioni nate dopo il 1970. L'uso del francese non ha smesso di avanzare, a partire dall'ordinanza ministeriale del 7 giugno 1880: «Il francese sarà l'unica lingua usata nella scuola». Oggigiorno, anche se il 26% degli adulti è stato allevato usando anche un'altra lingua, non sono più del 9% quelli che l'hanno trasmessa ai figli. «Soltanto la metà dei genitori allevati esclusivamente in una lingua straniera l'ha usata abitualmente per allevare i propri figli», sottolinea l'Insee.

Integrazione è nel complesso riuscita, quindi, per gli immigrati storici provenienti dall'Europa. La cosa diventa già molto meno evidente per gli immigrati recenti, provenienti dall'Asia o dai Paesi dell'Europa orientale, e ancora meno per quelli delle ex colonie dell'Africa nera e del Maghreb e per i loro figli nati in territorio francese. È in questi casi, evidentemente, che "il dente duole".

L'ascesa del comunitarismo

Tutti i problemi della crescita del comunitarismo, vissuti molto male dalla società francese, vengono essenzialmente dalle etnie di origine maghrebina o subsahariana che si concentrano nelle periferie dei grandi agglomerati urbani. Come spiegare, senza cadere in luoghi comuni che puzzano di razzismo, la difficoltà di integrazione di queste popolazioni?

Sentiamo il parere di un autorevole ricercatore dell'Ined, Patrick Simon:

> La società francese si attendeva che si integrassero, cosa che hanno fatto. Ma non è stata fedele agli impegni: le contropartite dell'integrazione dovevano essere la promozione sociale e la parità di trattamento. Il patto è stato rotto. Gli si fa pesare continuamente la loro differenza, per esempio quando cercano un lavoro o un alloggio... in poche parole, nella vita sociale. Per gli immigrati italiani e polacchi l'integrazione era stata difficile; per i maghrebini è ancora più dura. Gli si rammenta sempre la loro origine. Anche se hanno la nazionalità francese, molti non li considerano tali. Prendete il caso delle guardie dei supermercati: siccome un giorno hanno avuto a che fare con ladri maghrebini, adesso, all'entrata, selezionano i giovani uno per uno. Vengono per fare acquisti e tornano indietro umiliati. Non c'è da stupirsi se scelgono di ostentare la loro differenza.[10]

Nel giugno del 2001, l'amministrazione comunale di Parigi fece eseguire dall'Ifop un sondaggio sui giovani dai 15 ai 25 anni nati in Francia da genitori algerini, tunisini, marocchini o africani "neri". L'inchiesta mirava a misurare il loro grado di integrazione. Le cifre hanno il merito di essere chiarissime: il 61% di loro ha il senso di appartenere a una minoranza; il 43% vorrebbe andare a vivere nel Paese dei suoi genitori, contro il 56% che non lo desidera. Quando si domanda loro di definirsi, il 47% si definisce come francese di origine maghrebina o africana e soltanto il 6% come francese *tout court*. Il 58% si sente vicino sia al modo di vita dei suoi genitori sia a quello dei francesi che non sono figli dell'immigrazione, mentre soltanto il 14% si identifica con la cultura e i modi di vivere dei francesi di "vecchia stirpe": una cifra inferiore a quella di coloro che si identificano con la cultura e la vita dei loro genitori (25%).

Un dato ancora più grave: il 36% ritiene che la loro situazione di figli dell'immigrazione si sia deteriorata negli ultimi 6 anni, contro soltanto il 29% che la giudica migliorata. Il 31% ritiene che la società francese abbia scarsa considerazione nei loro confronti. Le loro preoccupazioni principali sono: il razzismo (26%), la violenza (25%), la disoccupazione (23%) e le disuguaglianze (20%). Secondo il 69% di questi giovani, il razzismo è in crescita.

[10] Citato nel 2002 in *Le Nouvel Observateur*, dossier "Où vont les beurs?".

È interessante notare a quali valori siano più legati: su una scala da 1 a 10, la *famiglia* occupa il primo posto, con 9,4; la *dignità* ottiene un punteggio di 8,8; la *religione* 8,4. Gli ultimi due sono la *Francia*, con 7 e, fanalino di coda, l'*integrazione*, che ottiene soltanto il punteggio, tutto sommato basso, di 5,9.

Non c'è quindi da stupirsi se tra questi giovani e nelle loro famiglie si assiste a una crescita del comunitarismo:

> Il modello di integrazione alla francese, che ignora le origini, così come ce lo presentano in continuazione, ha forse mai funzionato? Le persone ragionano sempre di più a partire dalla loro appartenenza etnica. È abbastanza logico: quando non si riesce a trovare il proprio posto, si cercano luoghi di rifugio, in cui si sarà riconosciuti invece di essere stigmatizzati.[11]

Eccoci allora di fronte a una situazione sempre più chiara di radicamento dei comportamenti comunitari ed etnici, che dispiace fortemente alle istituzioni della Repubblica francese, ma che il Paese reale, negli atteggiamenti quotidiani dei suoi cittadini e delle sue imprese, ha senza dubbio largamente contribuito ad alimentare.

> Una cosa è certa: le rare inchieste con numeri di cui si dispone pongono in luce una realtà complessa, che rimette in questione l'"integrazione alla francese", cioè la capacità della società di dissolvere nel bagno repubblicano tutte le specificità culturali dei nuovi arrivati e dei loro discendenti: insomma, di renderli invisibili. Essere assimilato culturalmente non significa necessariamente essere integrato, e viceversa.[12]

È sorprendente constatare come, al contrario di molte altre democrazie (anche europee), in Francia la scarsa rappresentanza degli ex immigrati ai vari gradini della vita pubblica e politica sia un problema serio. Per esempio, in occasione delle ultime elezioni legislative (domenica 9 giugno 2002), su un totale di 8424

[11] Christian Delorme, membro del Consiglio superiore per l'integrazione, in *Le Monde*, 4 dicembre 2001.

[12] Ch. Labbé e O. Recasens, "Les fiascos de l'intégration", *Le Point*, aprile 2002.

candidati, secondo un censimento del Forum cittadino delle culture musulmane, i francesi di origine maghrebina o africana che avevano osato presentarsi erano soltanto 123. «È una presenza più che altro simbolica, ma non ce ne lamentiamo. Non bisogna dimenticare che si parte da zero: alle legislative del 1997, i partiti tradizionali non ne avevano presentato nessuno», commenta Rachid Nekkaz, portavoce del Forum.

La nomina da parte di Jean-Pierre Raffarin di Tokia Saïfi come ministro allo Sviluppo sostenibile è certamente un atto positivo che, d'altronde, è stato applaudito in massa dalla comunità maghrebina (come testimonia l'espressione: «I *beur* l'hanno sognato, la destra l'ha fatto»). Tuttavia, nasconde una preoccupazione importante: l'assenza di ex immigrati o di loro figli negli organi di rappresentanza della nazione francese.

Ma non è detto che tutte le comunità "diano fastidio" allo stesso modo: si sa bene che a Parigi il quartiere che costituisce il XIII Arrondissement ospita una grande comunità asiatica (si parla, per il "triangolo d'oro" di Choisy, di 30.000 abitanti, senza però che si sia in grado di calcolarne la cifra esatta). È il feudo dei Teochew, i cinesi del Sud-Est. Lavoratori, discreti, efficienti e ben organizzati, hanno creato all'interno di Parigi una vera Chinatown, in cui si annoverano più di 1700 negozi diversi, con al centro l'impero commerciale creato dai fratelli Tang. Con i suoi 5 supermercati e la sua attività all'ingrosso, la Tang Frères importa e distribuisce più di un migliaio di articoli di drogheria... per la grandissima felicità degli asiatici di Parigi e di tutti gli altri parigini che, affascinati dall'esotismo, trovano questo quartiere "affascinante". In occasione delle feste del Capodanno cinese, i parigini vengono ormai in massa ad assistere ai festeggiamenti sempre più popolari che si svolgono nel XIII Arrondissement. E nessuno si stupisce di vedere in tutti i negozi del quartiere i prezzi e i nomi dei prodotti indicati soltanto in mandarino... una situazione che forse sarebbe giudicata meno positivamente se si trattasse di negozi maghrebini.

Analogamente, anche la comunità ebraica è perfettamente integrata, nel suo insieme, nella società francese, tanto che certuni si sorprenderanno che, parlandone, si usi il termine *comu-*

nità. Eppure, in una ricerca sociologica condotta nel 2002 dal Fsju, il Fondo sociale ebraico unificato, il suo numero è stato calcolato in 575.000 persone. Gli autori dello studio rilevano una crescita nettissima dei comportamenti comunitari dei loro correligionari: così, circa un terzo degli ebrei vive ora in una comunità stretta intorno alla sinagoga, mentre era soltanto il 20% a farlo nel 1988, quando fu condotta una ricerca simile. «Essi ritengono che la vita comunitaria sia un baluardo contro l'assimilazione», precisa il rapporto degli autori. Il 30% dei capifamiglia ebrei si dichiara più praticante che in passato (e il 51% religiosi come prima). I "tradizionalisti" ebraici, così come gli ebrei ortodossi, optano in massa per la scuola ebraica, che accoglie attualmente il 25% degli alunni, contro il 18% del 1988; oggi l'85% delle persone interrogate ha un'immagine positiva della scuola ebraica e il 70% vi manderebbe i figli se fosse gratuita e vicina a casa. È evidente che le aggressioni contro gli ebrei francesi, che da qualche tempo si sono moltiplicate per effetto della radicalizzazione del conflitto mediorientale, hanno agito come un potente catalizzatore per la comunità: «Gli ebrei di Francia sono stati "comunitarizzati" dai recenti episodi di antisemitismo», ritiene il presidente del Crif, Roger Cukierman. D'altra parte, è impressionante constatare l'aumento delle risposte ostili alla seguente domanda: «Se uno dei suoi figli, quando fosse il momento, manifestasse l'intenzione di sposare un non ebreo (una non ebrea), quale sarebbe la sua reazione?». Il 26% dei membri delle coppie intervistate, con figli in età scolare, risponde: «Cercherei di dissuaderlo» (stessa percentuale del 1988), ma, soprattutto, il 35% risponde: «Mi opporrei con tutte le mie forze» (contro il 26% del 1988). Il che dimostra una certa radicalizzazione dei comportamenti filocomunitari.

A ogni modo, la comunità ebraica resta numericamente limitata, il che rende più facile l'integrazione. «Noi siamo, numericamente, l'ultima comunità della Francia. [...] Rispetto ai musulmani, siamo in un rapporto di 1 a 10. Il che significa che il nostro peso politico è insignificante», ritiene il professor Raphaël Draï, che insegna alla facoltà di Giurisprudenza e Scienze politiche di Aix en Provence (*Le Figaro*, 18 novembre 2002).

Che le cose non procedano nel senso dell'integrazione l'hanno constatato anche gli osservatori stranieri: «In aperto contrasto con le teorie ufficiali, la Francia sta diventando una società multiculturale», scrive Thomas Sancton, corrispondente della rivista *Time*, che durante l'estate del 2000 ha dedicato un servizio al processo di "comunitarizzazione" della Francia.

Questa tendenza preoccupa fortemente i politici francesi, che non trovano parole abbastanza virulente per denunciarne i danni. Sotto il titolo: "Il comunitarismo: ecco il nemico", Robert Grossmann, presidente della comunità urbana, sindaco vicario di Strasburgo e vicepresidente del Consiglio regionale dell'Alsazia, si è espresso così in un forum del *Figaro Magazine*, il 15 giugno 2002:

> Il comunitarismo sostituisce la cittadinanza con funeste fedeltà arcaiche. È in grado di reintrodurre lo stato di guerra sul territorio nazionale. È anche capace di scatenare violenze estreme tra francesi. Il comunitarismo nega il diritto delle persone, schernisce la Repubblica e privilegia il terrorismo a spese del dibattito democratico. È arrivato il regno delle tribù, che mette in pericolo la pace civile e la cittadinanza repubblicana. Rischiamo di non essere lontani da questo disastro, forse, addirittura, ci siamo già dentro.

Quanto a noi, il nostro intento non è politico e non daremo alcun giudizio sulla fondatezza della politica di integrazione voluta dai poteri pubblici francesi. Siccome però è innegabile che in Francia un numero crescente di persone esprima un forte sentimento di appartenenza a una comunità religiosa o etnica, riteniamo utile occuparci delle dimensioni economiche di questi segmenti e cercare di immaginare un modo pertinente per avvicinarli.

Gli sviluppi del marketing etnico francese

Naturalmente, se si tiene conto del contesto politico che abbiamo appena delineato, è superfluo sottolineare come i francesi non abbiano la fortuna di disporre della ricchezza di statistiche e di informazioni accessibili relativamente al mercato americano. L'idea che questi segmenti di popolazione, in quanto tali, siano importanti sul piano economico è lungi dall'essere riconosciuta valida, anzi non è nemmeno percepita come "accettabile" nella mentalità francese: «Gli industriali esitano perché questa segmentazione per etnie può essere interpretata come una forma di segregazione ed emarginazione», fa osservare Robert Rochefort, direttore del Credo.

I primi segni di un'offerta specifica
Da qualche anno, a questa presa di coscienza dei committenti di marketing contribuisce la crescita di importanza e di influenza del fenomeno *giovani di periferia*, in particolare per certi mercati dell'abbigliamento sportivo e delle calzature da basket e da tennis. Questi codici di abbigliamento, adottati in massa dai *beur* e dai *black* (i maghrebini e gli africani di colore) e poi, a poco a poco, dagli altri giovani, sono stati al centro di un'ipervisibilità mediatica che ha messo sul chi va là l'insieme delle imprese di fronte all'emergere di un nuovo mercato etnico, e che è servita come indizio rivelatore del fatto che anche "loro" disponevano di un potere d'acquisto non trascurabile.

> Il coccodrillo non è più quello di una volta. Un tempo stemma del borghese garbato, amante del golf o del tennis, il rettile di Lacoste ormai si esibisce su toraci un po' più turbolenti. In modo inatteso, i giovani dei quartieri periferici si sono messi a portare berretti, tute e polo che ostentano l'animale. Non contenti di essersi equipaggiati con Nike, Adidas e Reebok, questi uomini-sandwich *modern style* si sono impadroniti delle marche di cui non erano, *a priori*, la clientela accreditata. Anzi, neppure auspicata. Oggigiorno la periferia si agghinda con Ralph Lauren, Versace, Eden Park, senza nessuno scrupolo e con il logo bene in vista.[13]

Nello stesso articolo, diversi giovani di periferia rispondono alle domande giustificando la loro passione per le marche: «Se non hai addosso qualcosa di marca, vuol dire che sei senza soldi, e allora non hai nessuna possibilità di attirare le ragazze. Sei un po-

[13] S. Horel, "Pour se 'saper', les jeunes de banlieue raffolent des marques", *Le Monde*, 8 settembre 1999.

veraccio. Nel quartiere, chi non porta niente di firmato lo snobbano, lo scaricano, è che lui non è normale», dichiara Steven, 14 anni. Qui ci si trova di fronte al comportamento di un gruppo molto omogeneo, con i suoi codici, i suoi linguaggi, i suoi valori, con una stessa aspirazione a possedere beni di marca, simbolo di successo sociale:

> Possedere un oggetto di valore è "classificatorio" per i giovani che non hanno denaro. Possedendo un oggetto che gli altri non possono avere, il giovane segnala pubblicamente il suo valore. Ne acquisisce prestigio, riconoscimento.[14]

Questo fenomeno sorprendente ha permesso di mettere in luce e di valutare anche l'esistenza di un incontestabile potere d'acquisto nelle comunità *black* e *beur*, visto che la grandissima maggioranza di questi prodotti sono acquistati e non trafugati, come una diceria un po' facile lascerebbe intendere: «Sono degli appassionati, conoscono tutti i modelli, i campionari e le tinte. L'altro giorno uno di loro ha comprato dieci berretti, spendendo circa 50 euro. Un berretto per ogni colore», informa Olivier, venditore al negozio Lacoste nel centro commerciale di Cergy (Val d'Oise).

Le marche mondiali di abbigliamento sportivo hanno compreso da tempo l'importanza che hanno assunto i giovani appartenenti alle minoranze nell'influenzare i codici di abbigliamento della gioventù. Non si contano più le iniziative di Nike, Reebok, Ralph Lauren e Tommy Hilfiger dirette a trasmettere un'immagine multiculturale. Queste marche hanno esportato in modo del tutto naturale, attraverso le loro filiali francesi, le proprie conoscenze di marketing, per avvicinare i giovani del Paese che appartengono alle minoranze etniche.

Cominciamo ad accorgerci che il marketing etnico, in certi casi, si fonderà con il marketing generazionale e si servirà di tecniche e metodi predisposti per avvicinare e sedurre i target degli adolescenti e degli junior. In ogni caso, è un riconoscimento, da parte delle marche e delle imprese, del peso crescente dei giovani "etnici" nel consumo.

[14] Gérard Neyrand, sociologo specialista dei giovani e degli adolescenti.

Sponsorizzazioni “etniche”

Molti grandi del settore abbigliamento conoscono i metodi giusti per avvicinare il pubblico “etnico”. Così Helly Hansen, la marca norvegese di abbigliamento sportivo, ha conquistato i favori dei *black* e dei *beur* sponsorizzando e vestendo con il suo stile “nautico” gruppi come Manau e Ntm. Questa strategia, condotta su scala mondiale, ha fatto sì che le sue vendite aumentassero in misura spettacolare e ha evitato che la diffusione del marchio finisse per limitarsi ai soli cultori tradizionali dell'abbigliamento nautico. In Francia ha impostato un'offensiva concertata di marketing di strada, distribuendo capi di abbigliamento ai giovani leader d'opinione di quelle comunità, scovati durante serate hip hop o visitando le città satellite. Questa tecnica viene usata regolarmente anche da altre marche, come Fila o Adidas.

Nike, dal canto suo, ha installato i suoi Nike Camps, campi di calcio a fondo sintetico, in zone della periferia ritenute “difficili”.

Così, in tutti i campi si assiste alla comparsa di offerte specifiche per le minoranze etniche. Eccone alcuni esempi, cominciando dai cosmetici.

Cosmetici

«Spiegatemi perché mai le donne africane e antillane dovrebbero essere condannate a comprare i cosmetici nelle piccole boutique di certi quartieri ghetto», esplode Régine Ferrère, responsabile della filiale francese di Naomi Sims, società americana specializzata nei prodotti di bellezza per le pelli scure e mulatte (da *L'Usine Nouvelle*, 18 gennaio 2001). È vero che per molto tempo in Francia nessuno si è interessato di questo mercato, benché la popolazione antillana e di origine africana sia presente nel Paese da generazioni. «In Europa ci credono ancora delle poverette, delle emarginate, il che è un paradosso, perché siamo grandi consumatrici di articoli per il trucco», spiega la dottoressa K Sy Bizet, medico, originaria della Costa d'Avorio.

Naomi Sims ha faticato a convincere un certo numero di distributori del potenziale della sua clientela target e oggi si trova in distribuzione alle Galeries Lafayette, da Nocibé e in farmacia, con gamme di prodotti specifici adattati al colore della pelle delle donne di colore. «Africane e antillane curano molto la loro apparenza: sono ottime clienti, ma non bisogna deluderle, perché nella comunità si fa presto a farsi una cattiva reputazione», sostiene Régine Ferrère.

Una marca americana, Fashion Fair, è penetrata in Francia con un'ampia linea di 150 prodotti specificamente pensati per le pelli scure e mulatte. Si noti che per questi gruppi si registrano non meno di 35 pigmentazioni cutanee diverse, contro un massimo di 3 per le carnagioni chiare, il che impone una tavolozza di tinte per il trucco più ampia. D'altra parte, tra le donne di colore le pelli grasse sono nettamente maggioritarie e i segni dell'età non si esprimono tanto nelle rughe, quanto in scolorimenti cutanei. Di qui la necessità di prodotti specifici molto efficaci. Fashion Fair viene distribuita soprattutto nelle profumerie self-service (come Sephora), nei grandi magazzini e in un certo numero di farmacie e di centri di salute e bellezza. Prima di introdursi sul mercato francese la marca ha effettuato un approfondito studio di mercato. Si è accertato che il potere d'acquisto delle donne a cui ci si voleva rivolgere era molto interessante: «Bisogna sapere che per la sua bellezza (cura della pelle, dei capelli, del trucco) la donna di colore stanzia una cifra annua dell'ordine di 250 euro, ossia molto più della media», segnala Christine Avian-Richard, direttrice della società in Francia, in un'intervista a *Points de Vente* del 10 settembre 1998.

Il gruppo L'Oréal sembra essersi reso perfettamente conto che le clienti di colore rappresentano una posta in gioco a livello di strategia mondiale. Ha assorbito l'americana Carson, leader mondiale dei cosmetici destinati alle persone di colore, e ha recentemente creato l'Istituto L'Oréal di ricerca etnica sul capello e sulla pelle, diretto dalla biologa afroamericana Victoria Holloway.

Il marchio Goldys, una consociata L'Oréal specializzata nei prodotti per stirare i capelli, ha come target, ovviamente, le clienti africane e antillane, e fa pubblicare annunci pubblicitari sui giornali che si rivolgono alla comunità di colore.

Alla fine del 2001, la marca di shampoo Dop si è lanciata, prima in assoluto nel mondo della distribuzione di massa in Francia, alla conquista dei "capelli molto secchi o crespi" con il suo shampoo al karité. Sulla confezione, nei manifesti pubblicitari e negli annunci sulla stampa, la marca ha messo in scena diversi personaggi di colore e di tipo somatico latinoamericano e arabo.

Anche l'insegna The Body Shop, che sostiene il commercio equo e solidale, ha colto il potenziale di questi segmenti e nel 2002 ha lanciato la nuova linea di cosmetici Source d'Afrique ("Sorgente d'Africa"), che comprende anche tatuaggi, una pratica ancestrale in alcuni Paesi africani.

Nel settore alimentare, un certo numero di produttori e di distributori sta facendo i primi timidi passi, rivelando qualche attenzione per i prodotti *kosher* (ritualmente puri secondo il precetto ebraico). Così le Galeries Lafayette riservano, nel reparto Lafayette Gourmet (il reparto del buongustaio), uno scaffale ai vini apprezzati dalla comunità ebraica. Dal canto suo, le cantine Nicolas Feuillate hanno lanciato uno champagne *kosher*, il Cuvée Mevushal. Per quanto riguarda i musulmani, la principale minoranza religiosa di Francia con circa 4,5 milioni di fedeli, troviamo una moltitudine di imprese di trasformazione e di intermediazione di carne *halal* (approvata da un imam). Alcune di queste sperano ora di vedere i propri prodotti sugli scaffali degli ipermercati e dei supermercati, il che sembra abbastanza logico.

Citiamo un'iniziativa recente d'oltremanica: Mother Nature Baby Foods ha introdotto sul mercato britannico una gamma di vasetti di omogeneizzati preparati specificamente per i bimbi musulmani. Ecco il menù: agnello con verdure, pollo e lenticchie, macedonia di frutta e dolce di semola. In Francia, anche Bledina ha compreso l'importanza di questo mercato e propone vasetti di alimenti *ad hoc*.

> Per quanto possa sembrare incredibile, Parigi non è più la capitale della cucina francese, visto che sui 30.000 locali dedicati all'alimentazione che si registrano sul suo territorio, più di 16.000 offrono soluzioni straniere. Un fenomeno che non cessa di ampliarsi. [...] I tempi sono proprio cambiati e le cucine straniere – per insolite, lontane, rustiche o raffinate che siano – sono entrate, per la maggior parte, nella nostra alimentazione quotidiana. Di riflesso, hanno influenzato i nostri costumi.[15]

Eh sì: la Francia, Paese tanto fiero della sua tradizione gastronomica, si è aperta in modo spettacolare alle cucine del mondo. Le spiegazioni sono tante, ma, ovviamente, una delle ragioni è senza dubbio la presenza importante sul territorio nazionale di persone provenienti da Paesi, come per esempio le ex colonie, con una forte cultura gastronomica e di immigrati giunti di recente, che hanno importato i loro gusti e le loro ricette.

Secondo un'inchiesta realizzata nel 2000 dalla società Présence Marketing, più del 75% delle famiglie francesi avrebbe acquistato almeno una volta in quell'anno un prodotto esotico; per confronto, nel 1999 erano soltanto il 45%. Ogni giorno in Francia vengono consumati più di 7 milioni di pasti a base di alimenti "etnici"; nel 2001 è stato calcolato che il mercato valesse un po' più di 500 milioni di euro all'anno, di cui 150 milioni commer-

[15] *Marianne*, 4 ottobre 1999.

cializzati dalle catene di supermercati e ipermercati. La crescita annua della cucina "etnica" è notevole: in media più del 20%. In occasione del salone Ethnic Food Show del 2001, sono state registrate le motivazioni all'acquisto: il 48% dei consumatori sceglie questo tipo di cucina per il gusto, il 28% per cambiare le proprie abitudini e il 18% per scoprire sapori nuovi (*tabella 6.6*).

Mangiare etnico è socialmente "valorizzante", è insieme un acquisto per sé e un segnale inviato agli altri: si cerca di stupire gli invitati o di iniziare gli amici ai nuovi cibi. Si arriva anche al punto di far scoprire ai propri invitati i vini cileni, spagnoli, argentini, sudafricani, invece di condividere la solita bottiglia di Bordeaux o di Beaujolais.

Bisogna anche riconoscere che è un modo molto comodo (ed economico) di "viaggiare" e che, nella nostra ricerca di maggiori piaceri, abbiamo sempre più voglia di assaporare piatti "esotici" o "diversi". Senza dubbio, attraverso questa pratica, crescentemente popolare e democratica, la "cucina globale" e il *fusion food* si diffondono fortemente nella nostra società. Anche se non andate all'estero a cercare l'avventura, sarà l'avventura a veni-

Tabella 6.6 **Incidenza delle cucine etniche in Francia (penetrazione percentuale nelle famiglie)**

Cinese	48%
Maghrebina	39%
Vietnamita	29%
Creola	25%
Greca	20%
Tex-mex	19%
Indiana	16%
Giapponese	11%
Libanese	7%
Cubana	4%
Cajun (Louisiana)	2%

Fonte: Ethnic Food Show, 2001.

re direttamente da voi: non c'è bisogno di lanciarsi in un safari, basta entrare in qualcuno dei nuovi locali alla moda, come l'*Impala Lounge* a Parigi, nell'VIII Arrondissement, o *Le Zango*, che vi proporrà piatti *zatatzès*, assortimento di specialità di tutto il mondo, o i "piatti degli esploratori", che propongono ricette tipiche di Paesi lontani. Si espandono con grande successo catene di ristoranti tex-mex, come *El Rancho* o *Indiana*. Ormai in Francia si contano 16.000 ristoranti asiatici, 3000 italiani, 900 tex-mex e 300 africani. Da qualche anno fanno decisamente "tendenza" i sushi bar giapponesi; la cucina nipponica, infatti, è favorita da due elementi di attrazione:

- è una cucina asiatica ancora poco conosciuta: consumandola e facendola condividere agli altri si fa un po' la parte dello "scopritore";
- beneficia di un'immagine favorevole sul piano salutistico, perché è a base di pesce crudo e non prevede grassi né frittura.

Come prova dell'attrazione straordinaria che esercitano sulla clientela parigina i ristoranti "non francesi" si può citare il fatto che, ogni due ristoranti che aprono nella capitale, uno propone una cucina che viene dall'estero. Le marche di arte della tavola si sono adattate a questa tendenza: che i loro prodotti siano destinati alla ristorazione o a alle case private, esse si ispirano, per le loro nuove serie, alle correnti culinarie di moda. Così Revol propone una collezione Fusion, con piatti squadrati con decori orientali; esiste la collezione Zen di Yves Deshoulières e anche Geneviève Lethu propone una serie Salomé.

«Piuttosto giovane, abbastanza benestante e residente in città. È questo il profilo tipico dell'estimatore di prodotti esotici. Ma questo archetipo non deve nascondere il crescente interesse di altre categorie di consumatori per i sapori provenienti da terre lontane, per cui, lungi dall'essere semplici curiosità gastronomiche, questi cibi entrano progressivamente nella vita quotidiana dei francesi»: questa la situazione secondo la rivista *Rayon Boissons*, che nel luglio del 2001 ha dedicato un dossier completo a questo mercato, sotto il titolo "L'etnico esce dal ghetto".

La grande distribuzione alimentare non ha tardato a cogliere l'importanza di questa forte aspirazione della sua clientela. Non si contano più i volantini distribuiti nelle buche delle lettere delle zone di utenza abituale, con titoli come: "Dieci giorni che contano per i giramondo" (Auchan), "Prodotti per viaggiare" (Carrefour), "Colori e profumi lontani" o anche "Arti della tavola e sapori del mondo" (Cora). Il Capodanno cinese diventa a poco a poco un appuntamento imprescindibile nel calendario di animazione delle grandi insegne; si assiste anche ai timidi esordi di altri eventi etnici, come il Diwali (festival indiano). Alcune imprese, come Flo Prestige, hanno lanciato la "Settimana indiana", Le Bon Marché ha la sua "Settimana giapponese" delle grandi spezie.

I grandi gruppi dell'alimentazione hanno, chi più chi meno, ampliato la loro offerta, includendovi specialità etniche. Citiamo per esempio Uncle Ben's, con il "Riso all'indiana", e Sodebo, con le sue "Pizze del mondo". O anche le marche di prodotti per aperitivi e pasti tex-mex, come Casa Fiesta e Old El Paso, che ormai presidiano un mercato ben dimensionato. A colazione, potete decidere di consumare cereali World Temptations di Kellogg's, diversificati in varietà dai nomi seducenti, come "Festival della frutta caraibica" e "Delizia del Mediterraneo". Gli scaffali di piatti pronti di tutti gli ipermercati e supermercati traboccano ormai di ricette venute da lontano. In Francia, questa categoria di prodotti è stata lanciata a suo tempo da Marks & Spencer e nella regione parigina non era raro che alcuni clienti si sobbarcassero anche decine di chilometri per far provvista presso questa insegna, l'unica a proporre cibi etnici altrimenti introvabili (soprattutto i piatti e le salse di origine indiana, come *chutney*, *chicken tikka*, *chicken kurma* e *naan breads*). Molte famiglie che apprezzavano la cucina etnica si sono sentite "orfane" quando, nel 2001, l'azienda ha chiuso.

Le grandi insegne, che sanno valutare il potenziale di queste nuove tendenze alimentari, non hanno tardato a lanciare le loro gamme di prodotti etnici, sotto marchi come "Destinazione sapori", "Cucina evasione", "Sapori d'altre terre" ecc., conquistando in questo mercato una quota superiore al 25%. Un successo dovuto, in buona parte, all'assenza di marche conosciute che siano forti in queste categorie, almeno allo stato attuale di sviluppo di un mercato che, tutto sommato, è spuntato abbastanza di recente nel panorama alimentare. Secondo uno studio condotto nell'ottobre del 2001 dalla società francese Food from Britain, negli scaffali destinati ai piatti pronti, ai surgelati e ai liofilizzati dei grandi supermercati alimentari non si contavano meno di 666 tipi differenti di cibi etnici. Afferma Antoine Bonnel, creatore dell'Ethnic Food Show: «I prodotti etnici e la specialità straniere sono diventati un mercato a pieno titolo, con le proprie logiche, i propri punti vendita e una posizione che fa perno sulla differenziazione, sul valore aggiunto e sulla formazione di una clientela fedele».

Anche nel campo della cultura e dell'intrattenimento, infine, il riconoscimento dell'importanza economica delle comunità etniche è sempre più palpabile. Citiamo come esempio l'insediamento, nell'ultimo trimestre del 2002, di un Virgin Megastore nel quartiere Barbès di Parigi, in una zona per la quale si calcola la presenza di 400.000 clienti abituali, in maggioranza *black* e *beur*. L'impresa ha scelto di mirare sul target della popolazione immigrata, destinando gran parte dei suoi scaffali alle musiche del mondo e agli stili preferiti dalle popolazioni miste del quartiere.

Non più solo bianchi

Nell'ottobre del 1999 fu realizzato in Francia uno studio del Consiglio superiore per gli audiovisivi (Csa) per conoscere in che modo fossero rappresentate in televisione le minoranze etniche "visibili" (neri, maghrebini, arabi e asiatici) sottoponendo a monitoraggio sistematico per una settimana la presenza delle minoranze nei programmi televisivi. Ne risultò un buon tasso di presenza nell'81% delle 84 fiction trasmesse durante il periodo considerato: solo che la stragrande maggioranza dei telefilm considerati proveniva direttamente… dagli Stati Uniti! Quanto ai servizi giornalistici diffusi nello stesso periodo, si constatò che nel 39% dei casi comparivano minoranze (soprattutto di colore: 78%), ma quando si verificò il numero delle persone direttamente intervistate questo valore scese bruscamente al 18%. In genere, era molto raro che alle minoranze si affidassero ruoli di primo piano sui palcoscenici televisivi: esse rappresentavano soltanto il 6% dei professionisti della televisione, il 6% degli spettatori presenti in studio e l'11% dei partecipanti. I presentatori dei telegiornali non erano mai di origine extraeuropea, con una sola eccezione alla regola: Rachid Arhab, che presentava il telegiornale delle 13 su France 2 ed *Ecomatin* su France 5. Per quanto riguarda le campagne pubblicitarie diffuse in quello stesso periodo, risultava che la pubblicità era il genere televisivo che ricorreva meno a persone appartenenti a minoranze, visto che sui 4356 spot esaminati, solo il 18% annoverava uno o più personaggi "di colore". Bisogna anche precisare che più della metà degli spot in questione provenivano da produzioni estere (e facevano pubblicità soprattutto a imprese multinazionali americane), il che fa sbiadire ulteriormente queste cifre, già di per sé molto basse.

Detto questo, si deve riconoscere che in alcuni anni si sono fatti progressi notevoli nella rappresentazione delle minoranze etniche. Un articolo uscito su *Le Monde* il 9 ottobre 2002 era intitolato: "La Francia multietnica diventa più visibile in televisione". I casi di presentatori "non bianchi" sono un po' aumentati. Così la giornalista che presenta i telegiornali della Lci, Christine Kelly, viene spesso citata come esempio dagli operatori della televisione che intendono dimostrare la nuova attenzione accordata alle minoranze. La Lci, secondo il suo direttore Jean-Claude Dassier, «annovera nei suoi effettivi il 7% di non europei, su 140 dipendenti con contratto a tempo indeterminato». Dal canto loro, i *reality show* si sforzano di includere tra i protagonisti molti giovani *black* o *beur*, perché, come afferma Etienne Mougeotte, «TF1 cerca di non escludere nessuno; quei pubblici sono appassionati di televisione». Il presidente di France 5, Jean-Pierre Cottet, insorge contro i luoghi comuni: «Una volta circolava una tesi idiota, secondo la quale non si potevano mettere in onda neri o *beur*»; lui invece, oggi, si dichiara «profondamente convinto che presentatori e animatori di colore e *beur* hanno davanti a sé una platea di audience colossale».

L'organizzazione dei Campionati mondiali di calcio in Francia e poi la vittoria finale dei "bleu", il 12 luglio 1998, sono state percepite a livello di massa come la vittoria della Francia *black*, *blanc, beur*. Questo è stato senza dubbio il fattore scatenante più efficace nel promuovere un'ampia presa di coscienza del fatto che le minoranze, e in particolare quelle numericamente più "visibili", occupano un posto che non può essere ignorato in una Francia diventata multiculturale. I muri delle città, gli spot televisivi, gli annunci sulla stampa hanno trasformato in divi, a ogni piè sospinto, i giocatori della squadra francese, che da quel momento sono diventati "stelle della pubblicità" ricercatissime.[16] Grazie al calcio, il marketing etnico, o perlomeno uno dei suoi aspetti, è entrato dalla porta principale sugli schermi televisivi francesi. Ormai è impossibile sfuggire alle pubblicità che vantano i meriti di questo o quel prodotto o servizio chiamando in causa personaggi come Zidane, Dessailly, Anelka, Wiltord e molti altri. Osserva Christian Delorme, membro del Consiglio superiore per l'integrazione:

> Oggi per fortuna ci sono degli Zidane, dei Bouras, dei Benazzi per far vedere che, malgrado la discriminazione, c'è il modo per trovarsi un posto onorevole. Questi divi possono avere un ruolo propulsivo, sono portatori di speranza. Inoltre, siccome onorano i colori della Francia, tutti i francesi ne sono fieri e il loro successo stronca reazioni razziste.

In Francia, come negli Stati Uniti, la presenza dei divi che appartengono alle etnie minoritarie permette, nello stesso tempo, di trasmettere segnali forti ai membri delle diverse comunità etniche («Vi riconosco, visto che uso uno dei membri del vostro gruppo per promuovere la mia marca») e di trasmettere un messaggio di integrazione e di normalità per tutti i consumatori («Usando questo personaggio, faccio sapere che, qualunque sia il colore della pelle, considero tutti i miei clienti allo stesso modo»); il che, in un Paese ossessionato dalla nozione di integrazione, è particolarmente positivo.

Gli sportivi, e soprattutto i calciatori, hanno aperto la strada all'uso, timido ma in costante aumento, di attori e di indossatri-

[16] D'altronde, è uno degli aspetti che sarà loro rinfacciato in occasione dell'umiliante avventura asiatica nei Campionati mondiali del 2002.

ci provenienti dalle etnie minoritarie. Senza dimenticare il forte valore simbolico dell'elezione come miss Francia 2000 della bellissima franco-ruandese Sonia Rolland. Una marca come L'Oréal si avvale di indossatrici etniche (per esempio, Naomi Campbell) per dar lustro a vari suoi prodotti, nel quadro della sua campagna di massa «Perché io valgo».

Coeur de lion

Più sorprendente e innovativa per il mercato francese è la campagna lanciata dalla marca di camembert Coeur de lion, del gruppo Bongrain, nell'aprile del 2002, con il motto: «Voi avete il carattere, noi abbiamo il formaggio». Questa campagna, nei suoi 11 diversi spot, presenta dei *black*, dei *beur* e perfino dei gay in scenari molto "scapigliati" e creativi. Per la prima volta, un'importante impresa dell'alimentazione, un settore che ha scarsa reputazione dal punto di vista della creatività pubblicitaria, osa mettere in scena minoranze etniche e perfino sessuali. «La scelta deriva da un'intenzione strategica: dimostrare che Coeur de lion è una marca universale, attuale e moderna. Il camembert è un prodotto popolare: si trattava di far vedere la Francia com'è oggi. Se mostra questa diversità, è perché i consumatori sono disposti a vederla. Un'impresa che si fa pubblicità non ha alcun interesse a costringere le persone a capire quello che non vogliono capire», dichiarano le responsabili di questa campagna, Nathalie Daniels e Cécile Tauleigne, dell'agenzia pubblicitaria Fcb.

Yop

Segnaliamo anche il lavoro svolto dal marchio Yop, del gruppo Yoplait, che da qualche anno ha ambientato gran parte dei suoi spot nel mondo *black* e *beur* delle periferie, andando controcorrente rispetto al mondo abbastanza asettico della maggior parte degli spot pubblicitari. Un canone di realismo che sembra aver fatto centro: i giovani di tutti gli ambienti hanno fatto propria questa trasgressione e le vendite del prodotto, ormai sotto il peso di oltre trent'anni di vita, ne hanno ampiamente beneficiato.

«Ci siamo accorti che la nostra visione degli adolescenti era obsoleta. E che derivava più da un approccio venato dalla nostalgia dell'epoca dei nostri anni verdi che dalla realtà. È indispensabile aderire alla realtà, è importante raccontare storie vissute», dichiara Jean-Sébastien Garnier, responsabile del marchio, su *Marketing Magazine* del settembre 2001.

Tati

Tati, il celebre distributore di boulevard Barbès, risentiva da qualche anno di una certa perdita di attrattiva e di identità, che si era concretizzata in un calo del volume di affari. Alla fine del 2002 ha avviato una vasta campagna pubblicitaria che mette in scena le foto dei suoi "veri clienti" (neri, *beur*, asiatici e bianchi), sotto il motto unificante «Tati è nostro». Gli inventori di questa campagna fanno sapere che «dal punto di vista pubblicitario, la nostra idea è l'immedesimazione in quel *black, blanc, beur* ormai introiettato da tutti a partire dal 1998 e dalla vittoria calcistica della nazionale francese» (*Cb News*, 21 ottobre 2002).

Bisogna riconoscere, tuttavia, che le non molte imprese che promuovono questo tipo di pubblicità e che sono più lucide, più pragmatiche o più coraggiose delle altre, perché superano le remore e si lanciano in operazioni di marketing etnico, sono ancora, anche loro, una minoranza. Nel novembre del 1995, la rivista *L'Entreprise* dedicava a questi temi un articolo pionieristico intitolato "La penetrazione del marketing etnico", nel quale si poteva leggere questo passo, che ancora oggi, nove anni dopo, conserva la sua attualità:

> I capofila della produzione di grande consumo ammettono di non aver considerato il fenomeno etnico o comunitario. «In Francia non esistono minoranze sufficientemente consistenti», osserva un responsabile di marketing di Procter & Gamble. Il debole sviluppo del marketing etnico nel Paese è spiegato da ragioni culturali e storiche. È la cara vecchia tradizione giacobina dell'integrazione nella nazione: tutti debbono essere uguali e somigliarsi. I Paesi anglosassoni, invece, preferiscono lasciare spazio alle comunità e ai loro particolarismi.

I media diretti alle diverse comunità

In termini di marketing, puntare sui media etnici è una strategia che è bene non trascurare. In effetti, studi provenienti dagli Stati Uniti, dove il loro spazio nel paesaggio audiovisivo e mediatico è senza dubbio maggiore che altrove, dimostrano tutti l'efficacia crescente delle campagne pubblicitarie che se ne avvalgono. Le imprese che diffondono i propri messaggi attraverso quei canali risultano "ricompensate" dai membri delle comunità, che apprezzano il fatto di trovare comunicazioni dedicate espressamente a loro sui media prediletti. Un'inchiesta condotta nel maggio del 2002 da News California Media su un campione di 2000 persone rappresentativo delle diverse minoranze presenti sulla costa occidentale degli Stati Uniti, alla domanda: «Prestate maggior attenzione alle pubblicità a stampa, televisive e radiofoniche che vengono trasmesse sui media generici o a quelle diffuse dai media etnici?», rilevava la seguente distribuzione di risposte:

- sui media etnici: 40%;
- sui media generici: 33%;
- pari attenzione alle une e alle altre: 19%;
- non risponde: 8%.

A differenza dei grandi media nazionali (catene televisive e grandi stazioni radio), nei quali la parte dedicata alle minoranze si limita spesso alla cronaca nera (il che non contribuisce propriamente a darne una "buona immagine" agli occhi del resto della società), i media "etnici" hanno in genere due funzioni: in primo luogo, permettono di trasmettere informazioni sul Paese di accoglienza, a volte molto dettagliate, su temi amministrativi, legislativi, fiscali che non sono particolarmente trattati dagli altri media. In secondo luogo, permettono di mantenere legami con il Paese d'origine della comunità: attualità del Paese, canzoni e musiche, dibattiti con il pubblico, cultura ecc. Questi media sembrano rispondere a una forte aspettativa delle minoranze, visto che la loro presenza è notevole sui due lati dell'Atlantico, con una netta prevalenza negli Stati Uniti, ovviamente.

Dal 1985 al 1995 i media afroamericani sono aumentati del 72%, quelli ispanici del 160% e quelli asiatico-americani del 173%.

Esther Novak, Vanguard Communications

La televisione

In Europa si rileva anche un successo crescente della televisione via satellite, che permette agli immigrati di ricevere le trasmissioni televisive del Paese d'origine. Nel 1995, un'inchiesta realizzata da Eutelsat indicava che in Francia il 21% delle famiglie di origine araba aveva investito nell'acquisto di un'antenna parabolica satellitare, a fronte di un misero 4% della popolazione in generale. Queste stazioni televisive riempiono un "vuoto" incontestabile, ma non possono essere vicine al pubblico come le stazioni "etniche" installate nel Paese di accoglienza, in grado di cogliere meglio le esigenze delle minoranze che ci vivono. È per questo che il 1° ottobre 2002 sarà sicuramente ricordato come una data importante per il riconoscimento del marketing etnico in Francia: quel giorno, infatti, è nata la prima stazione televisiva maghrebina in Francia: Beur Tv, l'"emittente mediterranea".

Beur Tv

Beur Tv è accessibile gratuitamente in Francia, in Europa, nel Maghreb e in Medio Oriente attraverso Eutelsat, Canalsat, Tps e Noos. L'emittente intende rivolgersi ai 6 milioni di persone che compongono la comunità maghrebina francese e ai 68 milioni di abitanti dei tre Paesi del Maghreb. «Beur Tv significa offrire una visibilità e una leggibilità al mondo arabo-berbero-musulmano in Francia e rispondere a una domanda pressante di questa comunità. Essa permetterà di unire i maghrebini di Francia e aiuterà i giovani a trovare i loro punti di riferimento culturali», dichiara al *Nouvel Observateur* Yamina Benguigui, presidentessa dell'associazione di sostegno a Beur Tv. Sono della partita personalità come Rachid Arhab, Gilles Kepel, Dominique Cantien e la cantante Yamina. Per finanziare questa televisione sono stati trovati 5 milioni di euro. L'emittente vuole essere "generalista", indipendente, privata, laica e francofona, con il 20% della programmazione in arabo e in berbero.

Il suo fondatore è Nacer Kettane, un personaggio conosciuto nel mondo dei media per aver partecipato nel 1981 alla fondazione di Radio Beur. Nel 1992 lasciò il mondo dell'associazionismo per lanciare Beur Fm, una radio commerciale progressivamente sviluppatasi grazie alle entrate pubblicitarie, fino a diventare l'incontrastata emittente leader di questa comunità. Forte delle sue 11 stazioni distribuite su tutto il territorio nazionale, vanta oggi 500.000 ascoltatori regolari e 1 milione di ascoltatori occasionali in Francia, nonché 4 milioni oltre frontiera, nei Paesi del Maghreb.

Citiamo anche l'esistenza, dal gennaio del 2000, di una piccola stazione televisiva che opera su satellite: Brtv (Radio-televisione berbera). Per il momento, trasmette 4 ore al giorno da un piccolo studio di rue du Cherche-Midi a Parigi e riscuote un non trascurabile successo fra i membri della comunità cui si rivolge: conterebbe qualche migliaio di abbonati in Francia e più di 4 milioni di telespettatori in Algeria. A lungo soffocata, per non dire repressa, la cultura berbera si vede finalmente rappresentata; il fenomeno del passaparola ha giocato molto a suo favore, come riferiscono alcuni algerini intervistati da *Le Monde* nel marzo del 2001: «È una televisione per noi, ridà un valore a quello che siamo. [...] Quando è nata, ci si telefonava da regione a regione, non riuscivamo a trattenerci».

All'inizio di settembre del 2002 ha avuto luogo, in pompa magna e con la presenza fra gli invitati di molte star internazionali, il lancio di Khalifa Tv, la prima emittente privata algerina, che porta il nome del suo creatore, Rafik Khalifa. Questa stazione, accessibile su Tps, mira a costituire «una nuova finestra aperta sulle culture francese e algerina».

Per la comunità ebraica, per il momento, esiste in Francia una sola emittente televisiva: Tfj.

La radio

Nel settore radiofonico si assiste a un progressivo aumento d'importanza delle stazioni etniche, alcune delle quali (come Radio Latina) traggono profitto da mode musicali che permettono di raggiungere anche ascoltatori non appartenenti alla minoranza etnica. Tutte le comunità hanno le loro radio, dato che i costi di produzione di una radio Fm sono relativamente modesti in confronto a quelli delle riviste o delle stazioni televisive. Esse oscillano fra lo statuto associativo e quello puramente commerciale, che non tutte necessariamente finiscono per scegliere, se si tiene conto del contributo relativamente modesto dei committenti di pubblicità. È evidente, inoltre, che la penuria di frequenze Fm non agevola il loro sviluppo. Succede così, per esempio, che le 4 radio ebraiche (Radio Shalom, Rcj, Radio J e Judaïques Fm) condividano, fin dall'apertura della banda nel 1981, la stessa frequenza e dispongano ciascuna di sole 4 ore di trasmissione. E siccome hanno sensibilità politiche e religiose piuttosto distanti fra loro, non riescono a intendersi e a giungere a un accordo.

La stampa

Anche la carta stampata comincia a trasformarsi, in modo da accompagnare la lenta "comunitarizzazione" delle minoranze presenti nel Paese. Molte pubblicazioni appaiono dei fogli alla buona e somigliano più o meno ai giornali gratuiti infarciti di pubblicità e di offerte promozionali di botteghe e negozietti dei quartieri "etnici". Basta passeggiare in certi quartieri di Parigi per scoprire questi supporti stampati, che brulicano di annunci pubblicitari, uno più vistoso dell'altro. Pochi di loro riescono a superare questa fase di scarso prestigio e, proprio per questo motivo, sono poco attraenti per le marche nazionali, che non apprezzano affatto questo contesto di lettura. Tuttavia, per ogni comunità stanno facendo capolino pubblicazioni a stampa di una certa qualità, con utenze che iniziano a essere abbastanza significative. Citiamo *Anima* e *Jeune Afrique Magazine*.

Internet

Infine, è d'obbligo ricordare il gran numero di siti Internet associativi amatoriali (alcuni sono anche abbastanza "professionali") che circondano le varie etnie e comunità religiose presenti sul territorio e consentono di allacciare legami (sono i luoghi privilegiati per i forum di discussione e le chat) e di essere informati dei fatti di attualità della comunità in Francia (feste, concerti, manifestazioni culturali, petizioni ecc.).

Come si vede, il paesaggio mediatico è in piena espansione, anche se, per il momento, i committenti di pubblicità restano abbastanza timidi al riguardo. Nessuno, invece, può più dubitare che il futuro di questi media sia promettente, quando la mentalità del marketing si sarà evoluta e si accetterà l'idea che non tutti i francesi vantano un albero genealogico "puro", né sono tutti cattolici e con la pelle bianca.

Conclusione
Sette decisioni da prendere subito

Acquistate un biglietto aereo per gli Stati Uniti

Siamo pienamente coscienti del fatto che questo libro non ha potuto far altro che "sfiorare" un tema particolarmente ambizioso. Abbiamo voluto condividere con il lettore un certo numero di fatti e di riflessioni che ci paiono significativi, in un'epoca in cui si intensifica la concorrenza fra gli operatori economici. Se siamo riusciti a insinuarvi un dubbio, o addirittura a suscitarvi un po' d'entusiasmo, abbiamo raggiunto il nostro obiettivo. Dovrete ora proseguire questa riflessione per consolidare la vostra conoscenza dell'uno o dell'altro dei segmenti presentati in questo libro. Per far questo, non c'è alcun dubbio: dovete volgere lo sguardo verso l'altra sponda dell'Atlantico. Qualunque cosa possiamo pensare degli eccessi americani in molti campi (magari su quelli di battaglia), restiamo obiettivi e lucidi: per quanto riguarda il marketing e la taratura dell'approccio ai diversi segmenti di consumatori, gli Stati Uniti sopravanzano di parecchie lunghezze il "vecchio continente".

Le ragioni sono ben note:

- Le imprese americane hanno la fortuna di disporre di un mercato interno di grandissime dimensioni, tanto che qualunque segmento di esso rappresenta da solo una schiera di consumatori che si conta in milioni o in decine di milioni di persone. Di conseguenza, è più facile giustificare una segmentazione del marketing mix, perché pare abbastanza facile far rendere i propri investimenti.

- Gli Stati Uniti dispongono di una quantità di mezzi di comunicazione televisivi e radiofonici che non consente paragoni con la realtà che conosciamo in Europa. Questi supporti nazionali, regionali, locali, perfino di quartiere, specializzati sull'una o sull'altra comunità di consumatori, permettono di avere accesso ai diversi target in condizioni economiche particolarmente efficaci, con tutti i ben noti vantaggi che il mezzo audiovisivo offre alla dimostrazione pubblicitaria. Siamo ben lontani dalla povertà di scelta tra i media disponibili che affligge in genere lo scenario europeo.
- Dopo molti anni di pratica e di analisi delle professioni legate alla comunicazione, possiamo affermare che la cultura del marketing americana è fondamentalmente diversa da quella europea. Le imprese committenti americane e le loro agenzie di pubblicità sono profondamente "pragmatiche", vanno sempre al sodo; la pubblicità, alla fin fine, serve a una cosa sola: a vendere. In base a ciò, guardano sempre *where the money is*, dove ci sono i soldi. Senza apriorismi, senza dogmatismi, senza dichiarazioni solenni, adattano le loro offerte e le loro campagne di comunicazione ai consumatori che esprimono bisogni non scontati o che hanno comportamenti non omologati. Negli Stati Uniti non ci sono argomenti tabù o reazioni di ostilità contro questo o quel target (gay, senior, neri e quant'altri); anzi, è logico, normale, evidente segmentare il proprio piano di marketing. Tutti i grandi committenti americani di pubblicità hanno impostato strategie di marketing segmentate per target etnici, comunitari e generazionali. Negli Stati Uniti la campagna pubblicitaria unica, l'eterno spot televisivo di 30 secondi, destinato a essere diffuso esattamente prima e dopo il telegiornale della sera per raggiungere "tutti", non esiste più da un bel pezzo. Per la semplice ragione che quei "tutti" non sono più reali della famosa "casalinga di Voghera". La soluzione più facile, che consiste nel riversare "a pioggia" lo stesso messaggio sulla massa dei consumatori, sperando che ognuno ci si riconosca, e che è praticata dalla stragrande maggioranza dei committenti di pubblicità europei e dalle loro agenzie, fa sorridere gli specialisti di marketing americani, che hanno

abbandonato da moltissimo tempo questa tecnica, molto meno efficace dell'approccio dedicato, specifico, target per target.
- La concorrenza fra gli attori economici che operano sul mercato nordamericano è così intensa che le marche sono "costrette" a differenziarsi le une dalle altre e sono obbligate a non scartare nessun potenziale target di consumo. La pressione del marketing esercitata sul consumatore americano è in media da 5 a 8 volte superiore a quella esercitata su quello europeo. L'America è, senza dubbio, l'archetipo della "società dei consumi", a volte spinta all'estremo; tuttavia, essa prefigura ciò che sta accadendo da questo lato dell'Atlantico: sotto la pressione congiunta della concorrenza e di distributori sempre più potenti ed esigenti, gli operatori economici sono condannati, quale che sia il loro mercato, a trovare nuovi giacimenti di consumo. Andiamo quindi, inesorabilmente, verso una segmentazione sempre più raffinata dei target cui mirano le imprese. È inutile sottolineare fino a qual punto gli esempi americani permetteranno a ciascuno di spigolare idee preziose per adattarle alle specificità europee.

E allora, precipitatevi negli Stati Uniti, andate a osservare quali tecniche usano le marche del vostro settore, visitate i grandi centri commerciali (i *mall*), guardate le pubblicità diffuse dalle innumerevoli catene televisive accessibili dalla vostra camera d'albergo, partecipate ai numerosi saloni professionali o ai congressi che pullulano in quel Paese. E... leggete: quale infinita ricchezza di informazioni e di riflessioni è a vostra disposizione facendo un solo clic sulla più grande libreria di marketing del mondo, Amazon.com. Qualunque sia il segmento che vi interessa, potete essere certi di trovare una buona decina di opere di marketing dedicate a quel mercato o a quel soggetto specifico. Ovviamente, dovrete fare la cernita fra ciò che vale soltanto per gli Stati Uniti e ciò che è universale; ovviamente, il grado di maturità dei media e degli attori economici su questi temi (in particolare sul marketing gay e sul marketing etnico) non è lo stesso sulle due sponde dell'Atlantico. Comunque sia, quei libri vi permetteranno di guadagnare tempo e di riorganizzare le vostre idee sul marketing.

Avviate la vostra rivoluzione culturale nel marketing

Non illudetevi: se il contenuto di questo libro vi ha convinti, quella in cui dovrete impegnarvi è una vera *rivoluzione culturale nel marketing*. Il compito che avete di fronte è nello stesso tempo appassionante e molto complesso, perché dovrete rimettere in discussione molte abitudini e convinzioni ben radicate nella vostra impresa. È inutile affrontare e porre in cantiere questo grande lavoro da soli: molto meglio creare intorno alla vostra squadra di marketing una serie di task force, cioè gruppi di lavoro di una decina di persone al massimo, composti da rappresentanti dei diversi settori dell'impresa, come la ricerca e sviluppo, l'ufficio studi, l'ufficio commerciale, la produzione e, ovviamente, il marketing. A ciascuno di questi gruppi assegnerete una missione specifica: uno di essi, per esempio, si concentrerà sul segmento dei gay e rimetterà completamente in discussione il vostro marketing mix, per verificare in che misura è adeguato alle esigenze, alle aspettative, alle specificità della comunità omosessuale.

Per condurre questo lavoro, non esitate a far intervenire un consulente esterno specializzato nel target in questione: vi farà guadagnare tempo ed efficacia. Sulla base di un bilancio il più obiettivo possibile dei punti di forza e di debolezza della vostra marca o impresa nei confronti del target gay, studierete l'offerta dei vostri concorrenti, per verificare se sono piazzati meglio di voi. Dopo di che, potrete immaginare un certo numero di modifiche da introdurre nel vostro mix, per trarre vantaggio dal target in questione, che è in forte emergenza.

Poi, occorrerà effettuare le medesime operazioni sugli altri segmenti di clientela obiettivo che giudicherete opportuno studiare per la vostra marca. Facendo condurre questa riflessione da gruppi di lavoro che rappresentano i diversi settori dell'impresa, eviterete il rischio di rendere marginale questo passo, che, tutto sommato, è abbastanza rivoluzionario.

Mettetevi nei panni dei vostri potenziali clienti

A costo di "sfondare una porta aperta", non ripeteremo mai abbastanza quanto sia importante che ogni responsabile di marketing si dedichi a studiare e ad ascoltare il consumatore. Questo è ancora più vero quando si parte alla scoperta di nuovi segmenti, largamente sconosciuti all'impresa e, spesso, perfino agli "esperti" di marketing. È inutile ribadire quanto sia decisivo per qualunque impresa approfondire la conoscenza dei nuovi target descritti in questo libro. Che si tratti dei senior, dei gay o delle comunità etniche, non v'è dubbio che ancora oggi su questi segmenti, pochissimo "marketizzati" in Europa, permangono grandi zone d'ombra. Prima di avviare un processo di marketing sull'uno o sull'altro di questi nuovi target, è indispensabile formarsi una conoscenza e crearsi un'autentica "cultura" sulle caratteristiche, sulle esigenze e sulle aspettative del target in questione. Un approccio del genere non si improvvisa: è necessario dedicargli tempo e risorse, per individuare le chiavi del successo per ognuno dei segmenti. A differenza degli Stati Uniti, da noi tutto ciò non sarà facilitato dalla presenza di specialisti di marketing, a parte i casi degli junior e dei senior, per i quali vi sono esperti riconosciuti. Quanto agli omosessuali e, soprattutto, al mercato del marketing etnico, invece, ci si trova nel complesso di fronte a una terra di nessuno del marketing. Così, ogni responsabile di marketing coinvolto dovrà necessariamente adottare un approccio sistematico al segmento scelto come target:

- ricerca degli specialisti di marketing, dei consulenti, delle agenzie di comunicazione, delle società di studi e ricerche che abbiano una conoscenza approfondita del segmento di consumatori posto come target;
- costituzione di una biblioteca delle opere di marketing americane relative a quel segmento e degli studi sociologici e demografici del Paese nel quale si vuole operare;
- abbonamento sistematico alle riviste e ai periodici destinati a quel segmento di mercato;

- consultazione regolare dei principali siti Internet comunitari che siano dedicati al target in questione;
- partecipazione agli eventi e alle manifestazioni importanti per quel target, al fine di "immergervi" nel mondo dei consumatori sotto tiro;
- organizzazione di focus group qualitativi, che riuniscano una decina di consumatori del target, destinati ad approfondire la vostra conoscenza dei loro bisogni specifici e dei rapporti che intrattengono con la vostra marca e con le marche concorrenti. Alcune società di studi si sono specializzate su questi mercati (è il caso, per esempio, di Age Research per tutto ciò che riguarda i target generazionali, in particolare i senior).

Preventivate questa voce nel budget del marketing... senza esagerare

Per essere sicuri di non cedere alla pressione del quotidiano, rischiando di trascurare una vera opportunità di mercato, non esitate a iscrivere nel budget del marketing una o più voci destinate ai nuovi target che avete individuato come interessanti per la vostra impresa. È una saggia precauzione, perché, passato l'entusiasmo per la scoperta di un nuovo potenziale segmento, il "pensiero unico" del marketing rischia di tornare rapidamente a far valere i propri diritti e non mancherà chi vi incoraggerà a concentrare i mezzi sull'eterna "casalinga di Voghera". Alla prima piccola stasi delle vendite o in una fase economica difficile (e, come tutti sanno, queste cose succedono sempre più spesso), i riflessi abituali riprenderanno il sopravvento e tutte le innovazioni o le idee appena un po' originali rischieranno di essere accantonate per tornare alle care ricette classiche (una promozione sui prezzi o un bombardamento televisivo in *prime time*). Se vi siete presi la briga di giustificare e difendere uno stanziamento in bilancio alla voce "nuovi segmenti di consumatori", che avrete provveduto a inserire nel piano di marketing annuale, avrete una possibilità in più che quella somma serva davvero per condurre le ricerche necessarie, se non addirittura i test su quel nuovo target (o su quei nuovi target). Attenzione, però: non siate troppo ambiziosi o avidi nel ritagliarvi la vostra fetta di budget, perché sarebbe il modo migliore per rendere quella somma troppo "visibile" e, per ciò stesso, farne la candidata ideale per il primo taglio, che non mancherà di arrivare a metà anno. Una percentuale "ragionevole" (per esempio, dell'ordine del 10% del preventivo annuale) vi darà la certezza di riuscire a condurre almeno il primo test di marketing sul target prescelto.

Se i concorrenti sono in vantaggio, non state a guardare

È indispensabile monitorare i progressi dei vostri concorrenti su questi nuovi target: si tratta di un'informazione strategica di prim'ordine. È più importante che mai seguire con attenzione le mosse dei concorrenti, perché ogni nuovo cliente che si conquista lo si sottrae alla concorrenza: raramente ci troviamo in mercati fortemente espansivi, quelli in cui sono possibili conquiste importanti di nuovi consumatori. Né si ha tanto spesso la possibilità di creare una nuova categoria di prodotti o di servizi che permetta di sfuggire "dall'alto" alla dura legge della competizione. Stando così le cose, diventa critico osservare attentamente le azioni dei concorrenti, per contrastarli il più rapidamente possibile ed evitare di farsi distanziare. Non c'è il minimo dubbio sul fatto che i segmenti di mercato descritti in questo libro riguardino le imprese di tutti i settori. I potenziali di consumo individuati nelle pagine precedenti sono probanti a sufficienza per suscitare molte iniziative da parte delle imprese che prendono coscienza dell'inadeguatezza dei loro approcci di marketing e, quindi, dell'urgenza di ampliare i target tradizionali.

Se, dopo aver condotto la vostra indagine sui concorrenti, vi rendete conto che sono già in azione su quei segmenti, reagite in fretta, per non concedere loro un vantaggio duraturo. Se, invece, siete voi i primi a interessarsi di quei nuovi giacimenti, non tardate ad agire: si è ripetutamente dimostrato che essere il primo operatore ad "attaccare" un nuovo mercato permette di accumulare un vantaggio difficilmente rimontabile dalla concorrenza.

Se vi prendono per matti, buon segno!

C'è da scommettere che alcune delle vostre idee si scontreranno con reazioni di stupore («Chissà perché si mette a parlarci dei senior?»), di irritazione («Ma che cosa vuole con 'sta teoria del marketing etnico?»), perfino di aperta ostilità («Ma che diavolo gli è preso con questa fissa dei gay? Non sarà che...»). Eh sì, non è comodo andare controcorrente, osteggiare il pensiero unico del marketing! All'inizio troverete di sicuro più ostilità o incomprensione che non persone entusiaste pronte a sostenere il vostro desiderio di innovazione. Non preoccupatevi. È un ottimo segno: significa che la vostra idea ha individuato davvero dei target o il modo per riconoscerli, e che state conducendo un'azione innovativa a vantaggio della vostra impresa (ricordate il famoso slogan «Creatori di automobili» di Renault, destinato a valorizzare la propensione della marca, fin dalle sue origini, di introdurre innovazioni continue). Come si sa, le innovazioni scatenano invariabilmente delle forti resistenze.

Inserendovi volontariamente in un processo innovativo, inoltre, permetterete alla vostra impresa di scoprire nuovi potenziali di consumo poco sollecitati fino a quel momento, o mal sollecitati da azioni di marketing generiche. Vi renderete conto molto presto che i consumatori dei segmenti di cui abbiamo trattato, quando siano destinatari di un marketing mix oculatamente calibrato e diretto specificamente a loro, tendono ad accogliere molto favorevolmente le sollecitazioni che dimostrano la sensibilità dell'impresa per le peculiari caratteristiche ed esigenze della comunità cui si rivolge. Lo abbiamo illustrato più volte a proposito del target dei senior, che spesso si sentono esclusi da campagne pubblicitarie di cui sovente non capiscono nulla e che in certi casi, addirittura, li urtano (il che d'altronde, non deve stupire, visto che sono state concepite "dai giovani per i giovani"). Quando una marca si rivolge ai senior con messaggi il cui contenuto li interessi e la forma comunicativa sia adeguata, essi tendono a privilegiarla: un prova evidente che nei confronti della pubblicità queste persone non nutrono più remore di altri.

Immaginiamo per un attimo, allora, quale successo possono ottenere marche che, con le loro azioni mirate al target, dimostrino un concreto interessamento nei confronti di comunità che, per il loro forte sentimento d'identità e l'attenzione a ogni forma di esclusione, tendono a essere ipersensibili (e anche molto suscettibili).

Diventate i guru dei target dimenticati

Sì, avete letto bene: scegliendo di specializzarvi sui target che oggi restano largamente dimenticati e marginali per i responsabili di marketing, conquistate una posizione che in breve tempo si rivelerà altamente strategica. Infatti, mentre tutti continuano a "girare in tondo", ripetendo instancabilmente le stesse vecchie ricette e concentrando il tiro sullo stesso target sovrasaturo di sollecitazioni, voi, grazie a quanto sapete, potrete prendere "scorciatoie" ignote a tutti i vostri concorrenti. Disporrete di conoscenze che ben pochi responsabili di marketing possiedono e sarete quindi in grado di individuare le chiavi del successo specifiche per quei segmenti, ampiamente misconosciuti, ma che tuttavia hanno un peso numerico ed economico assai significativo. E che piacere sarà partire alla scoperta di mercati poco "marketizzati" e quindi scarsamente battuti dalla concorrenza! Con risorse di marketing relativamente modeste, avrete l'occasione di cogliere successi economici inusuali ai giorni nostri, e scommettiamo che ciò vi sarà di grande soddisfazione (per non parlare della soddisfazione dei vostri azionisti).

Per concludere, permetteteci di citare una frase di un certo Napoleone (molto in voga da qualche tempo): «Nelle rivoluzioni ci sono due generi di persone: quelle che le fanno e quelle che ne traggono vantaggio». Consentiteci di suggerire che, per una volta, voi sarete nello stesso tempo colui (o colei) che nella vostra impresa fa la rivoluzione nel marketing e colui (o colei) che ne sarà il principale beneficiario.

Indice dei nomi

Abc 189, 211
Absolut 167, 180, 189
Act Up 171, 191
Acuff, Dan S. 72
Adidas 48, 66, 81, 86, 233, 235
Age Research 256
Air France 116
Aka Communications 168
Albert Heijn 113
Aldi 41
American Express 167, 183, 191
America Online 167, 185
Andreotti, Giulio 161
Anheuser-Busch, 180, 193, 212
Antonioni, Michelangelo 161
Apple 3, 68, 167
Arhab, Rachid 242, 247
AT&T 70, 147, 167, 217
Attias-Donfut, Claudine 26
Auchan 240
Audi 7, 184
Avian-Richard, Christine 236
Avis 148, 149, 194
Avon 211
Axa Belgique 149

BabyADgency 120
Baker, Joséphine 201
Bank of America 216
Barthès, Fabien 177
Bataille, Philippe 219
Benetton 211
Benguigui, Yamina 247
Bergé, Pierre 177, 192
Bernstein, Leonard 181
Beur Fm e Tv 247
Binoche, Juliette 152
Bipe 19, 33, 34, 35
Bizet, K Sy 235
Bledina 237
Bmw 184, 188, 189
Bocca, Giorgio 159
Bodier, Marcelline 23
Bolla 181
Bongrain-Gérard 15, 148, 244
Bonnel, Antoine 241
Bouygues 69
Bp (British Petroleum) 70
Brel, Jacques 137
Bricmont, Benny Rigaux 52
Brico Center 62
Bsp 176, 181
Budweiser 89
Buena Vista Social Club 138
Burger King 214
Bush, George 159
Bush, George W. 199
Bva 56, 173

Čaikovskij, Pëtr I. 181
Calment, Jeanne 136
Calvin Klein 69, 81, 167, 177
Camilleri, Andrea 159
Campbell, Naomi 215, 244
Canal+ 50, 124, 194
Cantien, Dominique 247
Carrefour 240
Cartier 81
Casa Fiesta 240
Castorama 62
Caterpillar 177
Cbs 211
C&A 112
Channel One 68
Channel V 81
Chatillez, Etienne 8
Chérie Fm 123
Children's Market Research 52
Christian Lacroix 76
Ciampi, Carlo Azeglio 159
Citibank 167, 193
Citroën 46, 55
Clapton, Eric 22, 152
Clinic 115
Club Méditerranée 41, 182
Clurman, Ann 26
Cnn 211
Coca-Cola 22, 48, 69, 70, 71, 81, 119, 147, 207
Cocteau, Jean 177
Collins, Phil 152
Community Concept 184
Connery, Sean 132
Continental Airlines 167, 183
Cora 240
Cottet, Jean-Pierre 242
Creatability 205
Crowder, Linda 214
Cruyff, Johan 46
Cruz, Wilson 191
Cukierman, Roger 231

Daimler-Benz 16, 185
Daniels, Nathalie 244
Danone 67
Dassier, Jean-Claude 242
Delanoë, Bertrand 173
Delorme, Christian 229, 243
Deneuve, Catherine 132, 155
Dessailly, Marcel 243
De Gaulle, Charles 46, 138
De Niro, Robert 155

Dholakia, Ruby Roy 72
Disney 48, 50, 55, 66, 68, 70, 189, 194, 207, 213
Dockers 191
Doctor Martens 66
Dolce & Gabbana 80
Draï, Raphaël 231
Drouhet, Vincent 76
D'Sousa, Dinesh 218
Dupâquier, Jérôme 223

Easy Jet 9
Ed 41
Eden Park 233
Elisabetta II d'Inghilterra 159
Ellesse 81
Emulex 90
Esselunga 113
Esso 63, 70
Estée Lauder 115
Europe 1 e 2 123
Europride 194
Eurosportnews 81
Evian 116, 163, 167
Excousseau, Jean-Luc 29

Fair Marker Group 75
Fanta 69
Fashion Fair 235, 236
Federal Express 70
Ferrari 81
Ferrère, Régine 235
Ferrero 48
Fiat 55, 62, 188, 189
Fila 235
Fisher Price 48
Flo Prestige 240
Fnac 194
Foa, Vittorio 161
Ford 6, 16, 44, 70, 147, 149, 193, 217
Ford, Harrison 155
Forty 44
Fourastié, Jean 28
Fowler, Eve 191
Fox Kids 50, 56
France 2 15, 242
France 3 15
France 5 242
France Inter 123
Fréquence Gay 192
Fsju 231
FunTv 81
Fun Radio 194

Gai Pied 171, 187, 191
Galeries Lafayette 76, 235, 236
Galst, J.P. 56
Garnier, Jean-Sébastien 244
Gatorade 214
Gaultier, Jean-Paul 177
Gay Games 193, 195
Gay Pride 177, 178, 180, 187, 189, 193, 194, 195
General Electric 70
General Motors 16, 70, 167, 217
Geneviève Lethu 239
Gerber 214
Gere, Richard 152
Giovanni Paolo II 159
Girard, Christophe 177, 192
Gloaguen, Ronan 72
GloRadio 193
Goldman, Jean-Jacques 112
Goldring & Co. 143
Goldys 236
Gordon, C.W. 202
Graham, Ellen 72
Gravis 80, 81
Green Coast 81
Grossmann, Robert 232
Gruber, Selina S. 52
Gucci 76, 81
Guinness 187

Häagen-Dazs 215
Hallyday, Johnny 7, 95
Harley Davidson 43, 185
Hasbro 85, 213
Hayes, Bruce 191
Helly Hansen 235
H&M 112
Hendrix, Jimy 22
Hilliard-Jones, Amy 205
Holloway, Victoria 236
Honda 43

Ibm 70, 167, 191
Ied 52, 60, 62, 72
Ifop 160, 228
Ikea 10, 101, 167, 188
Ined 54, 219, 220, 227
Insee 23, 35, 51, 72, 73, 98, 144, 224, 227
Inter-Trend 213

Jack Daniel's 81
Jagger, Mick 7
J.C. Penney 212, 213
John, Elton 178
Johnson, Samuel 218
Judaïques Fm 248
Junior Bank 53

Kaltenbach, Jeanne-Hélène 225
Kang & Lee Advertising 216
Kellogg's 48, 69, 147, 240
Kelly, Christine 242
Kentucky Fried Chicken 214
Kenzo 76
Kepel, Gilles 247
Kettane, Nacer 247
Khalifa, Rafik 248
Kimberly Clark 73
King, Martin Luther 218
King, Stephen 152
Kodak 70
Kraft 214
Kronenbourg 180, 194
K-Way 66

Lacoste 233, 234
Lancia 46
Lang, Jack 83
Le Bigot, Joël-Yves 52, 54, 60, 72, 134
Le Bon Marché 240
Le Bras, Hervé 220
Le Clézio, Jean-Marie 46
Leforestier, Babette 53
Lega Nord 197
Lego 213
Le Pen, Jean-Marie 197
Lestrade, Didier 191
Letessier, Ivan 69
Levi Montalcini, Rita 161
Levi's 48, 81, 167, 191, 212
Lidl 41
Liebig 69
Limbaugh, Rush 170
Lindt 81
Lizarazu, Bixente 67
Lopez Negrete 216

L'Oréal 69, 90, 236, 244
Loren, Sophia 155
Loubet, Pascal 191
Lucas, Ritchie 205
Luzi, Mario 161

Maaf 188
Malinowski, Mark 191
Mandela, Nelson 161
Marais, Jean 177
Marie Brizard 180
Marks & Spencer 240
Mars 48, 119
Mattel 34, 48, 66, 213
Mayor, Frederico 47
Mazda 167, 188
Mazzola, Sandro 46
McCartney, Paul 7
McDonald's 48, 51, 65, 66, 83, 147, 214, 217
Mci Worldcom 217
McLuhan, Marshall 125
McNeal, James U. 57, 60, 65, 72
Mecca-Cola 199
Mercedes 184
Mercury, Freddy 178
Michael, George 178
Microsoft 3, 44, 70, 88
Miller Brewing 167, 180, 193, 217
Mindshare 79, 80
Mitterrand, François 46
Morandi, Gianni 152
Morin, Catherine 75
Mother Nature Baby Foods 237
Mougeotte, Etienne 242
Mtv 28, 48, 50, 80, 81, 87, 118
Mulryan/Nash 181
Muñoz, Rick 188

Naomi Sims 235
Napoleone Bonaparte 259
Napster 81, 89, 90
Navratilova, Martina 183
Nbc 211
Nekkaz, Rachid 230
Nestlé 67
Newman, Paul 159
News California Media 246
Neyrand, Gérard 234
Nicolas Feuillate 236
Nike 48, 66, 80, 81, 86, 87, 119, 147, 167, 233, 234, 235
Nintendo 48
Nivea 147, 149
Noiret, Philippe 155
Nokia 81
Norma 41
Normand, Jean-Michel 43
Novak, Esther 246
Novartis 161

Old El Paso 240
Orangina 69
Orci, Norma 209
Ovelooked Opinions 186

Pavarotti, Luciano 155
Peaudouce 73
Pepsi 48, 81
Perrier 167
Peugeot 46, 55, 77
Philip Morris 217
Piaf, Édith 46, 166
Piaggio 43
Pizza Hut 71, 214
PlanetOut Radio 193
Platini, Michel 46
Playtex 13, 14
Poulenc, Francis 181
Prada 80
Préel, Bernard 19, 20, 24, 25, 26, 29, 30, 37, 42
Présence Marketing 237
Procter & Gamble 67, 73, 167, 201, 202, 211, 212, 217, 245
Puma 81

Quicksilver 81

Radio 24 123
Radio Beur 247
Radio Capital 123
Radio Fg 178, 181, 192
Radio J 248
Radio Latina 248
Radio Méditerranée 199
Radio Nostalgie 123
Radio Shalom 248
Raffarin, Jean-Pierre 230
Rai 123
Ralph Lauren 76, 81, 215, 233
Ratp 148, 149, 187, 194
Ravel, Maurice 181
Ray, Kevin 168
Reebok 48, 119, 233, 234
Reiher, Robert H. 72
Renault 3, 46, 62, 77, 112, 188, 258
Rivera, Gianni 46
Rochefort, Robert 233
Rolland, Sonia 244
Rolling Stones 22, 44, 95
Roux, Michel 189

Saab 167
Saïfi, Tokia 230
Sainsbury 113
Saint-Exupéry, Antoine de 46
Saint Laurent, Yves 177
Sancton, Thomas 232
Sartre, Jean-Paul 46
Schubert, Franz S. 181
Sears, Roebuck & Co. 70, 217
Segati, Jean-Marc 72
Segundo, Compay 138
Senioragency 11, 131, 151
Sephora 236
Sevran, Pascal 152
Sfr 69
Shades 182
Sharp 147
Shell 63, 70
Shisheido 115
Simmons Market Research 175
Simon, Patrick 227
Smith, J. Walker 26
Smith Glaxo Kline 184
Sncf 183, 187, 194
Sneg 174, 193
Sodebo 240
Sony 3, 48, 81
Šostakovič, Dmitrij D. 120
Starbucks 193, 207
Stuber, Michael 195
Subaru 167
Swiffer 111

Taco Bell 214
Tati 245
Tauleigne, Cécile 244
Telemundo 217
The Beatles 44, 46, 166

The Body Shop 236
The Cure 46
The Queen 177
The Village People 169
The Who 38, 44
Tiburce, Bertrand 120
Timberland 177
Tinkerbell Cosmetics 77
Tommy Hilfiger 87, 215, 234
Total 63, 70
Tréguer, Jean-Paul 72
Tribalat, Michèle 219, 225
Tupperware 88
Turner, Guinevere 191
Turner, Tina 155
Tyson, Mike 215

Uncle Ben's 240
Unilever 161
United Airlines 183, 191
Univisión 217
Uniworld 216
US Census Bureau 203

Vanguard Communications 246
Versace 233
Virgin 182, 241
Volkswagen 43, 188

Wal-Mart 70
Walker, C.J. 200, 203
Wellcome 184
Wendy's 214
White, M.A. 56
Wilde, Oscar 169
Williams, Patrick 166
Wu-Wear 80, 81

Xdye 81
Xerox 70

Yahoo! 80, 81
Yamaha 43
Yankelovich, Dan 13, 14
Yankelovich Partners 26
Yee, Susan 212
Yoplait 244
Yves Saint-Laurent (Ysl) 177, 186, 192

Zara 80, 112
Zidane, Zinédine 243